Friedwart Husemann / Werner Priever

*Friedrich Husemann*

Dr. med. F. Husemann

Friedwart Husemann / Werner Priever

# *Friedrich Husemann*

Eine Biographie

Verlag am Goetheanum

Im Internet: www.VamG.ch

Einbandgestaltung von Gabriela de Carvalho


Satz: Höpcke
Druck und Bindung: Freiburger Graphische Betriebe

ISBN 978-3-7235-1329-3

# Inhaltsverzeichnis

# Vorwort

Friedrich Husemann (1887–1959) ist für einen bestimmten Kreis von Menschen in dreifacher Hinsicht interessant: wegen seiner Pionierleistung als anthroposophischer Psychiater, wegen seines versteckten Widerstandes gegen den Nationalsozialismus, wodurch er alle seine Kranken vor der Vernichtung als «lebensunwertes Leben» bewahren konnte, und schließlich – dem Hauptpunkt dieses Buches – wegen seines Konfliktes mit Rudolf Steiner, der aber durch Rudolf Steiners überschauende Weisheit und Friedrich Husemanns Unerschütterlichkeit ein schöpferischer Konflikt gewesen ist.

Der Mitautor dieses Buches ist Werner Priever (1910–2001). Ein kurzer Lebensabriss über ihn findet sich im Anhang auf den Seiten 201–202. Er war der langjährige Mitarbeiter und Nachfolger Friedrich Husemanns. In den späteren Jahren seines Lebens hat er die Materialien dieser Biographie zusammengetragen. Noch am Tage seines Todes hat er in geistiger Frische und mit unermüdlichem Fleiß daran gearbeitet. Als Kernstück liegen 578 in schöner Handschrift geschriebene Seiten vor, die er in 12 Kapitel eingeteilt hat. Mit genauen Quellenangaben versehen referieren sie zu jedem Lebensabschnitt alles, was er gesammelt hatte. Außer den Kapitelüberschriften, die man im Anhang auf Seite 202 wiedergegeben findet, geht aus seinen Unterlagen nicht hervor, welchen endgültigen Text er dem Leser hätte darbieten wollen. Auch wissen wir nicht, wie viele und welche Abbildungen er ausgewählt hätte. Ein Jahr vor seinem Tod kümmerte er sich darum, wer seine Arbeit im Falle seines «schicksalsbedingten Ausscheidens»[1] zu Ende führen könnte. Durch die Vermittlung meines Bruders Armin Husemann habe ich Werner Priever versprochen, dies zu tun. Priever fand diese Lösung «sehr beglückend».[2] Die ursprüngliche Initiative zu diesem Buch ging also von Werner Priever aus, und er hat den inhaltlichen Umkreis bestimmt. So ist die Autorengemeinschaft begründet, obwohl der vorliegende Text von mir geschrieben wurde und in seinen Proportionen von mir gestaltet worden ist.

Die Arbeiten meines Vaters Gisbert Husemann (1907–1997) zur Biographie seines Bruders Friedrich habe ich viele Jahre lang mitverfolgt und mitberaten.[3] Von dieser Seite waren mir bestimmte Einzelheiten, die Rudolf Steiners Auseinandersetzung mit Friedrich Husemann betrafen, wichtig, weil nur Gisbert Husemann sie genau kannte. In der vorliegenden Biographie kommen sie in einer Form zur Geltung, die – wie ich hoffe – allen Beteiligten angemessen ist.

Mit 14 Jahren hatte ich das Glück, dem schwer kranken Friedrich Husemann wenige Wochen vor seinem Tod zum letzten Mal zu begegnen. Die Art und Weise, wie er sich mit mir unterhielt, hat sich mir tief eingeprägt. Im Laufe der Zeit ist mir dieses Treffen zu einem Symbol geworden, das mir das Einarbeiten in seinen Lebenslauf erleichtert, ja vielleicht überhaupt erst ermöglicht hat. Die Szene findet sich im 8. Kapitel ausführlicher beschrieben.

Friedrich Husemanns Ehefrau Minnie Husemann (1891 – 1966) war meine Patentante. Sie gehörte zu den Eurythmistinnen der ersten Stunde. Ich erinnere mich an sie besonders gerne, weil eine zauberhaft anmutige Atmosphäre sie umgab.

Auch war es mir vergönnt, Lili Kolisko (1889 – 1976) persönlich kennenzulernen, deren Broschüre über «Milzfunktion und Plättchenfrage» auf den folgenden Seiten eine so große Rolle spielt. Es war 1961, als sie im Festsaal der Waldorfschule Uhlandshöhe in Stuttgart einen Vortrag hielt. Zu Beginn zeigte sie den Zuhörern ihr frisch gedrucktes Buch «Eugen Kolisko – ein Lebensbild». Da ging ein Seufzer von Wehmut und Bewunderung durch die Reihen, weil Eugen Kolisko (1893 – 1939) als erster Schularzt an dieser Stätte unvergessen war. Den Inhalt des angekündigten Buches kannte damals noch niemand. Nach dem Vortrag wurde ich als hochgeschossener 16-jähriger Jüngling ihr vorgestellt, sie war von kleiner Gestalt und schaute mich von unten an. Ihr Blick war zusammengefasst und von so durchdringender Wachheit, dass ich mir wie durchschaut vorkam.

Eine schöne Darstellung über Friedrich Husemann aus jüngerer Zeit stammt von Peter Selg,[4] der ich in kompositorischer Hinsicht manches verdanke. Von demselben Autor sind seit Prievers Tod einige Bücher über Ita Wegman erschienen,[5] durch die wichtige Dokumente über Friedrich Husemann zutage kamen, die ich verwenden konnte.

In den folgenden Kapiteln werden viele Kollegen, Zeitgenossen und Mitarbeiter Friedrich Husemanns erwähnt. Die meisten von ihnen sind in dem umfassenden Buch «Anthroposophie im 20. Jahrhundert – ein Kulturimpuls in biographischen Porträts» (Hg. Bodo von Plato)[6] dargestellt. Dieses Werk ist für den historisch interessierten Leser eine wertvolle Ergänzung der vorliegenden Arbeit.

Über Prievers Unterlagen hinaus musste ich mir natürlich an vielen Stellen eine eigene Auffassung erarbeiten und zusätzliche Materialien beschaffen. In dieser Hinsicht danke ich besonders Maria Wolman, die mir viel geholfen hat. Sigrid Liedemann (1925–2007) verdanke ich wesentliche Hinweise zu Friedrich Husemanns Widerstand während der Nazizeit. Weitere wichtige Hinweise gaben mir Andreas Geiger, der Sohn Rudolf Geigers (1908–1999), Sonja Beidek, die Tochter Arno Dölls (1898–1948), Adolf Warnke (1915–2007), Harald Hüttich und Karin Avril. Weiteres Material verdanke ich Peter Selg, Ludwig Engel, Peter Heusser, Uwe Werner, Thomas Husemann, Annemarie Geiger, Johannes Falk, Gudrune Wolff-Hoffmann und Agnes Frobenius.

Wolfgang Rissmann, Gyn Olaf Koch, Maria Wolman und den anderen Mitgliedern des Vorstandes des Sanatorium Wiesneck Vereins in Buchenbach danke ich sehr herzlich dafür, dass sie meine Arbeit und die Herstellung des Buches finanziell gefördert haben. Herzlichen Dank auch an die Dr. Hauschka Stiftung, die für denselben Zweck eingetreten ist.

Herzlich danke ich einigen Freunden, die sich der Mühe unterzogen haben, meine Texte zu lesen, um sie inhaltlich und stilistisch zu verbessern: an erster Stelle meinem Freund Georg Soldner und meiner Tochter Irmingard, dann meinen Brüdern Godhard, Frimut und Armin Husemann, weiterhin abermals Maria Wolman, Wolfgang Rissmann und nicht zuletzt Rudolf Gädeke.

Gräfelfing bei München, den 17. Februar 2008 *Friedwart Husemann*

# I Kindheit und Jugend

Friedrich Husemann wuchs nahe der Kirche seines Heimatdorfes auf. Den Knaben wunderte es, warum sonntags so viele Menschen dort hineingingen; er ruhte nicht, bis er wusste, was dort geschah. Als er endlich einmal mitgenommen wurde, hörte er dort seinen Vater als Pfarrer predigen, und sein Erkenntnisstreben war damit gestillt. Der Vater las täglich im Alten Testament auf Hebräisch und ebenso Tag für Tag auf Griechisch im Neuen Testament. Jeder Wochentag war einem bestimmten Vorbereitungsabschnitt der Sonntagspredigt gewidmet, die er immer schriftlich ausformulierte. Er wollte sich auf keinen Fall wiederholen, denn er meinte, dass ihm dies seine Bauern übelgenommen hätten. Die eigentliche Predigt wurde dann aber frei gehalten. Besucher seines Gottesdienstes berichteten, dass im Beten des Vaterunsers christliche Substanz zu empfinden war. Wenn er von einem Ortsteil zu dem anderen einen Weg machen musste, so fuhr er absichtlich nicht mit dem Fahrrad, sondern er ging zu Fuß, damit seine Gemeindemitglieder ihn ansprechen konnten. Seine Predigten hielt er in hochdeutscher Sprache, aber für die tägliche Unterhaltung sprach er Plattdeutsch, war er doch selbst in Gehlenbeck, einem Dorf in der Nachbarschaft, als Bauernsohn aufgewachsen. Der Ort seiner Gemeinde hieß Blasheim, Kreis Lübbecke in Westfalen. Hier wurde als erstes Kind Friedrich Husemann am 13. Juni 1887 geboren.

Friedrichs Mutter stammte aus Pommern, und von dieser Linie sind spanische Hugenotten als Vorfahren bekannt. Leider hat Friedrich nichts von ihr überliefert. Sie hatte eine zarte Konstitution und war künstlerisch veranlagt.

Als Friedrich Husemann einmal von seiner Kindheit sprach, hob er das Läuten der Glocken hervor: *«Ihre aus höheren Welten stammende Wirkung hatte damals noch volle Kraft und verlieh dem Leben der Dorfgemeinde eine Atmosphäre göttlichen Friedens.»*[7]

Der Knabe lebte im Jahresrhythmus seines Dorfes. Sonnenschein und Regen, Säen und Ernten wechselten sich ab. Das Zusammensein mit Hühnern, Rindern, Pferden und Schweinen war ebenso selbstverständlich wie die Erzählung vom «gläunigen Willem achtern Hubens Baxe ...» (vom glühenden Wilhelm, einer Art von Elementarwesen, hinter Husemanns Backhaus) und manch anderem mehr. In der näheren Umgebung lag das Wiehengebirge, von dem aus der Blick in die norddeutsche Tiefebene ging. Etwas weiter entfernt standen die Externsteine, Zeugen alter Mysterien.

In dieser schönen Welt hat der Knabe auch die ernst stimmenden Erlebnisse des Todes in sich aufgenommen. Das fünfte Kind seiner Mutter starb im Alter von einem Jahr, und sie selbst war damals schon so krank, dass sie das Grab ihres Kindes nicht mehr besuchen konnte. Sie bat ihren ältesten Sohn, auf den Friedhof zu gehen und ihr vom Grabhügel aus mit einem weißen Taschentuch zu winken, damit sie aus dem Fenster schauend wusste, wo ihr verstorbenes Kind begraben lag. So war der zehnjährige Friedrich ein Bote zwischen den Toten und den Lebenden. Die Mutter starb dann bald an derselben Krankheit wie ihr letztes Kind. Auch Friedrich und seine jüngere Schwester bekamen die Schwindsucht, aber sie konnten sie überwinden. Lange Zeit war Friedrich von schwacher Konstitution, ja ein Arzt meinte gelegentlich, das Geld fürs Gymnasium würde sich bei ihm nicht lohnen, denn das würde er sowieso nicht überleben.

Der Vater heiratete die Schwester der verstorbenen Mutter. Aus dieser Ehe gingen dann noch einmal fünf Geschwister hervor. Gottfried Husemann war 13 Jahre und Gisbert Husemann 20 Jahre jünger als Friedrich. Wenn Friedrich vom Gymnasium oder aus dem Studium nach Hause kam, dann ging die ganze Familie mit einem Leiterwagen für das Gepäck zur Bahnstation. Mit Stolz wurde er nach Hause begleitet, und seine Autorität stand fraglos im Mittelpunkt. Vor allem die Kinder aus der zweiten Ehe bewunderten ihn und schauten zu ihm auf.

Der melancholisch gestimmte Junge war an der Schule nicht so

Blasheim in Westfalen, Dorfstraße mit Kirche im Hintergrund, um 1920

sehr interessiert, umso mehr aber an den Werkstätten seiner Umgebung. Einer der Nachbarn war Küfer (Fassmacher), dort durfte er nicht nur zuschauen, sondern auch das Werkzeug benutzen, sodass verschiedene Spielsachen und Basteleien aus seiner Hand entstanden. Als sein Bruder Richard (1903–1991) einmal Scharlach hatte, niemand zu ihm durfte und er deswegen viel alleine war, baute ihm Friedrich eine Windmühle aus Pappe. Die Flügel drehten sich richtig, oben war ein Trichter, da konnte man Sand hineinschütten, innen lief der Sand auf die Schaufeln der Flügel und brachte sie in Schwung, unten kam der Sand wieder heraus und konnte oben nachgefüllt werden. Richard erzählte rückschauend: «Herrliche Sache. Ich war selig.»[8]

Im Dorf arbeiteten mehrere Wassermühlen, die der Knabe oft besuchte, sodass er die verschiedenen Systeme bald unterscheiden konnte. Auch als Gymnasiast in Gütersloh suchte er alsbald die Mühle auf. Es war ihm als Junge ein Ideal geworden, einen wirklichen Kahn herzustellen, mit dem man auf dem Wasser fahren konnte. Erst wurde das Gerippe aus Holz hergestellt, dann mit Sackleinwand überzogen

Der Vater Heinrich Friedrich Husemann (1856–1946), im Jahre 1933

Die Mutter Marie Husemann, geb. Strecker (1860–1897) mit ihren Kindern (von links): Hedwig, Erich, Mariechen, Friedrich (ca. 9 Jahre alt)

und schließlich mit Teer bestrichen. Die Buben schleppten das fertige Fahrzeug stundenlang zu einem Fluss, wo es dann tatsächlich seine Fahrtüchtigkeit erwies. Der Fluss war allerdings zu weit entfernt, um öfters hingehen zu können, sodass das selbstgebaute Boot eine Beute der dortigen Jugend wurde. In späteren Jahren als Student baute er ein Faltboot, das in Kisten verpackt transportiert werden konnte. Mit zwei weiteren Kommilitonen ist er damit von Marburg die Lahn hinunter und bei Lahnstein über den Rhein gefahren. Dort wären sie beinahe in «Seenot» geraten. Nur die Aufmerksamkeit des Steuermanns eines Dampfers rettete sie. Er sah das Boot auf die Trosse zwischen Dampfer und Schleppkahn zutreiben und entspannte geistesgegenwärtig das Stahlseil, so konnte das Boot darüberfahren und wurde vor dem Kentern bewahrt.

Ein anderer Nachbar des Pfarrers war Stellmacher (Wagenbauer). Er ließ eine Windmühle zum Betrieb seiner Bandsäge bauen. Friedrich kletterte nach oben bis in die Kappe, um die Kraftübertragung zu beobachten. Das war ein gefährlicher Aufenthalt. – Der Pastor hielt streng darauf, dass während des Konfirmationsunterrichtes am Nachmittag auf dem Pfarrhof nicht gespielt, gelärmt oder gar getobt wurde. Fritz ersann einmal für die Spielsüchtigen eine ideale Ablenkungsmethode. Er konstruierte einen Heißluftballon. Eine Blechdose diente als Gondel, in der eine Spiritusflamme brannte, um die Heißluft zu erzeugen. Der Ballon funktionierte und hielt sich in der Luft. Ein Junge durfte ihn an einer Schnur festhalten. Plötzlich wandte sich die Bubenschar aber einem anderen Interesse zu und lief davon. Die Schnur wurde kurzerhand an einen Kinderwagen, in dem ein Baby lag, befestigt und ohne Aufsicht zurückgelassen. Als die Jungen wiederkamen, waren der Ballon und das Baby mit Kinderwagen verschwunden. Nun fingen sie an, nach dem verlorenen Gespann zu suchen, und fanden es in einem Kartoffelacker wieder. Der Ballon hatte den Kinderwagen weggezogen, glücklicherweise ohne dass dieser umfiel. – Einige Zeit lang beschäftigte ihn auch der Plan eines Segelflugzeuges, das aber über das Modellstadium nicht hinauskam.

Der Kirchturm war es, der auf den Jungen eine besondere Anziehungskraft ausübte. Bei gutem Wetter kletterte er die steilen Leitern hinauf, um dann oben mit dem vom Vater geliehenen Fernrohr die

Heute Nacht 12 Uhr ist meine liebe Frau,

**Marie geb. Strecker,**

die treue Mutter meiner vier Kinder, im Alter von 37 Jahren nach langem, schweren Leiden sanft und selig entschlafen.

Blasheim, den 12. September 1897.

**Fr. Husemann, Pastor.**

Todesanzeige der Mutter

2. Mai 1899, Hochzeitsphoto,
Pfarrer Husemann
mit seiner zweiten Frau
Elisabeth (1869–1960), der
jüngeren Schwester
der verstorbenen ersten Frau

Friedrich (etwa 12-jährig), Mariechen, Hedwig, Erich

Friedrich (etwa 22-jährig), Hedwig, Mariechen, Erich
(1915 in Russland gefallen)

Familie Husemann zur Silberhochzeit 1924
Stehend: Dietrich, Richard, Minnie, geb. Volland, Friedrich, Hedwig, Gottfried, Mariechen
Sitzend: Bruno, Mutter, Vater, Gisbert (Lebensdaten in den Anmerkungen[9])

Umgebung nach Sehenswertem abzusuchen. Er hoffte, auf diese Weise erster Zeuge eines ausbrechenden Brandes zu werden, um gleich die Feuerglocke läuten zu können. Dieses «Glück» wurde ihm aber nie zuteil. Dagegen empfand er eine «astronomische Freude», wenn er auf dem Zifferblatt eines Kirchturms in der Ferne die Zeit ablesen konnte. Oft sah man ihn in der Dorfschmiede, wo er einmal auch ein Stück Eisen zum Glühen bringen und mit dem Hammer bearbeiten durfte. Es sollte eine Spitze bekommen, ging aber vorne auseinander. Humorvoll meinte der Meister: »Ich sehe schon, es soll eine Gabel werden.»

Friedrich Husemann hat später geäußert, dass es sich in seiner Kindheit um naive Versuche handelte, sich mit den vier Elementen – Erde, Wasser, Luft und Wärme – auseinanderzusetzen. Ein Thema, das für sein späteres medizinisches Werk von grundlegender Bedeutung werden sollte.

Zum Feuer hatte er sogar eine ganz besondere Beziehung. Als Sechsjähriger erlebte er, wie in einer Silvesternacht eine Scheune niederbrannte. Am nächsten Tag durfte er die Brandstätte besuchen und begriff zum ersten Mal die wohltätige Aufgabe der Feuerwehr. Sie begeisterte ihn immer mehr, und von dem Tag an stand der Entschluss fest, dass er einmal Feuerwehrmann werden wolle. Genau 30 Jahre später und wiederum in der Silvesternacht erlebte Friedrich Husemann den Brand des ersten Goetheanum. Er half beim Hinaustragen der Musikinstrumente und blieb als einer der letzten im großen Saal, als die Flammen schon die Wände durchglühten. Er hat darüber eine eindrucksvolle Beschreibung hinterlassen – wiederum 30 Jahre später.[10]

Wenn wir auf die vielseitigen technischen Interessen des Heranwachsenden blicken, der immer eine zarte und hagere Gestalt besaß, so wundert es nicht, dass er mit 15 Jahren auf das Gymnasium nach Gütersloh ging, um einmal Techniker zu werden. Er wollte die Naturkräfte ausnutzen und dem Menschen dienstbar machen. Erst in den letzten Klassen erwachte sein Interesse für Philosophie und Religion. So entschloss er sich, nach dem Abitur im Jahre 1906, Theologie zu studieren. Der Wunsch seines Vaters und auch dessen Vorbild waren dafür entscheidend.

# II Ziele und Wege – die Wanderjahre

Der 19-Jährige begann sein Theologiestudium in Bonn. Dort herrschte eine mehr konservative Richtung, die ihn enttäuschte. Auf den Rat eines älteren Kollegen versuchte er es dann im nächsten Semester mit Marburg, wo eine liberale Richtung sich entfaltete. Dankbar erinnerte er sich an die «offenen Abende» bei Professor Martin Rade und an manches Privatgespräch mit Professor Wilhelm Herrmann. Mit anderen Studenten zusammen begründete er eine «Gesellschaft für Fragen des persönlichen Lebens». Dieser Titel verrät den Einfluss des damaligen Reformtheologen Johannes Müller (1864–1949), der ab 1916 von Schloss Elmau aus sich für Ursprünglichkeit und Pflege eines persönlichen Lebens einsetzte. Sie konnten Johannes Müller für einen Vortrag in Marburg gewinnen, wofür Friedrich Husemann den Titel «Der Weg aus dem Chaos» vorschlug. Er selbst hielt in diesem Kreis seinen ersten öffentlichen Vortrag über *«Das Problem der Willensfreiheit»*. Rudolf Steiners Ideen dazu waren ihm damals noch nicht bekannt. Beide Titel: «Der Weg aus dem Chaos» und «Das Problem der Willensfreiheit», schienen dem Rückblickenden später als symptomatisch.

Im Verlaufe des Sommersemesters 1907 wurde ihm immer klarer, dass die Theologie in dieser Form keine Basis für seine Erkenntnisfragen abgeben konnte: *«So ging ich im nächsten Semester [WS 1907/1908] zur Medizin über und war froh, es endlich mit konkreten und überschaubaren Gegenständen zu tun zu haben.»*[11]

Im zweiten Semester seines Medizinstudiums wechselte er nach Freiburg. Es war ein Sommersemester, und zusammen mit Freunden wanderte er im Schwarzwald zum Hinterwaldkopf und rastete im

Dreisamtal. Sie sahen, wie die Ruine Wiesneck auf einer Waldzunge in die grüne Ebene vorgreift, und der Wanderer dachte bei sich: *«Hier ist ein Fleck voller Friede, hier ließe sich's wohl sein.»*[12] Der 21-Jährige blickte auf den Ort seines zukünftigen Wirkens. Hier sollte weitere 21 Jahre später das Sanatorium Wiesneck entstehen, das dann nach seinem Tode den Namen Friedrich-Husemann-Klinik bekommen würde.

Im August 1908 bereiste der 21-Jährige das Mittelmeer. Anhand der aufbewahrten Postkarten, die er nach Hause schrieb, hat er folgende Städte besucht: Straßburg, Lausanne, Genf und dann zu Schiff Marseille, Barcelona, Palma de Mallorca, Algier, Karthago (Ruine bei der heutigen Stadt Tunis), Palermo, Neapel, Rom und Monaco. Später ist Friedrich Husemann immer wieder nach Italien und auch nach Griechenland gefahren. Auf diesen Wegen hat er sich eine umfassende Bildung angeeignet.

Nach dem Physikum (3.3.1910 in Marburg) wollte Friedrich etwas von der Welt sehen und versuchte, nach Amerika zu kommen. Die Reederei Bremer Lloyd, wo er anfragte, hatte keine Verwendung für einen ungelernten Hilfskellner, nicht einmal für einen Tellerwäscher, und eine Fahrkarte konnte er sich nicht leisten. So entschied er sich wenigstens für Genf, um Französisch zu lernen. Die dort verbrachten Monate vom 27.4. bis 14.7.1910, wo er 23 Jahre alt wurde, waren entscheidend. Wenige Tage nach seiner Ankunft sah er an einer Litfaßsäule zwei Vorträge mit dem Titel angekündigt: «L'Evolution de l'humanité». Der Redner aus Paris sprach im Rahmen der Theosophischen Gesellschaft. Friedrich verstand nicht allzu viel von dem Ganzen, aber es interessierte ihn, dass die Menschheitsgeschichte als eine kontinuierliche Entwicklung aufgefasst wurde. Kurz darauf wurde er Mitglied, und die Feier am 8. Mai 1910 zum «Fest des weißen Lotus» (dem Todestag der Gründerin H. P. Blavatsky) beeindruckte ihn tief. Man hörte Musik und es wurden Texte aus östlichen Quellen vorgelesen. *«Ich hatte das Gefühl, endlich das gefunden zu haben, wonach ich lange gesucht hatte.»*[13] Die Theosophie als Vorahnung der Anthroposophie war ihm begegnet.

Bald wurde er gefragt, ob er Rudolf Steiner kenne. Er musste es verneinen. So wählte er als nächsten Studienort Berlin, um dort Rudolf Steiner begegnen zu können.

In den Semesterferien vor seiner Begegnung mit Rudolf Steiner zog er mit Freunden bei Chamonix auf eine Berghütte, von wo aus sie den Montblanc sehen konnten. *«Wir studierten und wanderten in der erhabenen Natur. Bei schlechtem Wetter zündeten wir auf der Herdstelle ein tüchtiges Feuer an. Wir schauten in die Glut. Mir schien, sie kündete von Gottes Liebe und Opfer.»*[14] Der 23-Jährige schrieb damals das Gedicht:

*Am Feuer*
*September 1910, in einer Sennhütte am Montblanc*

*Brennender, bebender Scheit*
*Brennst deine glühenden Blicke*
*In meine Seele,*
*Was willst du von mir?*
*Schwelende, schwelgende Flammen*
*Lecken um deinen vergehenden Leib,*
*Jauchzend erstrahlt er uns in seiner letzten Stunde,*
*Uns zur Freude.*

*Und deine züngelnde Flamme*
*Leckt mir am Fuße,*
*Lockt mich zum Tanze,*
*Mit dir zu spielen*
*Mit dir zu brennen*
*Feuer für andre.*

*Willst nicht vergehen,*
*Willst nicht sterben, ehe du noch*
*Ewiges Feuer erzeuget,*
*Dass nicht erfrieren die Herzen der Menschen,*
*Gütiges Feuer!*

*Aber nein! – ich kann nicht,*
*Ich bin noch nicht reif mich zu opfern: –*

*Warte noch einige Jahre – ich kann noch nicht sterben!*
*Hast du doch manchen Sommer die Sonne getrunken,*
*Ihre Strahlen gesogen,*
*Ihre Wärme verschlossen in deinem Innern,*
*Die du jetzt freudigen Todes*
*Strahlest uns Menschen.*

*Warte noch einige Jahre,*
*Lass mich noch Liebe trinken,*
*Lass mich noch Kräfte sammeln*
*Aus der ewigen Sonne;*
*Lass meine Wurzeln noch tiefer sich graben*
*Nach den verborgenen Quellen.*

*Wenn es dann Zeit ist –*
*Dann komm, du züngelnde Flamme,*
*Schleich mir ans Herz hinan,*
*Bring es zum Glühen, zum Brennen,*
*Dass es mit Feuerzungen rede von Liebe,*
*Dass es von Liebe brenne mit Feuerzungen*
*– und noch der letzte Funke sei*

*Zeuge der ewigen Sonne!*

Das brennende Feuer vergleicht er mit seinem Herzen. Wie das Holz einmal in der Sonne gewachsen ist und jetzt brennt, wird sein Herz, wenn es in Jahren einmal dazu reif geworden sein wird, sich opfern. Seine Flammen sind dann die der Liebe. Er spricht dichterisch von einem sich entwickelnden Seelenorgan. Sein leibliches Auge sieht das Feuer, sein seelisches Auge wird Seelenlicht und Seelenwärme erkennen. Er sieht einen Weg von Jahren vor sich mit Widerständen und Unvermögen. Das Gedicht wirkt wie die Prophetie seines weiteren Lebensganges, seiner Prüfungen als Geistesschüler und sogar der leiblichen Herzerkrankung, die sein Leben beenden wird.

Auf seiner Rückfahrt von Genf nach Blasheim nutzte er die lange Zeit, um sich als Bänkelsänger zu versuchen. Eine solche Fahrt dau-

Auf der Reise von Genf nach Berlin, 1910, als Bänkelsänger die anderen Reisenden unterhaltend. Am Ende der Reise hatte er etwa 1 Kilogramm Pfennige gesammelt

erte damals mit der billigsten Klasse 36 Stunden. Ein großer, voller, schwarzer Bart gab ihm ein würdig-ernstes und auch etwas abenteuerliches Aussehen. Zur Freude der Mitreisenden spielte er Gitarre und sang den «Zupfgeigenhansel». Und da seine Zuhörer von Zug zu Zug und von Anschlusspause zu Anschlusspause immer wechselten, konnte er sein Repertoire oft wiederholen. Zuletzt kam eine hübsche

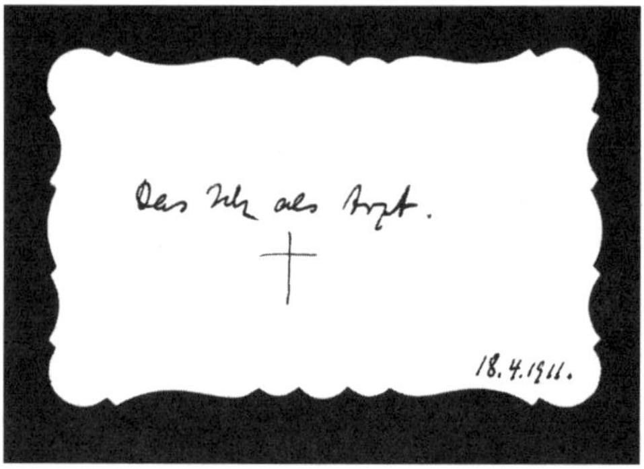


Autograph des ersten Vortrages zur Anthroposophie

Stange von Pfennigen zusammen, die er gesammelt hatte. Später, als es darum ging, das Geld für ein geplantes Sanatorium zusammenzubringen, sollte ihm diese Fähigkeit zum Geldsammeln noch trefflich zustatten kommen.

In Berlin als nächstem Studienort angelangt, hörte er Rudolf Steiners Vorträge im Architektenhaus und im Zweig. Genaueres über seinen ersten Eindruck von Rudolf Steiner oder über ein Gespräch mit ihm ist nicht überliefert. Friedrich Husemann berichtete: *«Das nächste war die ‹Philosophie der Freiheit›. Sie erweckte meine Begeisterung.»*[15] Wenige Semester vorher noch war das *«Problem der Willensfreiheit»* sein erster öffentlicher Vortrag gewesen. Man stelle sich vor, welch ein Funke hier übersprang. Die Geschwindigkeit der jetzt einsetzenden geistigen Entwicklung war enorm. Am 8. Mai hatte der Student in Genf an der «Feier des weißen Lotus» teilgenommen. Im Oktober desselben Jahres 1910 begegnete er Rudolf Steiner und studierte dessen Bücher «Die Philosophie der Freiheit», «Theosophie» und «Die Geheimwissenschaft im Umriss» und, wie man aus dem Zusammenhang erschließen kann, auch den Vortrag «Das Vaterunser. Eine esoterische Betrachtung» (1907), sicherlich auch manch anderen Zyklus, der damals erhältlich war. Bereits am 18.4.1911, also noch bevor das Datum seiner ersten Begegnung mit der Theosophie sich jährte und ein halbes Jahr nach dem Kennenlernen Rudolf Steiners, hielt er in Bielefeld einen Vortrag zu dem Thema *«Das Ich als Arzt»*. Friedrich Husemanns jüngster Bruder Gisbert hat das Manuskript dieses Vortrages 1974 aus dem Nachlass erstmals veröffentlicht und ihn später

Minnie und Friedrich Husemann, 1914

zum 100. Geburtstag von Friedrich Husemann[16] umfassend gewürdigt. Da wir mit diesem Text eine Art Urphänomen der vorliegenden Biographie in der Hand haben, werden die wenigen Seiten im Anhang abgedruckt (S. 173 ff.).

Wir begegnen einer klaren, einleuchtenden Sprache, die mit einfachen Beispielen aus dem täglichen Leben überzeugt. Indem ihm der Erfahrungskreis seiner Zuhörer vor Augen steht, geht er den Weg von den Forschungsresultaten der zeitgenössischen Medizin mit ihren damaligen Anschauungen über Nervosität, Neurose und Hypnose bis zur Geisteswissenschaft. Der Vortrag enthält das Konzept einer vom Ich geführten Gesundheitserziehung, das reif und abgeklärt wirkt. Man hält es nicht für möglich, dass diese Worte von einem Studenten der klinischen Semester herrühren, der wahrscheinlich bis dahin noch keinen einzigen Patienten selbst behandelt hatte. Das alles ist möglich, motiviert und verständlich, weil der Vortragende das geistigste und zugleich jüngste Wesensglied des Menschen zum Thema sich gewählt hatte: das Ich. Eine Reihe von Bibelzitaten zeigt die theologische Herkunft. Der Titel *«Das Ich als Arzt»* ist meisterhaft formuliert,

Wanderung auf den Brocken (Harz), 1918
Minnie Husemann, ihre Schwester Della Volland, Friedrich Husemann und Fräulein Sailer

und dies glückte dem knapp 24-Jährigen, weil er damit sein eigenes Lebensmotiv umschrieb. Er hatte damit das Ideal seines eigenen Ich ausgesprochen. Wie hat dieses Ich seinen weiteren Weg als Arzt durch das Leben gefunden?

Das Staatsexamen bestand er in Marburg. Sein praktisches Jahr verbrachte er in Bethel bei Bielefeld, an der Medizinischen Poliklinik Marburg und an der psychiatrischen Landesheilanstalt in Ellen bei Bremen. Die Approbation als Arzt erhielt er knapp 27-jährig am 1.5.1914. Das Thema seiner Dissertation lautete: *«Über tödliche Veronalvergiftungen (1915)»*.

In Marburg hatte er seinen besten Freund, den Theologen Joachim Behrendt, kennengelernt. Dieser arbeitete an einer Schrift über Calvin, als er 1910 an einem Gehirntumor starb. Dessen 19-jährige Braut

Minnie Husemann, 1922, im Kreis der ersten Eurythmistinnen in Oxford
Obere Reihe v. l. n. r.: Tatiana Kisseleff, Mieta Waller, Isabella de Jaager, Marie Savitsch
Untere Reihe: Flossie von Sonklar, Ilse Baravalle, Ilona Bögel, Minnie Husemann, Annemarie Donath

war Minnie Volland, die fünf Jahre vorher mit ihren Eltern aus Amerika nach Marburg gekommen war. Sie war am 15. Juli 1891 in New York geboren worden. Vier Jahre nach dem Tod ihres Bräutigams heirateten Minnie und Friedrich Husemann. Er war bei seinen verschiedenen Studienaufenthalten immer wieder nach Marburg zurückgekehrt. Sie studierten gemeinsam die Anthroposophie. In den ersten Jahren ihrer Ehe wohnten sie bis 1920 in Ellen bei Bremen, wo Friedrich in der Landesheilanstalt unter Professor Delbrück seine Weiterbildung zum Facharzt für Psychiatrie absolvierte. Minnie gehörte zu jener ersten Gruppe von Eurythmistinnen, die unter Marie Steiners Leitung und unter Rudolf Steiners Augen (er nannte sie scherzhaft «Husefrau») den Weg in die neue Kunst suchten. Sie lebte als Eurythmie-Schülerin in Berlin und Dornach, nahm teil an den Reisen in und außerhalb Deutschlands, wo immer Eurythmie-Aufführungen stattfanden. Später gab sie Eurythmiekurse, zum Beispiel in Stuttgart und Wien. Bei aller gemeinsamen jugendlichen Freude, die die beiden darüber empfunden haben, einer spirituellen Bewegung in ihrer Pionierphase angehören zu dürfen, stand doch am Beginn ihrer Lebensgemeinschaft das Rätsel des Todes, der ihren Bräutigam und seinen besten Freund mit sich genommen hatte.

Aus dem Jahre 1915 ist uns ein Brief Rudolf Steiners an Friedrich Husemann überliefert.[17] Die Anrede «Mein lieber Herr Doktor» deutet auf ein freundschaftlich-vertrautes Verhältnis hin, das beide verband. Rudolf Steiner empfiehlt für einen Kranken eine Meditation, wonach er offensichtlich gefragt worden war. Auch eine «physische Kur» wird verordnet, aber hier nimmt sich Steiner schon bescheiden zurück und setzt seine Empfehlung in die Worte «scheint mir gut zu sein». Vollends zurückhaltend spricht er eine Hypothese aus zur Diagnose, die vorliegt. Husemann hatte ihm den Patienten als an Tabes dorsalis leidend vorgestellt. (Das ist eine mit Lähmungen der Beine einhergehende Spätform der Syphilis.) Steiner meint nun, dass «unter der Maske der Tab.» auftretend in Wirklichkeit eine Nieren-Affektion vorliegt, und setzt hinzu: «Es liegt nahe nach den von Ihnen gemachten Angaben.»

Rückblickend kann man ohne weiteres erkennen, was mit diesem Brief gemeint war, was durch diesen Brief hätte geschehen können. Rudolf Steiner hoffte auf Ärzte, mit denen er zusammenarbeiten könnte. Und so wie Rittelmeyer rückblickend bemerkte, dass er schon viel früher als 1922 hätte nach der religiösen Erneuerung fragen können, wenn er wachsam genug gewesen wäre,[18] so ist es auch hier gewesen. Husemann wusste, dass man Rudolf Steiner nach Meditationen für Kranke fragen kann. Dass aus derselben Quelle aber auch eine physische Kur und darüber hinaus sogar eine die Maske des Fachwissens durchdringende Diagnose zu erfahren wäre, das überstieg seine Vorstellungskraft. Deswegen wurde der Briefschreiber entsprechend immer zurückhaltender, um nicht in den freien Willen seines Schülers einzugreifen. Aber was wäre geschehen, wenn der Schüler schon 1915 das Zeitnotwendige erkannt hätte? Wir hätten eine anthroposophisch-medizinische Bewegung bekommen, an der Rudolf Steiner nicht nur einige Jahre lang, sondern ein ganzes Jahrzehnt mitgewirkt

17. Juni 1915
Düsseldorf.

Mein lieber Herr Doktor!

Nach Ihren Angaben wird wohl die folgende Übung für Herrn X gut sein:

Er soll irgend eine Bewegung z. B. Gehbewegung im liegenden Zustande imaginieren d. h. sich selbst, indem er liegt <u>gehend denken</u> – aber wirklich auch die Willensanstrengung hinzudenken –; das durch 5 Minuten. Die Gehbewegung müsste mit allen Einzelheiten: Bewegung jedes Beines, Aufsetzen jedes Fußes imaginiert werden.

Zur phys. Cur scheint mir Silicia gut zu sein – vielleicht könnte dies in Salbenform verwendet und an den schmerzenden Stellen nicht nur auf- sondern stark eingerieben werden.

Es könnte sein, dass eine Nieren-affection vorliegt, die unter der Maske der Tab. auftritt; doch dies betrachten Sie nur als Hypothese. Es liegt nahe nach den von Ihnen gemachten Angaben.

Ihrer Frau u. Ihnen herzlichste Grüße Ihr
Dr. R. St.

Brief Rudolf Steiners an Friedrich Husemann, 1915

hätte. Unter Umständen wäre Steiners Wirken nach dem Ersten Weltkrieg ein völlig anderes geworden.

Solche Gedanken sind keine müßigen Spekulationen, sondern Rudolf Steiner empfiehlt dem historisch zurückschauenden Menschen, dass er sich solche Fragen stellt: «was hätte geschehen können, wenn ...», damit er auf die geistige Führung und die Kräfte des Schicksals aufmerksam werde. Solche Gedanken in rechtem Ernst genommen können für uns Nachgeborene eine Kraftquelle sein, um uns für die Momente zu stärken, wo es dann auf unsere eigene Wachheit ankommt.

Die freundschaftliche Vertrautheit Rudolf Steiners mit Friedrich Husemann drückt sich auch darin aus, dass er ihm 1919 einen Ring entwarf. Die Zeichnung aus Steiners Hand blieb erhalten und das Original wurde von Bertha Meyer-Jacobs gefertigt. Es ist eine der schlichtesten Formen, die wir aus Steiners Kleinodienkunst kennen: um einen Citrin konzentrisch geordnet ein Oktagon, das von einem mäßigen Graben umflossen und dann noch einmal von einem erhöhten Wall eingefasst wird: eine zartgliedrige, konzentrierte und geometrisch-mineralische Form. Die Goldschmiedin erhielt zu den Profilen die Hinweise: «tiefst–höher–tiefst».[19] Drei Worte, die nicht nur für diesen Ring, sondern symbolisch gelten können. Das wird sich jetzt in den kommenden Jahren ab 1920 zeigen, von denen Husemann später sagte, dass es Prüfungen zu bestehen galt. Ein Ring ist ein Zeichen der Treue, und wir werden sehen, dass die Treue gehalten wurde.

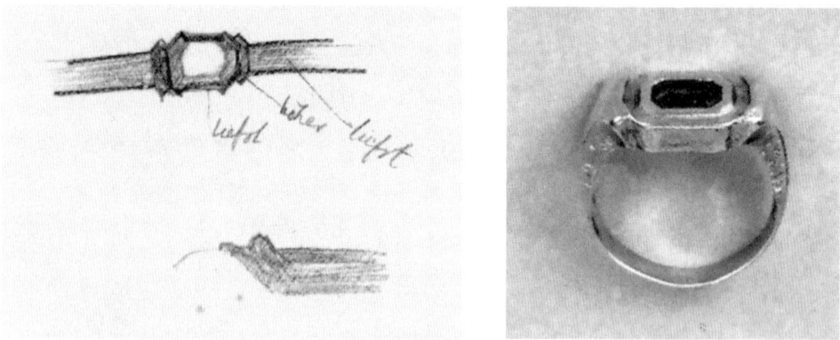


Der Ring, den Rudolf Steiner für Friedrich Husemann entworfen hat, 1919.
Rechts: Ausführung von Bertha Meyer-Jacobs

# III Zusammenarbeit mit Rudolf Steiner

## Friedrich Husemann als Vortragender

Friedrich Husemanns anthroposophische Aktivitäten während seiner Zeit in Ellen bei Bremen sind nur lückenhaft dokumentiert. 1916 erfahren wir von Vorträgen über Goethes Farbenlehre und 1919 über einen Vortrag zum Selbstmord, den er vor Arbeitern und dann auch vor Ärzten hielt. 1919 sprach er zu den «Kernpunkten der sozialen Frage» vor der «Internationalen Frauenliga für Frieden und Freiheit». Im selben Jahr sind verschiedene Vorträge Husemanns zu anthroposophischen Themen an der Volkshochschule Bremen angekündigt, zusammen mit seiner Frau auch ein Abend über den *«Tanz als Ausdruck des seelischen Erlebens, was er ist und was er sein soll»*. Im April 1920 war ein Vortrag über *«Schlaf und Traum»*, und zwei Vorträge in Hannover haben *«sogar 170,-- Mark eingebracht»*. Im Mai und Juni 1920 fand ein Zyklus von acht Vorträgen in Bremen statt, von denen der Redner am 18.5.1920 an seine Eltern berichtete, dass die Vorträge *«bisher ganz gut besucht waren»*. Abgesehen von den weiter unten noch zu berichtenden Vorträgen hielt Husemann 1921 Vorträge in Frankfurt, Olten, Zürich, Tübingen, Leipzig und Dresden. 1923 befand er sich auf einer Vortragsreise nach Helsinki, Wisborg, Stockholm, Oslo und Kopenhagen (an der Universität: *«gut aufgenommen und in der Zeitung referiert»*). Die hier erwähnten Daten ergeben sich aus Briefen an die Eltern.

Man sieht, dass Friedrich Husemann viele Vorträge halten konnte. Während des ersten Ärztekurses 1920 schrieb Husemann einen Brief an Rudolf Steiner und fragte ihn, ob er nur noch Vorträge halten oder ob er bei seinem ärztlichen Beruf bleiben solle.[20] Eine Antwort Steiners darauf ist nicht bekannt.

Internationale Frauenliga für Frieden u. Freiheit

Deutscher Zweig ~ Ortsgruppe Bremen

## Oeffentlicher Vortrags-Abend

Thema: „Die Kernpunkte der sozialen Frage." Referent Dr. Husemann

am Dienstag, dem 21. Oktober 1919, abends 8 Uhr, im kleinen Saale des Gewerbehauses

Im Anschluß daran: Mitgliederversammlung

Tagesordnung: 1. Besprechungen der neuen Bundessatzungen. 2. Mitteilungen. Allseitiger Besuch dringend erwünscht. Der Vorstand.

Vorträge in Bremen, 1919 und 1920

**Anthroposophische Gesellschaft.**
**Bund für Dreigliederung des sozialen Organismus.**

Im **Mai** und **Juni** hält Herr **Dr. Husemann** im **Clubsaal der „Union"** folgende Vorträge:

**Sonnabend, den 8. Mai:**
Wie widerlegt man Anthroposophie?

**Sonnabend, den 15. Mai:**
Gibt es eine Lebenskraft?

**Sonnabend, den 22. Mai:**
Gehirn und Seele.

**Sonnabend, den 29. Mai:**
Mensch und Tier.

**Sonnabend, den 5. Juni:**
Suggestion und Hypnotismus.

**Sonnabend, den 12. Juni:**
Genie und Irrsinn.

**Sonnabend, den 19. und 26. Juni:**
Die äußeren und inneren Sinne des Menschen.

**Beginn der Vorträge 8 Uhr abends.**
**Karten zu Mk. 2.— pro Vortrag an der Abendkasse.**

## Die Dreigliederung

In diesen Jahren gesteigerter Vortragstätigkeit war die anthroposophische Bewegung gerade so weit vorgeschritten, dass sie die einzelnen Gebiete des Lebens wie Pädagogik, Medizin, Theologie, Landwirtschaft und Nationalökonomie erneuern konnte. 1917 formulierte Rudolf Steiner seine Erkenntnis von der Dreigliederung des menschlichen Organismus. Diese Idee lässt die Seele des Menschen nicht bloß im Nervensystem leben, so wie das heute noch gang und gäbe ist, sondern im ganzen Menschen. Nur das Denken des Menschen braucht das Nervensystem als Grundlage des Bewusstseins. Schon das Fühlen ist gar nicht mehr primär mit dem Nervensystem, sondern mit dem Rhythmischen System, mit Puls und Atem verbunden. Und der Wille vollends beruht in Wirklichkeit auf Stoffwechselvorgängen. Dieses vielleicht wichtigste Forschungsergebnis der Anthroposophie erwies sich sogleich in seiner Fruchtbarkeit, um die Kultur zu erneuern.

Es entstand mit großem Einsatz Steiners und seiner Schüler die Bewegung zur Dreigliederung des sozialen Organismus. Nach dieser Idee sollten das Geistesleben eines Staates, das Rechtsleben und das Wirtschaftsleben ganz unabhängig und selbständig voneinander werden und erst als autonome Gebilde dann wieder miteinander zusammenarbeiten. Steiner verfasste einen Aufruf «An das deutsche Volk und an die Kulturwelt!»[21] und er schrieb das damals viel gelesene Buch «Die Kernpunkte der sozialen Frage».[22] Ein Schlaglicht auf seine Tätigkeit werfen einige Tage im April 1919: an drei aufeinanderfolgenden Tagen spricht er vor den Arbeitern der Waldorf-Astoria-Zigarettenfabrik, dann vor der Belegschaft der Firma Bosch und schließlich bei den Mitarbeitern von Daimler-Benz.

Emil Molt, der Direktor der Waldorf-Astoria, bat Rudolf Steiner um eine Schule für die Kinder seiner Arbeiter. Dadurch wurde im September 1919 die erste Waldorfschule gegründet, die Rudolf Steiner bis zu seinem Tode leitete. Die Grundlage der Waldorfpädagogik, die Steiner damals in vielen Vorträgen entfaltete, ist die erwähnte Dreigliederung des menschlichen Organismus: das Denken, Fühlen und Wollen des heranwachsenden Kindes werden jeweils einzeln für sich betrachtet und dann in ihrer gegenseitigen Harmonie zueinander ausgebildet und gefördert.

Auch die Bewegung für religiöse Erneuerung, die «Christengemeinschaft», welche drei Jahre nach der Waldorfschule durch Rudolf Steiners Vermittlung entstand, findet ihre Grundlage in der menschlichen Dreigliederung, indem dadurch die göttliche Dreifaltigkeit und Dreieinigkeit wiederum verstanden werden können. Der Vatergott entspricht im Menschen dem Willen. Der Sohnesgott findet sich im Menschen wieder als Ideal unseres Fühlens; die Liebe ist ein Gefühl und sie ist das zentrale Wesen des Christentums. Der Geistgott schließlich ist dem Denken des Menschen erreichbar.

## Die anthroposophische Medizin

Dass die Medizin durch diesen Gedanken eine ganz andere werden kann, liegt auf der Hand. Es war in Basel im Januar 1920 in einem öffentlichen Vortrag, wo Rudolf Steiner selbst davon sprach, dass es das Ideal des Geisteswissenschaftlers wäre, sich einmal vor ganz Sachverständigen über eine «intuitive Medizin», wie er sie nannte, auszusprechen.[23] Keiner der Ärzte reagierte auf dieses Angebot. Es war Oskar Schmiedel, von Beruf Chemiker, der schon zusammen mit Rudolf Steiner die Pflanzenfarben für das erste Goetheanum entwickelt hatte, der nach diesem Vortrag zu Rudolf Steiner ging und sich erbot, einen Kursus für Ärzte zu arrangieren. Bereits drei Monate später fand ein erster Ärztekurs statt. Man vergleiche Steiners eigenes Angebot vom Januar 1920 und seine sofortige Bereitwilligkeit, vor Ärzten zu sprechen, mit seinem ganz anderen Verhalten gegenüber den Jungmedizinern,[24] den Teilnehmern des pädagogischen Jugendkurses,[25] den Priestern[26] oder anderen Bittstellern und Fragenden. Hier zögerte er, prüfte, stellte Gegenfragen oder machte Bedingungen. Der erste Ärztekurs aber kam sofort zustande. An diesem Kurs also, der vom 21.3. bis 9.4.1920 dauerte und in 20 Vorträgen die anthroposophische Medizin begründete, nahm Friedrich Husemann als 32-Jähriger teil. Ein Jahr später folgte der zweite Ärztekurs,[27] bei dem das hier wiedergegebene Photo der Teilnehmer angefertigt worden ist.

1 Rudolf Steiner
2 Lili Kolisko
3 Eugen Kolisko
4 Ludwig Noll
5 Friedrich Husemann
6 Ita Wegman
7 Oskar Schmiedel

Teilnehmer, 2. Ärztekurs (Ausschnitt), 1921

Rudolf Steiner war sich bewusst, dass er seinen Zuhörern etwas zumuten musste, etwa wenn er zu Beginn des 6. Vortrages bemerkt: «Bezüglich dessen, was heute auszuführen ist, habe ich eigentlich etwas Sorge. Denn könnte ich ein Vierteljahr darauf verwenden, diese Dinge auszuführen, so würde es nicht leicht sein, sie bloß für Phantasien zu halten. Aber da ich sie gewissermaßen nur um das Folgende, das dann auf die speziellen Seiten des Heilens eingehen soll, völlig verständlich zu machen, kursorisch durchführen kann in dieser heutigen Stunde, so wird manches wie, ich möchte sagen, bloß hingestellt erscheinen. Dennoch werde ich mich bemühen, in der Art, wie ich darstelle, zu zeigen, dass diese Dinge alle gut und sogar besser fundiert sind als diejenigen Dinge, die die heutige Naturwissenschaft zu ihren Grundlagen hat.»[28]

Diese Worte sind auch von uns Heutigen vielleicht noch viel zu wenig ernst genommen worden. Die Anthroposophie als solche konnte Rudolf Steiner in öffentlichen und internen Vorträgen ganz alleine aufbauen. Er brauchte eigentlich nur Menschen, die ihm Interesse entgegenbrachten. Bei den «Mysteriendramen» und beim Goetheanum-Bau war er in umfassender Weise der Regisseur, und die vielen Künstler und Laien nahmen ihn als Anreger und Vorarbeiter. Er schuf das Modell, die anderen gestalteten die Ausführung. Dann aber bei den wissenschaftlichen Fachgebieten enthielt ein Vortrag so viel Inhalt, dass schon Steiner allein ein Vierteljahr gebraucht hätte, um nur diesen einen Vortrag gründlich auszuführen. Hier war Rudolf Steiner auf initiative und kompetente Mitarbeiter angewiesen, weswegen er so dringend danach suchte.

Auch während des Kurses kamen schon erste Reaktionen, auf die der Vortragende im 15. Vortrag eingeht: «Heute möchte ich ausgehen von einer Bemerkung, die mir gestern im Vortrage gemacht worden ist, ich möchte sagen, von einer in dieser Beziehung recht kompetenten Seite, nämlich dass diese Vorträge hier zu den schwerverständlichsten aller anthroposophisch orientierten Vorträge gehören. Das wird man ja innerhalb gewisser Grenzen durchaus zugeben müssen, aber auf der anderen Seite wird wohl auch zugegeben werden müssen, dass das nicht leicht anders sein kann.»[29] Und mit einer Art von kosmischem Humor machte Steiner die Ärzte darauf aufmerksam, dass die Amsel solche Vorträge nicht schwer verständlich finden würde, denn wenn sie sich an einer Speise von zu viel Kreuzspinnen den Magen verstimmt hat, dann frisst sie ein wenig vom Bilsenkraut, um wieder gesund zu werden. Zu solchen der Natur – in diesem Fall der Amsel mit ihrem Gesundheitsinstinkt – abgelauschten Krankheits- und Gesundheitsprozessen wollte Steiner die Ärzte hinführen. Er brachte nicht ein neues, in sich geschlossenes System mit fertig ausgebildeter neuer Nomenklatur, auch nicht einen Rückfall in alte instinktive Heilweisen, sondern: «... das ist die Entwicklung: vom Instinkt aus durch den Intellektualismus zur Intuition» (15. Vortrag). Weil Steiner beim modernen Intellektualismus ansetzte, deswegen wirken diese Vorträge äußerlich betrachtet so schwer verständlich und scheinbar abstrakt, sie enthalten aber Forschungsansätze und Willenskeime, und im Übrigen auch meditative Anweisungen (12. und 14. Vortrag), die von der modernen Medizin ausgehen und diese weiterentwickeln. Nichts von dem, was später entstand, wäre ohne diese von Steiner selbst inaugurierten 20 Vorträge entstanden: kein Klinisch-Therapeutisches Institut, keine anthroposophischen Ärzte, keine Heilmittelherstellung, keine anthroposophische Pharmazie, keine Heileurythmie, keine Jungmedizinerkurse, keine Heilpädagogik und keine Pastoralmedizin. Auch die alles entscheidende Frage Ita Wegmans nach der Erneuerung der Mysterien[30] war erst möglich, nachdem Rudolf Steiner diese Erneuerung auf den Boden der modernen Medizin gestellt hatte.

## Hemmungen und Hindernisse

Und wie haben nun die von Rudolf Steiner als Zuhörer so sehr erwünschten Ärzte das Ganze aufgenommen? Ita Wegman, die spätere von Steiner berufene Leiterin der Medizinischen Sektion am Goetheanum, wunderte sich und fragte Rudolf Steiner: «Muss man denn so abstrakt mit den Ärzten sprechen?» Steiner: «Ja, das muss man.»[31] Madeleine van Deventer nahm als Medizinstudentin teil. Sie gehörte später zu den Jungmedizinern, die sich mit ihren mehr moralisch-meditativen Bedürfnissen direkt an Rudolf Steiner wandten und zwei Extrakurse von ihm bekamen. Madeleine van Deventer also berichtete vom ersten Ärztekurs: «Erzogen in den fest konturierten anatomischen Vorstellungen, konnten wir den Metamorphosen alles Lebendigen nur mühsam folgen. Es kam zum verzweifelten inneren Widerstand.»[32] Friedrich Husemann schrieb 20 Jahre später: *«Jeden Morgen hörten wir – es waren etwa 40 Teilnehmer – in feierlich-freudiger Stimmung im Ateliergebäude Rudolf Steiners Vortrag. Kaum einer war imstande, die Fülle der Gedanken ganz aufzunehmen. Unerwartete Perspektiven eröffneten sich – aber oft fühlte man sich wie geblendet von der Helligkeit und Weite der Ausblicke. Das sich eröffnende Neuland selber zu erobern, schien über die Kräfte zu gehen.»*[33]

Man könnte denken, wenn Anthroposophen über ihren eigenen Berufszweig einen Zyklus von Rudolf Steiner bekommen, dann müssten sie doch eigentlich begeistert sein. Diese Begeisterung war durchaus da. Aber es waren auch Hemmungen da. Diese liegen in tieferen Seelenschichten, in anerzogenen Kulturgewohnheiten und

Zivilisationsinstinkten des modernen Menschen, wozu hier drei Beispiele herangezogen werden sollen. Der Arzt Otto Palmer, der Pfarrer Friedrich Rittelmeyer und die Astronomin Elisabeth Vreede sollen zu Wort kommen. Es wird sich später zeigen, warum wir bei diesem Punkt etwas ausführlicher verweilen müssen.

### *Otto Palmer (1867–1945)*

Otto Palmer, der schon 1908 Steiner kennengelernt hatte, erzählte, wie er Steiners Darstellungen zur Medizin zunächst nur mitleidig belächeln konnte: «Als ich Dr. Steiner zum ersten Male in seinen Vorträgen auch medizinische Themata behandeln hörte, war es gar nicht anders möglich, als dass sich im Innern der im wissenschaftlichen Betrieb groß gewordenen Medizinerseele etwas wie ein leises Mitleiden regte dem Laien Steiner gegenüber, der ja selbstverständlich von Medizin nichts verstehen konnte. Das war etwa die Stimmung im Anfang, als man selber noch nicht die geringste Berechtigung hatte, mitzusprechen bei Behandlung eines anthroposophischen Themas, weil man selbst nur ganz oberflächlich Anthroposophie in sich aufgenommen hatte. Wie anders wurde das im Laufe der folgenden Jahre! Das Blättchen wandte sich, und der «stolze, wissenschaftlich durchgebildete Arzt» konnte die Stunden kaum erwarten, wo er als lernbegieriger Schüler zu Füßen des Meisters sitzen durfte.[34]

### *Friedrich Rittelmeyer (1872–1938)*

Friedrich Rittelmeyer, der Begründer der Christengemeinschaft, lernte Rudolf Steiner kennen in einer Lebenszeit, in der er selbst schon eine bekannte Persönlichkeit des protestantischen Lebens war. Er berichtete von seiner Anfangszeit der Beschäftigung mit Steiners Werk: «Während ich in den Schriften Rudolf Steiners las, sprach oft eine leise Stimme in mir. Erst nach und nach wurde ich auf sie aufmerksam. Sie sagte: ‹Wenn dieser Mann hier recht hat, dann bist du mit all deinem Wissen ein ganz kleiner Knirps! Dann kannst du gerade noch einmal von vorn anfangen! Und dahin wirst du doch nie kommen, dies alles nachprüfen zu können mit den versprochenen höheren Organen! So wirst du, wenn du dies überhaupt in dich hereinlässt, für immer zu einem Schüler herabsinken! Du musst deine ganze Geistesart von Grund auf neu aufbauen, in dem Augenblick, wo du geglaubt hast, als Lehrer vor den Menschen zu stehen, wo sie dich als Lehrer suchten und brauchten! Und viel wirst du in dem Neuen auf keinen Fall mehr erreichen!› Wer diese Stimme aus eigener Erfahrung kennt, der hört sie dann auch bei anderen – die sie selber nicht hören … Ganz besonders, wenn ich die Theologen sagen hörte, sie vermissen in der Anthroposophie ‹die rechte Erkenntnis der Sünde›, den ‹Ruf zur Buße› – da hätte ich immer fragen mögen: Steht es nicht vielleicht so, dass ihr nicht ‹Buße tun› wollt? Auch die Buße hat viele Gestalten: einem ‹intellektuellen› Zeitalter, einem geistesstolzen Geschlecht könnte gerade die Buße zugemutet werden, dass man die Ehrlichkeit und den Mut hat, vor neuen Erkenntnissen klein zu werden. Hier ist die Prüfung unserer Geistesart! Vielleicht das Gericht unserer Zeit!»[35]

## *Elisabeth Vreede (1879–1943)*

Rudolf Steiner hat 1923 Elisabeth Vreede zur Leiterin der Mathematisch-Astronomischen Sektion und gleichzeitig in den Vorstand der von ihm neu begründeten Allgemeinen Anthroposophischen Gesellschaft berufen. Steiner bescheinigte dieser Fachwissenschaftlerin 1922 «eine ausgezeichnete Klarheit darüber, wie Anthroposophie in die Einzelwissenschaften eingeführt werden soll».[36] Auch Elisabeth Vreede konnte davon berichten, welche Umwandlungen der Seele dafür notwendig waren. Sie erzählte, wie sie 1904 einen Vortrag Steiners über «Mathematik und Okkultismus» hörte: «Gerade über den Gegenstand meines Studiums sprach er bei diesem ersten Besuch in meinem Heimatland (Holland).» Aber Vreede konnte damals mit diesem Vortrag gar nichts anfangen! Erst die Aufsätze über «Wie erlangt man Erkenntnisse der höheren Welten?», die später auch als Buch erschienen, weckten ihr Interesse, und vollends dann Steiners Vorträge über das Rosenkreuzertum. Und Vreede schrieb: «Es ist eine oft bemerkte Tatsache, dass Menschen den Zugang zu der spirituellen Erkenntnis am schwierigsten auf ihrem eigenen engeren

Gebiet finden ...» «Es war (für mich) ein langer, ja schmerzlicher Weg, bis es dazu kommen konnte, das Wissenschaftliche mit der geistigen Erkenntnis in fruchtbarer Art zu vereinigen.»[37]

Diesen Seelenuntergrund, der hier in einigen Beispielen skizziert worden ist, muss man berücksichtigen, wenn man die weiteren Vorgänge richtig beurteilen will.

## Der Hochschulkurs zur Eröffnung des Goetheanum im Herbst 1920

Die anthroposophische Entwicklung ging damals in großen Schritten vorwärts. Im Herbst 1920 wurde das Goetheanum eröffnet. Dieser Bau war schon sieben Jahre früher aus rein künstlerischen Intentionen heraus entworfen worden. Man wollte den vier Mysteriendramen Rudolf Steiners, die 1910 bis 1913 in München uraufgeführt worden waren, eine würdige Umhüllung und zugleich eine Heimstätte für Anthroposophie bauen. Der Weltkrieg verzögerte die Fertigstellung. Und als das Goetheanum eröffnet wurde, fand nicht etwa eine Aufführung der Mysteriendramen statt, wie es dem ursprünglichen Plan entsprochen hätte, sondern ein wissenschaftlicher Hochschulkurs. Das Goetheanum trat als «Freie Hochschule für Geisteswissenschaft» vor die Welt. Drei Wochen lang gab es Vorträge zu folgenden Gebieten: Philosophie, Theologie, Geschichte, Sprachwissenschaft, Physik, Mathematik, Chemie, Medizin, Indologie, Jurisprudenz, Pädagogik, Kunstgeschichte, Kunst, Dichtung, Technik, Nationalökonomie, Geschäftsleben und Fabrikpraxis, wie man damals sagte. Die verschiedensten anthroposophischen Fachgelehrten trugen vor und zwar alle, die damals und später Rang und Namen hatten: Dr. Hermann von Baravalle, Dr. Walter Johannes Stein, Dr. Friedrich Husemann, Dr. Oskar Schmiedel, Emil Molt, Rudolf Meyer (Berlin), Paul Baumann, Prof. Dr. Hermann Beckh, Adolf Arenson, Dr. Ernst Blümel, Dr. Eugen Kolisko, E. A. Karl Stockmeyer, Roman Boos, Emil Leinhas, Dr. Rudolf Treichler sen., Karl Ballmer, Arnold Ith, Ernst Uehli, Dr. Carl Unger, Dr. Hans Wohlbold, Dr. Elisabeth Vreede, Dr. Karl Heyer, Dr. Caroline von Heydebrand, Dr. J. Hugentobler, Herbert Hahn, Alexander Strakosch, Walter Kühne und Albert Steffen. Künstlerische Veranstaltungen mit Eurythmie, Rezitation und Musik fanden an den Wochenenden statt. Rudolf Steiner hielt den Zyklus über «Grenzen der Naturerkenntnis» (GA 322).

## Friedrich Husemanns drei Vorträge am Goetheanum

Friedrich Husemann hielt drei Vorträge über «Psychiatrische Fragen vom Gesichtspunkt der Anthroposophie».[38] Der Vortragende stellt fest, dass drei ganz verschiedene Forscher: Kohnstamm, Stern und Kretzschmer zu einer Viergliederung des Menschen kommen, Stern zum Beispiel nennt sie

1. Phänomene (Erlebnisse)
2. Akte (Taten)
3. Dispositionen (Strebungen, Fähigkeiten)
4. Subjekt (Ich)

und der Redner sieht hierin einen Hinweis auf Steiners vier Wesensglieder des Menschen.

In seinem Buch «Die Geheimwissenschaft im Umriss» (GA 13) illustriert Rudolf Steiner die Rückschau nach dem Tode mit einem Erlebnis des damals berühmten Kriminalanthropologen Moritz Benedikt, der in seinen Lebenserinnerungen den von ihm selbst erlebten Fall erzählt, dass er einmal, als er dem Ertrinken in einem Bade nahe war, wie in einem einzigen Bilde sein ganzes Leben in der Erinnerung vor sich gesehen habe. Für dasselbe Erlebnis führt Husemann in seinem Vortrag noch weitere Beispiele an, unter anderen von dem Geologen Heim, dem dasselbe bei einem Bergsturz passierte.

Wenn die vielen Zitate, die sich in dem Autoreferat finden, damals auch verlesen worden sind, dann sind diese Vorträge vermutlich langweilig gewesen. Man weiß nicht, warum man sich mit der Anthroposophie beschäftigen soll, wenn sie in so vielen Ansätzen in der damaligen Wissenschaft ohnehin schon vorhanden ist. Warum soll ein prägnantes Beispiel Rudolf Steiners durch weitere Beispiele vermehrt werden? Die verschiedenen erörterten Gebiete der drei Vorträge bleiben ohne Zusammenhang, irgendeine neue Idee wird nicht mitgeteilt, das Ganze erweckt bei dem heutigen Leser kein Interesse und keinen Impuls. Ganz im Gegenteil zu dem begeisternden Vortrag vom Jahre 1911: *«Das Ich als Arzt.»* Was wäre gewesen, wenn Husemann diesen einen Vortrag im Goetheanum gehalten hätte statt der drei langatmigen akademischen Exkurse?

Ähnlich wie Husemann muss es damals auch den anderen Rednern gegangen sein. Emil Leinhas bemerkte rückblickend, wie er damals sich bemüht habe, in seinen zwei Vorträgen über den «modernen Kapitalismus» besonders «akademisch» vorzutragen, und wie er selbst schon merkte und dann auch an Steiners Reaktion erkannte, dass dies der Anthroposophie nicht dienlich gewesen war.[39]

## Rudolf Steiners Beurteilung der anthroposophischen Fachwissenschaftler

Rudolf Steiner suchte und brauchte akademisch geschulte Mitarbeiter. Er hatte seine Anregungen gegeben und wartete nun darauf, was daraus wird. Insofern kann man gut verstehen, dass er 1920 dem Initiator des Hochschulkurses Roman Boos zu Beginn der Vorträge für seine Initiative und «Stoßkraft» dankte.[40] Steiner hob hervor, dass bei diesem Hochschulkurs 33 Dozenten die Anthroposophie in 17 verschiedene Zweige des menschlichen Empfindens und Arbeitens hineintragen.[41] Man merkt es ihm an, dass er sich darüber freute. Der Hochschulkurs selber fand dann aber keine große Anerkennung vonseiten Rudolf Steiners. Nachdem das Goetheanum in der Silvesternacht 1922 abgebrannt war, schrieb Steiner eine Reihe von Aufsätzen unter dem Titel «Das Goetheanum in seinen 10 Jahren», in denen der besagte Hochschulkurs von 1920 sehr ausführlich beleuchtet wird. So manches Wort bei dieser Veranstaltung konnte nicht in Harmonie mit den Formen des Goetheanum empfunden werden. Nicht alles, was dort die Fachgelehrten vortrugen, nahm sich so aus «wie ein aus dem Goetheanumgeiste heraus Geborenes».[42] Und in einer «merkwürdigen Harmonie mit diesem Baugedanken des Goetheanum empfinde ich heute [1923], was sich damals [1920] in mir sträubte, das Goetheanum selbst festlich zu eröffnen, als in ihm die erste Veranstaltung eingerichtet wurde. Es konnte eben das Programm jener Vortragsreihe nicht zum Anlass eines solchen Festes genommen werden.»[43] Viele Anthroposophen haben durch diese Worte erst 1923 bemerkt, dass das Goetheanum gar nicht festlich eröffnet worden ist, dass der erste Hochschulkurs im September 1920 nicht auf Steiners Initiative beruhte, und dass dieser offensichtlich von niemandem gefragt worden war, wie das Goetheanum eingeweiht werden soll.

Sophie Stinde war 1915 gestorben. Sophie Stinde und Pauline von Kalkreuth hatten die schönen Jahre in München ermöglicht, sodass dort 1907 der Theosophische Kongress veranstaltet werden konnte, bei dem der anthroposophische Kunstimpuls erstmals keimhaft erschien, und später von 1910 bis 1913 sommerliche Festwochen gestaltet wurden, bei denen Rudolf Steiners Mysteriendramen uraufgeführt wurden. Sophie Stinde hatte – so formulierte es Rudolf Steiner bei ihrer Trauerfeier – den Baugedanken sowohl seiner Absicht nach als auch «jener Liebekraft nach, aus der er allein entstehen konnte»,[44] in ihrer Seele getragen. Sie fehlte, als das Goetheanum 1920 eröffnet wurde.

Ähnliche Hochschulkurse wie dieser erste in Dornach folgten in den Jahren 1921 und 1922 in Darmstadt, Stuttgart, Dornach, Berlin, Den Haag, Wien und wiederum Dornach, wobei Friedrich Husemann regelmäßig zu medizinischen Themen vortrug. Viele dieser Veranstaltungen waren große Erfolge, vor allem auch durch Rudolf Steiners Mitwirkung und durch die Darstellung der offenkundigen Vielseitigkeit der Anthroposophie, mit der sie Kunst, Wissenschaft und Religion erneuern konnte. Aber bedenkliche Untertöne waren auch damals schon vernehmbar, etwa wenn Rudolf Steiner in seinem Bericht über den Berliner Hochschulkurs, der im März 1922 stattfand, bemängelte, dass an dem Theologentag nur der Protestantismus, aber nicht die katholische Theologie zur Geltung gekommen ist, von der anglikanischen Kirche oder dem Puritanismus ganz zu schweigen. Friedrich Rittelmeyer, Emil Bock und Christian Geyer hielten an diesem Tag ihre Vorträge und waren für das Konzept verantwortlich. Man sieht: Steiner wirkte bei diesen Hochschulkursen zwar mit, die

Gestaltung war aber nicht mit ihm besprochen worden, sonst hätte er natürlich vor dieser «protestantischen Kirchturmspolitik», wie er sie später nannte, gewarnt und vorher den Ratschlag gegeben, «dass wir mit unserem Blick über die ganze Welt hinausschauen müssen».[45] Noch gravierender war dann, wie Rudolf Steiner den notwendigen Brückenschlag zwischen evangelischer Theologie und Anthroposophie bei jenen drei Rednern inhaltlich beurteilte: «Es waren immer nur Hinweise, dass das von der Anthroposophie kommen soll; aber wie es sich gestalten soll, davon war eigentlich im Grunde genommen nicht die Rede.»[46] Den Tag über «Nationalökonomische Ausblicke» nannte Rudolf Steiner ein «tanzendes Versprechen; aber was dann der Tag gebracht hat, das war ein mehr oder weniger hinkendes Nachbewegen zu diesem tanzenden Versprechen».[47] Immerhin wirkte an diesem Tag ein so verdienter Mann wie Emil Leinhas mit.

Beim Haager Hochschulkurs einen Monat später wurde Steiner noch deutlicher. Im Mai erschien der kleine Aufsatz «Meine holländische und englische Reise» in der Wochenschrift «Das Goetheanum».[48] Rudolf Steiner bezeichnet sich selbst als «eingeladen» und als «mittätigen Vortragenden», keinesfalls also als Verantwortlichen. Steiner schilderte die Vortragsweise und Wirkung von W. J. Stein, Karl Heyer, Ernst Uehli, Hermann von Baravalle, Elisabeth Vreede, Caroline von Heydebrand, Eugen Kolisko, Herbert Hahn, Carl Unger und Friedrich Husemann. Ohne die Betroffenen persönlich zu kränken, werden doch sehr klare Worte gesprochen, zum Beispiel wenn er Stein und Heyer vergleicht:

«Dr. Stein spricht, Dr. Heyer doziert, aber es ist notwendig, dass innerhalb unserer Reihen auch so doziert wird. Denn Dr. Heyer kann gerade dadurch überzeugend wirken, dass er sich aus dem Anerkannten in das Anthroposophische hinüberdoziert, und damit die Zuhörer glänzend von dem Bekannten in das Unbekannte führt.»

Die Einseitigkeiten und Stärken der verschiedenen Redner kommen dadurch heraus, dass sie miteinander verglichen werden. Eugen Kolisko wird deutlich allen anderen gegenüber herausgehoben:

«Persönlichkeiten wie Dr. med. Eugen Kolisko können von der anthroposophischen Bewegung nicht hoch genug eingeschätzt werden. Er hat in Haag über biologische und chemische Probleme und auch über ‹Freies Geistesleben durch Anthroposophie› gesprochen. Der naturwissenschaftliche Phänomenalismus hat in Kolisko einen Verfechter, der diese Seite des anthroposophischen Denkens überall aus der unbefangenen Sach-Erkenntnis objektiv entwickelt. Man hat bei Kolisko nirgends das Gefühl, dass er von vornherein Anthroposophie in seine Welt-Erkenntnis hineinträgt, sondern überall das, dass er in einem sachgemäßen, aber intimen Denken aus den konkreten Problemen die anthroposophische Anschauung gewinnt. Dabei ist er innig als Persönlichkeit mit seinen Problemen verwachsen, sodass für mein Gefühl man ihm gegenübersteht als einer durch und durch wissenschaftlich überzeugend wirkenden Persönlichkeit. Wenn ich von ihm so sprechen höre wie diesmal über ‹freies Geistesleben›, dann habe ich die Empfindung: der redet bis ins Herz hinein wahr; und in dieser Wahrheit lebt er sich restlos aus.»

Der Wortlaut Steiners über Friedrich Husemann lautet: «Dr. Friedrich Husemann sprach über das medizinische Gebiet. ‹Neue Wege zu einer rationellen Therapie› war sein Thema. Die Anregungen, die von der Anthroposophie für die Heilwissenschaft kommen können, erfordern, um vor der Wissenschaft bestehen zu können, den engsten Anschluss an die bestehenden medizinischen Lehrmeinungen. Man könnte diesen beweisen, dass sie sich nur selbst verstehen und sich bis zu ihren Konsequenzen bringen, wenn sie nach der anthroposophischen Ergänzung ausschauen. Nach dieser Richtung zu wirken, ist unter den gegenwärtigen Verhältnissen nicht schwierig. Es ist auch der Sache nach in der Medizin nicht so schwierig wie zum Beispiel in der Pädagogik. Denn die Lehren, die man von der Krankheit erhält, kann man nicht so leicht von der Entwicklung des mehr oder weniger gesunden Menschen haben. Die Krankheit spricht eine deutliche Sprache. Man braucht nur spärliche Anregungen vonseiten der schauenden Erkenntnis, um sich an den deutlich sprechenden Symptomkomplexen gewissenhaft bis zu dem Punkte durchzuarbeiten, wo die Pathologie und die Therapie zur rationellen medizinischen Kunst zusammenfließen. Ausnützung der gediegenen wissenschaftlichen Bildung, Umsicht in der Krankenbeobachtung wird zum Ziele führen. Bisher höre ich aus öffentlichen Vorträgen auf diesem Gebiete nur die Problemstellungen. Auch hier wird zur Geltung kommen müssen:

Anthroposophie will nicht Theorie, sondern Lebenspraxis. Ein einzelner Fall nach Anfang und Ende sachgemäß charakterisiert, spräche mehr als alle theoretischen Auseinandersetzungen. Die Theorie ist an und für sich nichts nütze, als insofern sie uns an den Zusammenhang der Erscheinungen glauben lässt. Das kann man bei Goethe lernen.»[49]

Zu Weihnachten 1923 übernahm dann Rudolf Steiner selbst den Vorsitz und die Verantwortung für die Anthroposophische Gesellschaft, gleichzeitig gab er ihr neue Statuten und Prinzipien. Er bildete einen sechsköpfigen Vorstand mit Sitz in Dornach, der das Zentrum der Weltbewegung als Initiativvorstand sein sollte. Einige prominente Anthroposophen wurden dann im Mai 1924 als «Goetheanum-Redner» benannt. Es waren dies – selbstverständlich neben den Vorstandsmitgliedern in Dornach (Albert Steffen, Marie Steiner, Ita Wegman, Elisabeth Vreede und Guenther Wachsmuth) – folgende Mitarbeiter: Adolf Arenson, Hermann von Baravalle, Moritz Bartsch, Caroline von Heydebrand, Eugen Kolisko, Hermann Poppelbaum, Friedrich Rittelmeyer, Karl Schubert, Erich Schwebsch, Walter Johannes Stein und Carl Unger.[50] Friedrich Husemann war folglich kein von Steiner autorisierter «Goetheanum-Redner».

Wenn man also zurückblickt auf Friedrich Husemanns Vortragstätigkeit zu Steiners Zeiten, so kann von besonderer Anerkennung Steiners nicht die Rede sein. Wie hat Friedrich Husemann dies verarbeitet? Später darüber ausführlich gesprochen oder gar geklagt hat er nie. Er antwortete mit der Tat. Steiner hatte ihn auf Goethe verwiesen. 1935 erschien Friedrich Husemanns Buch «Goethe und die Heilkunst», das 2002 nach über 60 Jahren in 3. Auflage erschien. Dadurch zeigte er, dass er imstande war, von Goethe zu lernen. Und wenn ihm 1922 Eugen Kolisko, sein Kollege aus Stuttgart, als leuchtendes Vorbild hingestellt worden war, so hatte Friedrich Husemann so viel Seelengröße, dass er nach Koliskos Tod 1940 einen Nachruf über ihn verfasste, in dem er seine genialen Fähigkeiten neidlos anerkannte und ein lebendiges Bild dieses Mannes zur Zeit der Ärztekurse Rudolf Steiners zeichnete: wie Kolisko damals der einzige war, der mit Steiners Hinweisen schöpferisch umgehen konnte.[51] Und 1940 war es innerhalb der Anthroposophischen Gesellschaft nicht gerade opportun, sich für Eugen Kolisko einzusetzen, der fünf Jahre vorher aus dieser Gesellschaft ausgeschlossen worden war.

Friedrich Husemann war in der Lage, aus Niederlagen zu lernen. Das wird sich in den nächsten Begegnungen mit Rudolf Steiner, die kurz vor und nach dem Goetheanum-Brand stattfanden, erneut erweisen.

# IV Die Feuerprobe des Fachgelehrten

## Das Klinisch-Therapeutische Institut «Der kommende Tag» in Stuttgart

Am 8.6.1921 eröffnete Ita Wegman in Arlesheim in der Nähe des Goetheanum ihr Klinisch-Therapeutisches Institut. Rudolf Steiner schrieb den Prospekt[52] und gab von 1921 bis 1924 für fast jeden ihrer Patienten diagnostische und therapeutische Ratschläge. Das Wort «Klinisch-Therapeutisches Institut» bedeutete damals so viel wie heute Krankenhaus oder Klinik.

Zwei Monate später, am 15.8.1921, wurde ein Institut mit demselben Namen in Stuttgart eröffnet, wo Rudolf Steiner ebenfalls den Ärzten mit Rat und Tat zur Seite stand. Als 1939 die Krankengeschichten dieses Instituts in einer ersten Form herausgegeben wurden, schrieb Friedrich Husemann über das Zustandekommen dieser Klinik und über Rudolf Steiners Arbeitsweise das Folgende:

*Die hier gesammelten Notizen stammen zum größten Teil aus Besprechungen der Ärzte des Klinisch-therapeutischen Instituts der «Kommende Tag» in Stuttgart mit Dr. Rudolf Steiner, die in den Jahren 1922–24 stattfanden. Das Institut stand unter der Leitung von Dr. Otto Palmer, den Dr. Steiner für diese Aufgabe aus Hamburg, wo er eine große Praxis verließ, berufen hatte. – Unter Dr. Palmers Leitung wurde das Haus auf der Gänsheide – gegenüber dem auch damals erbauten Laboratorium der Weleda, Adelheidweg 4 – ein in einem prachtvollen Park gelegener Besitz der Familie Wildermuth – für die Aufnahme von etwa 25 Patienten ausgebaut. Seine (jetzt in Dornach lebende) Frau hatte die innere Leitung in Händen und*

Klinisch-Therapeutisches Institut Stuttgart, Gänsheidestraße 88

*schuf ein familiäres Milieu, das von den Patienten so wohltuend empfunden wurde. Außer Palmer waren Dr. Ludwig Noll (der seine große Praxis in Kassel aufgab), Dr. Felix Peipers und der Unterzeichnete tätig, um Dr. Steiners Anregungen für eine Erweiterung der Heilkunst ausbauen zu helfen.*

*Dr. Peipers kam aus München, wo er schon eine kleine Klinik begründet und vielfache Anregungen von Dr. Steiner empfangen hatte. Insbesondere hatte er sich theoretisch und praktisch mit der Farbentherapie beschäftigt. Dr. Peipers hatte zu diesem Zweck in seinem Institut zwei kleine Farbkammern eingerichtet, die groß genug waren, dass ein Patient darin liegen konnte. Sie bestanden aus Sperrholzplatten und waren innen lackiert, die eine rot, die andere blau. Die (farblose) Beleuchtung befand sich unterhalb des Liegebettes, sodass der Patient nur die farbigen Wände sehen konnte.*

*Die Unterredungen mit Dr. Steiner verliefen so, dass ihm, bevor der Patient vorgestellt wurde, Vorgeschichte und die Ergebnisse der ärztlichen Untersuchung mitgeteilt wurden. Oft stellte er dann sel-*

Ärzte und Mitarbeiterkollegium im Klinisch-Therapeutischen Institut in Stuttgart
(hintere Reihe: Schwester Gertrud, Dr. L. Noll, Dr. F. Husemann;
mittlere Reihe: Frau Müller, Dr. F. Peipers, Frau Palmer, Frau Peipers,
Dr. O. Palmer, Frau Minnie Husemann;
vordere Reihe: Schwester Elisabeth, Schwester Nelly)

*ber noch Fragen an den Patienten, vielfach nach Ereignissen aus der Jugend, bei denen manchmal überraschende Dinge herauskamen.*
*Offensichtlich war Dr. Steiner bei diesen Besprechungen intensiv innerlich tätig, ehe er aus seiner geisteswissenschaftlichen Erkenntnis heraus den Krankheitsbefund darstellte und eine Therapie empfahl; aber das war von Fall zu Fall verschieden. Und immer hatte man das Erlebnis, dass er mit liebevollem Interesse und innerer Freude sich dieser Aufgabe widmete. Auch wenn er – wie meistens – anstrengende Sitzungen hinter sich hatte, erschien er frisch und elastisch.*
*Der Unterzeichnete stenographierte, so gut es ging, den Gang des Gesprächs, nachher redigierte er die Notizen und diktierte sie in die Schreibmaschine, sodass jeder Arzt des Kollegiums einen Durchschlag erhielt. Auch mit Frau Dr. Wegman, der Leiterin der von ihr begründeten Klinik in Arlesheim/Dornach, tauschten wir später Berichte über die mit Dr. Steiner geführten Unterredungen aus. Auch diese sind in der vorliegenden Sammlung enthalten.*
*Manche Notizen nehmen Bezug auf «das Vademecum». So wurde das von Dr. Steiner dringend gewünschte Buch genannt, das die von ihm gemeinte nach geisteswissenschaftlichen Gesichtspunkten erweiterte Heilkunst darstellen sollte. Ein erster Versuch in dieser Richtung war das Heft «Methodologisches zur Therapie», das von dem Unterzeichneten in Zusammenarbeit mit Dr. Siegfried Knauer herausgegeben wurde. – Bald darauf begann Dr. Steiner zusammen mit Dr. I. Wegman die Arbeit an dem Buch «Grundlegendes für eine Erweiterung der Heilkunst», das aber erst nach seinem Tode erscheinen konnte.*
*An eine Veröffentlichung dieser Notizen war nie gedacht. Es sollten nur Gedächtnishilfen sein. Deswegen sind auch die Angaben aus den Krankengeschichten sehr spärlich – jeder der Ärzte kannte ja die wesentlichen Daten.*
*[…]*
*So bleibt es weiterhin eine Aufgabe der Schüler Rudolf Steiners, sich seine zahlreichen Anregungen gedanklich und praktisch zu erarbeiten.*
*Dr. Friedrich Husemann*[53]

Rudolf Steiner mit Mitarbeitern auf dem Wege vom Klinisch-Therapeutischen Institut Stuttgart-Gänsheide zum pharmazeutischen Laboratorium am Adelheidweg. Links Dr. Ludwig Noll, rechts Dr. Wilhelm Pelikan, hinter diesem Dr. Friedrich Husemann

Nach den zeitgenössischen Berichten von Emil Leinhas[54] und Oskar Schmiedel[55] war Dr. Ludwig Noll derjenige, der für die Leitung des Instituts geeignet erschien. Er hatte schon viele Krankenbehandlungen mit Rudolf Steiner zusammen durchgeführt, er war fachlich und menschlich hervorragend geeignet. Aber Noll zögerte und wollte die Leitung des Instituts nicht übernehmen. Als dann Otto Palmer von Rudolf Steiner gefragt wurde und sofort zusagte, entschloss sich auch Ludwig Noll mitzumachen. Felix Peipers aus München war während seiner Stuttgarter Zeit aus gesundheitlichen Gründen nicht voll einsatzfähig, er siedelte wegen seines Lungenleidens später nach Teneriffa über. Friedrich Husemann schließlich war der Jüngste in dieser Gruppe, soeben hatte er seine Facharztqualifikation als Neurologe und Psychiater erworben.

Die Stuttgarter Klinik war von Anfang an bei den Patienten sehr beliebt und immer voll belegt.

Steiner allerdings war offensichtlich nicht immer zufrieden. Es gibt den gut dokumentierten Fall eines Mädchens mit spinaler Kinderlähmung, die in Stuttgart von Friedrich Husemann behandelt wurde. Husemann wandte das damals übliche Elektrisieren an. Steiner: «Wenn Sie alles verderben wollen, dann tun Sie dies noch einmal.»[56] Später sorgte Rudolf Steiner dafür, dass das Kind von Stuttgart nach Arlesheim zu Ita Wegman verlegt wurde.

## «Methodologisches zur Therapie» (1922) von Friedrich Husemann und Siegfried Knauer

Von den Ärzten des Stuttgarter Instituts erwartete Rudolf Steiner damals eine Broschüre, die er «Vademecum» nannte. Eine Schrift, welche die neue medizinische Denkweise hätte darstellen sollen. Steiner meinte, eine solche Schrift hätte etwa sechs Monate nach dem ersten Ärztekurs, also etwa im September 1920 vorliegen können. Nicht mehrere Ärzte, sondern ein Arzt könne es alleine leisten. Keine Heilmittelliste oder Erprobung von Wirksamkeiten, sondern das methodische Umdenken hätte dargestellt werden sollen, damit in der medizinischen Öffentlichkeit eine Diskussion losgetreten worden wäre, so wie es Emil Schlegel auf seinem Gebiet der Homöopathie und Naturheilkunde[57] bewirkt hatte. So etwas sei möglich, wenn man es nur wolle. «Ich möchte die Behauptung aufstellen: Das Vademecum, das von Ihnen verlangt wird, müsse jeder der Ärzte im Kopfe tragen. Etwas, was Sie selbstverständlich im Kopfe tragen, müssen Sie aufschreiben.»[58] Ganz offenkundig erwartete er auch künstlerische Fähigkeiten in einem Maße, die einen damals wie heute in ihrer revolutionären Zukünftigkeit fast erschrecken können. Zum Beispiel wenn er bei einer der Vademecum-Besprechungen in Stuttgart folgende Darstellung vorschlägt:

«Nun schildert man, wie sie anfangen, diese Arteriosklerose-Erscheinungen zu bekommen, man schildert, wie sie durch Birkenblättertee einen lebhafteren Stoffwechsel bekommen, wie sie in der Regel schneller urinieren und verdauen. Die Nierentätigkeit geht lustiger vor sich. Nun schildert man diese beiden entgegengesetzten Prozesse. Wenn die Ärzte ein wenig poetischer wären, könnte man ihnen das poetischer schildern. Man sieht doch, dass die Birke einen anderen Stoffwechsel hat, sonst könnte sie nicht weiß sein.»[59]

Alle diese Vorschläge über ein Vademecum waren hauptsächlich an Ludwig Noll gerichtet. Er versprach dann auch mehrmals,[60] eine solche Schrift zu liefern, aber sie kam durch ihn nicht zustande.

Stattdessen hat Friedrich Husemann unter Mitarbeit von Siegfried Knauer immerhin bereits im zweiten Halbjahr des Jahres 1922 einen ersten Versuch in dieser Richtung vorgelegt.

Die Schrift «Methodologisches zur Therapie» umfasst 53 Seiten und beginnt mit der Darstellung der normalen Altersprozesse, um dann die Arteriosklerose als krankhafte Steigerung des Alterns mit der Bleivergiftung zu vergleichen, damit die hoch potenzierte Gabe von Blei als Medikament gegen die Sklerose verständlich wird. Die damals geltende medizinische Forschung ebenso wie die Geisteswissenschaft Rudolf Steiners kommen in sinnvollen Zitaten zur Geltung. Um die Polarität von Abbau und Aufbau zu verdeutlichen, werden Blei und Schwefel einander gegenübergestellt. Das homöopathische Potenzieren wird von Bier, Schulz und Arndt ausgehend gerechtfertigt und zuletzt mit der Neuformulierung der homöopathischen Ähnlichkeitsregel durch Rudolf Steiner im Jahre 1921[61] gekrönt. Kalk und

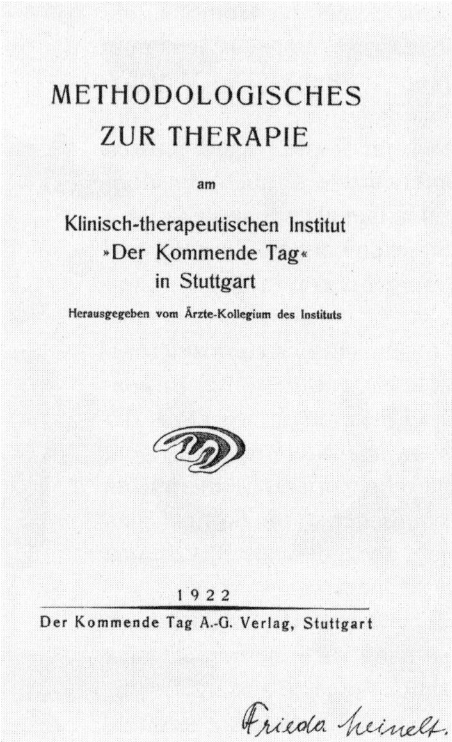

METHODOLOGISCHES
ZUR THERAPIE

am

Klinisch-therapeutischen Institut
»Der Kommende Tag«
in Stuttgart

Herausgegeben vom Ärzte-Kollegium des Instituts

1922

Der Kommende Tag A.-G. Verlag, Stuttgart

Phosphor erscheinen als weitere Arzneibilder. Die Dreigliederung des menschlichen Organismus ergibt sich am Beispiel des Kiesels und des Eisens wie von selbst. Zuletzt lesen wir eine ausführliche Darstellung eines Migränepatienten, dessen Symptomatologie geordnet und auf die Bestandteile des neuen anthroposophischen Migränemittels Kephalodoron rationell zurückgeführt wird. Kephalodoron als Intervallbehandlung hat bei diesem Patienten gut geholfen, wie Auslassversuch und Wiederholungsversuch erwiesen haben.

Schon diese kurze Inhaltsangabe kann jedem Kenner der anthroposophischen Medizin verdeutlichen, dass diese Arbeit so geartet war wie viele seither erschienene anthroposophisch-medizinische Publikationen. Was Husemann und Knauer hier in einem ersten Anlauf versucht hatten, nämlich eine «die Sinnenwissenschaft und die Geisteswissenschaft überbrückende Literatur», war das, was Rudolf Steiner in den Ärztekursen[62] erwartet hatte.

Steiner aber war nicht zufrieden. In den nachfolgenden Sitzungen des Dreißiger-Kreises erwähnt er Husemanns Versuch nicht einmal, Steiner wünschte weiterhin von Noll und den Ärzten das Vademecum, wie wenn nichts geschrieben worden wäre. Schauen wir uns die Broschüre also daraufhin noch einmal an.

Im Prinzip waren die inhaltlichen Darstellungen richtig, aber woher kommt es, dass diese Schrift auch heutzutage keinerlei Begeisterung auslöst? Es kommt bei solchen Texten, die etwas schon Vorhandenes bekannt machen, die zum Umdenken auffordern und den Leser dort, wo er steht, abholen wollen, sehr viel darauf an, wie die künstlerische Gestaltung gehandhabt wird. Es kann keinen Enthusiasmus auslösen, wenn man als erstes mit dem normalen Altersprozess und der Sklerose anfängt, wie Husemann es getan hat. Schon allein dieses Thema weckt keine Aufbruchstimmung.

Friedrich Husemann war ein Meister der guten Titelformulierung, wie jedes seiner Bücher und Schriften deutlich macht. Und nun in diesem Fall ausgerechnet ein langweiliger und abstrakter Titel: *«Methodologisches zur Therapie»*. Und schließlich, was bei einer Pioniertat, die ein solches Heft hätte sein müssen, unbegreiflich ist: die Schrift erschien ohne Namen der Autoren. Die wirklichen Autoren waren Husemann und Knauer. Man merkt es am Stil, dass Knauer die Passage über das Eisen und die Migräne geschrieben hat, der Rest stammt von Husemann. Gesetzt der Fall, Husemann hätte alles allein geschrieben, er hätte vorne seinen Namen mit Titel und mit Berufsbezeichnung «Facharzt für Neurologie und Psychiatrie» genannt und seinen Arbeitsplatz am «Klinisch-Therapeutischen Institut ‹Der kommende Tag›, Stuttgart, Leitung: Dr. Otto Palmer» beschrieben, dann wäre das Ganze einerseits wie gewohnt und üblich und andererseits doch wohltuend individualisiert gewesen. Der Leser hätte instinktiv verstanden, dass ein Neurologe und Psychiater mit dem Blei und der Sklerose anfängt, und die Anthroposophie hätte über diese Individualisierung in dem Leser das entsprechende Feuer entzündet. Nun steht aber dort, wo sonst der Autor steht, auf der Titelseite *«Ärzte-Kollegium des Instituts»* und am Ende des Vorwortes: *«Die Ärzte am Klinisch-Therapeutischen Institut»*. Kann ein so anonymes Vorgehen das rechte Kleid für die Anthroposophie sein, die überall und auf allen Ebenen das Ich erwecken will? Warum passierte dies ausgerechnet Friedrich Husemann, der sein ganzes Lebenswerk dem Erwecken des Ich seiner Patienten gewidmet hat, und der wenige Monate nach dem Kennenlernen der Anthroposophie sein eigenes Schicksalsmotiv, den eigenen Genius mit den Worten «das Ich als Arzt» schon ausgesprochen hatte?

Friedrich Husemann berichtete, dass man in der Zusammenarbeit mit Rudolf Steiner «mancherlei Prüfungen»[63] bestehen musste. Jetzt verstehen wir inhaltvoll, was er damit gemeint hat. So waren die Prüfungen immer, dass man genau dort getroffen wurde, wo man am meisten zu verlieren hatte. So musste Orpheus klagen, dass er seine

Eurydike verloren hatte, so ist Parzival mit Schmach und Schande erst einmal aus der Gralsburg vertrieben worden, für die er eigentlich berufen war. Man kann diese Vergleiche als zu hoch gegriffen empfinden. Sie sind es aber nicht, weil kein Geringerer als Rudolf Steiner die Prüfung in Friedrich Husemanns Leben bewirkt und vollzogen hat. Schauen wir also, was weiter sich zugetragen hat.

## Die Broschüre «Milzfunktion und Plättchenfrage» von Lili Kolisko

Für den großen öffentlichen anthroposophischen West-Ost-Kongress zu Pfingsten 1922 in Wien hatten die Ärzte des Klinisch-Therapeutischen Institutes, Stuttgart, versprochen, das von Steiner gewünschte Vademecum zu liefern. Dieses Versprechen wurde nicht eingelöst. Die Stuttgarter Ärzte fragten bei Lili Kolisko an, ob sie stattdessen ihre Forschungen zur Milzfunktion bis zum Kongress veröffentlichen könne.[64] Trotz der sehr knappen Zeit von wenigen Wochen sagte Kolisko zu. Lili Kolisko hatte am Biologischen Institut des «Kommenden Tags» Versuche durchgeführt, um die Funktion der Milz im menschlichen Organismus zu erforschen. Rudolf Steiner hatte im ersten Ärztekurs ausgeführt, die Milz vermittle zwischen der unrhythmischen Nahrungsaufnahme und den rhythmischen, gleichmäßigen Stoffwechselvorgängen. Im Verlaufe ihrer Forschungen zur Maul- und Klauenseuche waren Lili Kolisko und Rudolf Steiner bei der Betrachtung der Blutbilder auf diese Frage erneut gestoßen.[65] Lili Kolisko gewann freiwillige Versuchspersonen unter den Waldorflehrern und anderen Mitarbeitern des «Kommenden Tags», deren Blutbilder sie untersuchte, jeweils nach einem genau festgelegten entweder rhythmischen oder sehr unrhythmischen Nahrungsaufnahmeprotokoll. Je unrhythmischer die Nahrung aufgenommen wurde, desto eher erschienen im Blutausstrich besondere Formen von Blutplättchen (Thrombozyten), die im Mikroskop als ovale oder runde scharf konturierte Scheibchen mit einigen Körnchen (Granula) im Mittelpunkt erschienen. Kolisko nannte diese Thrombozytenformen nach Rudolf Steiners Vorschlag «Regulatoren» und setzte sie zum damaligen offiziellen Kenntnisstand in Beziehung, wobei Zeller (1921) in einer sehr gründlichen Arbeit dieselben Thrombozytenformen beschrieben hatte. Kolisko schreibt im letzten Absatz ihrer Schrift:

«Aus den obigen Versuchen ergibt sich somit einerseits, dass eine besondere Art der Blutplättchen, die man bisher von den gewöhnlichen amorphen Plättchen nicht differenziert hat, mit dem Rhythmus der Nahrungsaufnahme in inniger Beziehung stehen. Anderseits ist die rhythmische Veränderung der Milz im Zusammenhang mit der Nahrungsaufnahme ebenfalls bekannt und ferner bestehen die bereits erwähnten Beziehungen von Milz und Blutplättchen. Man kann daher annehmen, dass die Milz und jene spezifischen Plättchenformen, welche wir ‹Regulatoren› nennen, auch untereinander in einem Zusammenhang stehen, weil beide mit dem Rhythmus der Nahrungsaufnahme Veränderungen erleiden. Diese Regulierung des Rhythmus der Nahrungsaufnahme soll nun aber nicht als die einzige Funktion der Milz angesehen werden. Es liegen weitere Angaben von Dr. Steiner vor über die übrigen Funktionen dieses Organes, aus welchen klar hervorgeht, dass es ein Verkennen der ganzen menschlichen Wesenheit ist, wenn man die Milz für ein untergeordnetes Organ hält. Die von Dr. Steiner hierüber gemachten Angaben sollen ebenfalls von uns experimentell geprüft werden und es wird das Ergebnis unserer Prüfungen im gegebenen Zeitpunkte ebenfalls veröffentlicht werden.»[66]

Koliskos Schrift enthält auf den ersten 20 Seiten Literaturreferate, die den damaligen Stand der Milzforschung widerspiegeln, dann auf den nächsten 32 Seiten ihre Experimente, und zuletzt auf 4 Seiten ihre eigene Meinung dazu. Diese Letztere wurde bescheiden und für jedermann erkennbar hypothetisch vorgetragen. Diese Art der wissenschaftlichen Hypothesen aufgrund vorhandener Tatsachen und Experimente entspricht genau dem damaligen üblichen Vorgehen, wie man aus den ausführlichen Literaturreferaten Koliskos im ersten Teil der Arbeit erkennen kann. Dasselbe Verfahren gilt heute noch unverändert, wenn auch die experimentellen und statistischen Methoden viel feiner und empfindlicher geworden sind. Auch dass ein Forscher bestimmten Wahrnehmungen diesen oder jenen Namen gibt, wie es Kolisko und Rudolf Steiner mit den Regulatoren getan haben, ist völlig üblich und geschieht bis zum heutigen Tag in der Wissenschaft fortwährend. Die einzig mögliche inhaltvolle Reaktion auf Koliskos Arbeit wäre gewesen, ihre Experimente zu wiederholen, was aber damals und bis heute nicht geschehen ist.

Rudolf Steiner hat sich über Koliskos Milzarbeit immer wieder anerkennend geäußert. Zwei entsprechende Wortlaute findet der Leser in den Anmerkungen.[67,68]

Lili Kolisko hat diese Arbeit also auf Bitten der Ärzte des Klinisch-Therapeutischen Instituts und auf Bitten Rudolf Steiners wenige Wochen vor dem Wiener Kongress verfasst.[69] Rudolf Steiner hatte nach seinen eigenen Worten[70] die Methode selbst angegeben und Koliskos Arbeit begleitet, er hat die sogenannten Regulatoren im Mikroskop gesehen und erstmals so benannt. Mündlich war auch von einem «Hormon der Milz» die Rede, das mit den Regulatoren in Zusammenhang stehen würde,[71] davon war aber in der veröffentlichten Schrift nicht die Rede. Koliskos Manuskript wurde vor dem Druck von Steiner gelesen und für gut befunden.

Wie reagierten nun die Ärzte des Klinisch-Therapeutischen Institutes? Es liegt ja manchmal in der Natur des Menschen, dass er dann, wenn er selbst etwas versäumt hat – so wie die Ärzte das Vademecum –, besonders kritisch wird, wenn das Versäumte von anderen nachgeholt oder ersatzweise geliefert wird – wie die Milzbroschüre von Kolisko. Jedenfalls war es jetzt plötzlich so, dass die Ärzte sich ihres akademischen Ranges bewusst wurden. Lili Kolisko war keine Ärztin, sondern «nur» Medizinisch-Technische Assistentin (MTA), und Rudolf Steiner war als Geistesforscher anerkannt. Ob man aber seinem Blick durch das Mikroskop vertrauen konnte? Das war den Ärzten doch eher fraglich.

Otto Palmer las Koliskos Arbeit und war davon zunächst sehr angetan. Er sagte zu Kolisko: «Das ist ein Buch, das Kopf und Fuß hat. Ich habe es auf einen Zug gelesen. Es ist ausgezeichnet.»[72] Ob er später seine Meinung geändert hat oder von den Kollegen überstimmt wurde, wissen wir nicht, jedenfalls eines ist sicher: das Ärztekollegium in Stuttgart lehnte Koliskos Schrift ab. Friedrich Husemann wusste sich im Konsens mit seinen Kollegen, wenn ihn Koliskos Schrift nicht überzeugte. Dann ging er aber über die bloße Ablehnung hinaus und handelte.

Es kam die Medizinische Woche im Oktober 1922, wo das Stuttgarter Klinisch-Therapeutische Institut sich der ärztlichen Öffentlichkeit präsentieren wollte. Steiner wäre es lieber gewesen, wenn nur die Ärzte als Vortragende aufgetreten wären, auf deren Bitten hin beteiligte er sich aber mit vier Vorträgen, die heute in dem Band «Physiologisch-Therapeutisches ...» (GA 314) abgedruckt sind.

Wie es bei solchen Gelegenheiten üblich ist, war auch ein Büchertisch da, der von Alice Kinkel[73] besorgt wurde. Friedrich Husemann näherte sich diesem Tisch und schaute sich an, welche Bücher ausgelegt waren. Da fiel sein Blick auf die Broschüre «Milzfunktion und Plättchenfrage» von Lili Kolisko, und er gab Frau Kinkel die Anweisung, dieses Buch nicht auszulegen, sondern unter dem Tisch so zu lagern, damit es niemand sah. Frau Kinkel befolgte diese Anweisung.

Rudolf Steiner berichtete über diesen Vorgang an Marie Steiner am 25. November 1922: «Hier habe ich zu tun von Morgen bis in die Nacht. Und jetzt, während ich dieses schreibe, telefonierte mich Husemann an, der der eigentliche Urheber des Boykotts der Kolisko'schen Broschüre ist. Ich musste ihm durchs Telefon sagen, da er mich noch heute persönlich sprechen wollte: von dem Ärztekollegium ist eine krassere Opposition ausgegangen als von irgend jemand in der Gesellschaft: Sie haben den Auftrag gegeben, während der Ärzte-Woche eine Broschüre, die ich für gut finde, zuzudecken, damit sie

Rudolf Steiner, 1923

niemand sieht: ich verzichte darauf, darüber von Ihnen Erklärungen entgegenzunehmen.»[74]

Nach dem Eklat sprach Frau Kolisko mit Friedrich Husemann und fragte ihn, ob er sich denn nicht dessen bewusst sei, dass er gegen R. Steiner vorgehe, wenn er gegen diese Schrift sei. Da antwortete Friedrich Husemann: *«Nun ja, wissen Sie, Dr. Steiner ist kein Hämatologe**…»[75]

Rudolf Steiner veranlasste eine persönliche Unterredung mit Friedrich Husemann, an der als dritte Person Lili Kolisko teilnehmen musste. Dabei verabreichte Rudolf Steiner wegen des Boykotts der Milzbroschüre Friedrich Husemann einen derartigen Zornausbruch, dass Kolisko kaum mehr atmen, geschweige denn die Augen zu erheben wagte, so schlimm ist es gewesen. So hat es Lili Kolisko später dem jüngsten Bruder Gisbert Husemann[76] berichtet. Dieser ist offensichtlich der Einzige, der jenes denkwürdige Ereignis der Nachwelt überliefert hat.

Acht Wochen später in der Silvesternacht des Jahres 1922 brannte das Goetheanum nieder. Friedrich Husemann war dabei, 30 Jahre später beschreibt er, wie er damals Rudolf Steiner beobachtete:

> *«Aber was soll man hier draußen? – Man konnte den Mann sehen, dessen Lebenswerk hier zugrunde ging – man wagte kaum ihn anzusehen. Sollte man vielleicht sagen: … es tut mir furchtbar leid, dass Ihr Bau – dass unser Bau hier abbrennt …? – Hier war Schweigen schon zu laut, und das passive Zusehen beinahe ein schändliches Komplott mit den Brandstiftern. – Dann durchfraß das Feuer um Mitternacht die Kuppel, und eine Flammenblüte öffnete sich dem Himmel. – Der «Bau des Wortes» brannte in dieser Nacht herunter, und der ernste Mann stand im roten Feuerschein, die ganze Nacht. Einige Freunde bei ihm. Zuletzt: in den Morgen des neuen Jahres lodern vierzehn große und zwölf kleine Säulen. Der Mann schweigt. Aber am nächsten Tag hielt er seinen Vortrag. Und dann verbrannte er selber, von Tag zu Tag, und seine Worte wurden Feuerflammen.*

* Hämatologie = Lehre vom Blut; Hämatologe = akademischer Name für Blutforscher, Spezialarzt für Blutkrankheiten.

*Aber unsere Augen waren stumpf, dass sie es nicht bemerkten. Und schlimmer: unsere Herzen blieben kalt. Oder wenigstens: bei normaler Temperatur. Deswegen glaubten wir auch, es ginge alles normal weiter.»*[77]

Im gereiften Abstand einer drei Jahrzehnte später mitgeteilten Selbsterkenntnis bescheinigte sich Friedrich Husemann ein kaltes Herz, als er damals das Goetheanum brennen und seinen Schöpfer schweigend im Feuerschein daneben stehen gesehen hatte, als er damals miterlebte, wie Rudolf Steiner in den darauffolgenden Monaten gleichsam selber verbrannt ist.

Hatte er sich nicht auf der Berghütte bei Chamonix in das Feuer blickend gelobt, ein von Liebe brennendes Herz in die Welt zu tragen? Und die eigene Unreife gleichzeitig auch schon empfunden?

## Die Passion im Dreißiger-Kreis

Durch die Dreigliederungsbewegung und die Waldorfschule, die Institute des «Kommenden Tages» und die Christengemeinschaft war Stuttgart neben Dornach das zweite große Zentrum der damaligen Bewegung. Wenn Rudolf Steiner in Stuttgart war, versammelten sich die Mitarbeiter der verschiedenen Einrichtungen und besprachen unter seiner Leitung die Lage. Es waren etwa dreißig solcher Mitarbeiter, deren Runde später allgemein «Dreißiger-Kreis» genannt wurde. Da am Tag gearbeitet werden musste und abends die Vorträge Rudolf Steiners waren, fanden die Sitzungen meistens nachts statt und dauerten oft viele Stunden.

Die Protokolle dieser Sitzungen aus dem Jahre 1923 gehören zum Ergreifendsten, was man von Rudolf Steiner lesen kann.[78] Völlig ungeschminkt und sehr persönlich versuchte R. Steiner, den Verantwortlichen der Anthroposophischen Gesellschaft und der anthroposophischen Institutionen die Augen für ihre eigenen Aufgaben zu öffnen. 1923 war eine Leidenszeit, die erst dadurch einen vorläufigen Abschluss fand, dass Rudolf Steiner am Ende des Jahres die Zügel selber in die Hand nahm und die Anthroposophische Gesellschaft auf

Lili Kolisko mit Tochter, 1920

der Weihnachtstagung 1923 neu begründete. Am 31. Januar 1923 also während einer solchen Sitzung des Dreißiger-Kreises bat Adolf Arenson, der damals schon zu den Älteren gehörte, R. Steiner möge doch den Anwesenden einen Rat geben. Steiner antwortete und kam dabei auf die Affäre mit der Kolisko-Broschüre zurück:

«Was hilft ein Rat, wenn die Dinge so verlaufen? Wenn man in wichtigsten Momenten die ungeeignetsten Dinge unmoniert geschehen lässt. Was hilft ein Rat, wenn ich schon seit Monaten erwähne, ich würde gern hören, warum das geschehen ist, dass die Milz-Broschüre boykottiert worden ist? Was hilft ein Rat? Ich darf nicht hören, was das Kollegium veranlasst hat, hier den Auftrag zu geben, dass auf die Broschüre kein Auge fällt! Ich darf nicht hören, warum diese Dinge so sind!

Da hilft es nicht, davon zu reden, dass Ratschläge erteilt werden sollen. Das gehört zu dem, was die Gesellschaft ruiniert. Wie anders ständen heute unsere wissenschaftlichen Unternehmungen da, wenn einer der Ärzte den Mund aufgemacht und etwas gesagt hätte, was weiß Gott wie lange gesucht worden ist! Sie können zehn Heilmittellisten herausgeben mit wesenlosen Anpreisungen! Wenn aber die Welt erfahren würde, dass die Dinge an einer Klinik gemacht worden sind, so hätte die ganze Welt davon gesprochen. Warum geschieht so etwas nicht? Warum wird über so etwas nicht gesprochen, trotzdem ich seit Wochen darum bitte? Warum verschweigt man das? Man wird alle meine Ratschläge so befolgen, dass man sie boykottiert. Warum ist das so? Die Anthroposophische Gesellschaft hat sich zu dem entwickelt, dass man sagen könnte: Es wird innere Opposition gemacht; zum Beispiel bei denjenigen, denen es zugekommen wäre, die Milz-Broschüre zu behandeln. Die Anthroposophische Gesellschaft hat es geschehen lassen, dass ein Kreis zu mir in offene Opposition getreten ist. Und das, obwohl ich wiederholt bemerklich gemacht habe, dass alles von mir Gesagte in den Wind geschlagen worden ist. Ist es erhört, dass hier ein Ärzte-Kurs gehalten wird und dann das, was unmittelbar als bedeutende Leistung in Erscheinung tritt, so boykottiert wird? Würdigt man das ganz Skandalöse, das in dieser Sache liegt? Das ruft die Notwendigkeit hervor zu sagen: Die Gesellschaft tut ja nichts … Die Frage ist die: Will sich die Gesellschaft jetzt so einsetzen, dass mir nicht mehr ins Gesicht geschlagen wird durch die Anthroposophische Gesellschaft wie bisher? […]

Dr. Rascher: Ich möchte doch die Ärzte fragen, ob sie nicht antworten wollen.

Dr. Husemann: *Es ist aus Angst vor der Broschüre geschehen. Ich hatte Angst vor der Diskussion. Aus Feigheit ist es geschehen.*

Dr. Steiner: Wenn wir weiter die Dinge so anstellen werden – [Lücke]

Ich habe noch keine Besprechung der Broschüre von Frau Kolisko in der [Zeitschrift] ‹Anthroposophie› gefunden. Der Weg, den Sie eingeschlagen haben, ist der, dass Sie die Sache verschwinden machen werden, um sie vielleicht nach zehn Jahren in einer Klinik aufleben zu lassen. Studieren Sie die deutsche Gelehrtengeschichte des 19. Jahrhunderts, was da alles vorgekommen ist.

Ich habe wirklich in der letzten Zeit mit positiven Ratschlägen nicht zurückgehalten. Keiner ist befolgt worden. Es handelt sich darum, dass man an einer bestimmten Stelle Ratschläge gibt und dass sie dann alle in den Wind geschlagen werden. Und zwar so stark wie dieser.» [79]

Beim Lesen dieser Protokolle aus den Sitzungen des Dreißiger-Kreises in Stuttgart kann man verschiedene Empfindungen und auch vorschnelle Urteile haben, die man bei genauerem Nachdenken dann später wieder korrigieren muss. Zunächst natürlich über Rudolf Steiner selbst, darüber soll später noch einiges gesagt werden. Aber ebenso über die damaligen Mitarbeiter Rudolf Steiners. Wie leicht könnte man aus der Sicht der Nachgeborenen beispielsweise über Friedrich Husemanns Verhalten den Stab brechen. Aber mir scheint, spätestens an dieser Stelle, wo er ehrlich seine Angst und Feigheit eingesteht, wird man innehalten.

Wir wollen versuchen, wenigstens probeweise, einen objektiven Standpunkt einzunehmen. Normalerweise scheut man nämlich davor zurück, sich mit den Fehlern eines anderen Menschen zu befassen, weil dies allzu leicht zur Verurteilung des anderen führt. Nach den Forschungen Rudolf Steiners gibt es aber auch ein «liebevolles sich Befassen mit den Fehlern des anderen Menschen»,[80] das den anderen nicht kritisiert, sondern um der eigenen Selbsterkenntnis willen gesucht wird. Und diese Art von «naturwissenschaftlichem, objektivem Interesse für die Fehler des anderen Menschen»[81] ist heute sogar unbedingt nötig, weil der heutige Mensch sonst nicht zur Selbsterkenntnis kommt. Das bloße Schauen auf sich selbst, das in sich Hineinbrüten, was noch im alten Griechenland dem «Erkenne dich selbst!» voll Genüge leisten konnte, bringt heute dem Menschen nichts mehr. In diesem Sinne wird hier versucht, ein Verständnis für die Fehler von Friedrich Husemann zu gewinnen, nicht um ihn zu verurteilen, sondern um durch seine Fehler etwas über uns selbst zu lernen.

## Das Arbeiten mit Rudolf Steiner als Lebenseinweihung

Das brennende Goetheanum und die Monate danach haben manchem Schüler Rudolf Steiners das geistige Auge geöffnet. Ita Wegman hat in diesem Zeitabschnitt ihre früheren Erdenleben, die sie mit Rudolf Steiner verbracht hatte, erkennen können.[82] Es war in allen Mysterien eine bestimmte Stufe der Einweihung, wo der Schüler die Wahrheit der wiederholten Erdenleben in Bezug auf sein eigenes Ich erfahren hat. So haben manche Schüler Rudolf Steiners im Zuge der Erneuerung der Mysterien selbst eine Art Lebenseinweihung erfahren. So war es auch bei Friedrich Husemann, allerdings hat er andere Bereiche der Mysterien kennengelernt als Ita Wegman.

Friedrich Husemann wurde später einer der erfolgreichsten anthroposophischen Schriftsteller. Seine erste, unter den Augen Rudolf Steiners verfasste Broschüre war aber ein Reinfall. Ja, vom Gesichtspunkt der Einweihungswissenschaft wirkt es geradezu symbolisch, dass er sie anonym erscheinen ließ, wie wenn ihm sein Ich abhandengekommen wäre, oder, um es mit seinen Worten zu sagen, wie wenn der «Arzt ohne Ich» vor die Öffentlichkeit getreten wäre. Das Erlebnis, dass man alles verloren hat, dass man ratlos und trostlos dasteht, das wurde in den Mysterien zum Zwecke der Prüfung absichtlich beim Schüler hervorgerufen, sodass es ihm eine bedrückende Wirklichkeit wurde, was R. Steiner in seinen Mysteriendramen mit folgenden Worten in unsere Sprache übertragen und erneuert hat:

Stimme des Gewissens:

Es schwanken deine Gedanken
Am Abgrund des Seins;
Und was als Stütze ihnen verliehn,
Du hast es verloren.
Und was als Sonne ihnen geleuchtet,
Es ist dir erloschen.
Du irrest in den Weltentiefen,

Die Menschen sehnsuchttrunken
Erobern wollen.
Du bebest in den Werdegründen,
Wo Menschen Seelentröstung
Entbehren müssen.[83]

Was Friedrich Husemann dann schrittweise weiter erlebt hat, ist ebenfalls aus den Mysterien wohl bekannt. Dante beschreibt es in seiner «Göttlichen Komödie» als drei Tiere, Ödipus musste es als Sphinx erleben und überwinden. In dem Buch «Wie erlangt man Erkenntnisse der höheren Welten?»[84] wird es der kleine Hüter der Schwelle genannt. In dem roten Fenster des ersten Goetheanum ist dasselbe Erlebnis wiederum wie bei Ödipus und Dante in drei Tieren dargestellt. Im linken Seitenflügel nähert sich der Schüler der Schwelle zur geistigen Welt, die ihm wie ein Abgrund erscheinen muss. Aus diesem Abgrund treten ihm drei Tiere entgegen. Im rechten Seitenflügel sind sie überwunden und an ihrer Stelle sind drei Engelpaare erschienen, die den Schüler auf die andere Seite der Schwelle, in die geistige Welt getragen haben. Der Schüler sieht von dort die Geistessonne. Im Mittelteil ist der in die geistige Welt schauende Mensch dargestellt. Mehr innerlich seelisch gesprochen ist der Vorgang so, dass der Schüler merkt, wie sein Denken, Fühlen und Wollen zu drei voneinander unabhängigen Kräften, zu drei verschiedenen Personen werden, die man als Adler, Löwe und Kuh noch relativ harmonisch darstellen kann, die in der wirklichen geistigen Anschauung aber schreckliche und verführerische Tierwesen sind. Die ehrliche Selbsterkenntnis dieser Schreckensbilder ist zugleich ihre Überwindung.

Wenn Husemann nach dem Boykott zu Frau Kolisko sagte: *«Rudolf Steiner ist doch kein Hämatologe»*, und wenn ihm an Lili Koliskos Arbeit das Entscheidende gewesen ist, dass sie als Forscherin keinen akademischen Rang hatte, so hatte er nach Äußerlichkeiten geurteilt und gehandelt. Seine Kritik hatte mit der Sache gar nichts zu tun. Kritik zur Sache, Zweifel an der Sache war Steiner stets willkommen, oft genug hat er sie geradezu gewünscht. Aber er hat Zornesschalen ausgegossen über den Zweifel, der sich nur aus dem Eigendünkel des Fachwissenschaftlers ernährte. Diese Art von Hochmut in unserem

Das rote Fenster des Goetheanum-Baues

Denken ist im Sinne der Mysterien das eine der drei Tiere, das überwunden werden muss.

Wenn Husemann rückblickend sein Herz als kalt erlebte im Angesicht des brennenden Goetheanum und des weiteren Lebens Rudolf Steiners, so hat er damit unmittelbar das zweite Tier beschrieben, das aus dem Abgrund zwischen Sinnenwelt und Geisteswelt auftaucht. Es ist der Ausdruck unseres schwachen Fühlens, das zum wirklichen Geist-Enthusiasmus noch nicht sich entflammen kann.

Und wenn er zuletzt seine eigene Feigheit und Angst eingestand – im gesamten Protokollwerk des Dreißiger-Kreises übrigens ein einzigartiger Vorgang, keiner wurde so bloßgestellt und keiner stand zur eigenen Schwäche so wie Friedrich Husemann –, so hat er das Tier in den Willenskräften erkannt, das den Kandidaten beim Überschreiten der Schwelle in den Abgrund ziehen will.

Wie Friedrich Husemann aus dieser Geistesprüfung hervorgegangen ist, zeigt einerseits sein späteres Lebenswerk für die anthroposophische Medizin, andererseits drückt es sich in den Worten aus, die er in den Weihnachtsbriefen 1937 und 1957 jeweils gleichlautend öffentlich ausgesprochen hat: *«Und wenn ich schon von Freunden und Förderern spreche, so ist es mir ein Herzensbedürfnis, Rudolf Steiner zu nennen, den gütigsten und weisesten Menschen, der mir begegnete; ihm verdanke ich für mein geistiges Sein ebenso viel wie meinen Eltern für das leibliche.»*[85] Auf diese Weise das «geistige Sein» von dem «leiblichen Sein» zu unterscheiden, das beschreibt mit seinen Worten, was wir als Lebenseinweihung in Friedrich Husemanns Biographie erkennen können. Und dass er denjenigen als «gütigsten und weisesten Menschen» bezeichnete, der ihm einen gewaltigen Zornausbruch hat zuteil werden lassen, das gehörte in seiner krassen Gegensätzlichkeit zur Einweihung dazu.

## Die Mission des Zornes

Betrachten wir nun den ganzen Vorgang noch einmal im Hinblick auf die Person Rudolf Steiners. Man kann leicht meinen, Rudolf Steiner habe seine Mitarbeiter überschätzt und überfordert, oder auch man denkt, Rudolf Steiner habe sich unangemessen verhalten. Warum hat er sich die Hochschulkurse oder die Eröffnung des Goetheanum aus der Hand nehmen lassen? Warum zeigte er sich in den Besprechungen des Dreißiger-Kreises persönlich so gekränkt und betroffen? Warum wartete er immer auf etwas, was dann doch nicht kam? Hätte er das nicht vorher wissen können?

Sicherlich hätte Rudolf Steiner äußerlich völlig beherrscht seinen Mitarbeitern strategisch sinnvoll verteilte Aufgaben zuweisen und dann äußerlich große Erfolge erzielen können, aber dann wäre er eben nicht Rudolf Steiner gewesen. Der wirkliche Rudolf Steiner hat nicht nur eine «Philosophie der Freiheit» geschrieben, sondern auch danach gehandelt. Wenn er zwischen der Notwendigkeit einer Sache und der Freiheit des Menschen wählen musste, dann hat er sich immer für die Freiheit des Menschen entschieden. So hat es Friedrich Rittelmeyer einmal auf den Punkt gebracht.[86]

Warum musste es ein Zornausbruch sein? Weshalb zeigte er sein Gekränktsein so deutlich? Eine andere Episode aus Rudolf Steiners Leben kann diese Fragen beleuchten. Imme von Eckardtstein berichtete:

«An einem Abend vor dem Ersten Weltkrieg fuhr Rudolf Steiner mit Marie von Sivers und Imme von Eckardtstein in einer Pferdedroschke zu einem Vortrag. Rudolf Steiner bestellte den Kutscher für die Rückfahrt zu einer bestimmten Zeit. Als die drei Persönlichkeiten nach dem Vortrag zu dem ausgemachten Treffpunkt kamen, war der Kutscher nicht da. Nach einiger Zeit des Wartens – es war sehr schlechtes Wetter – schlug Marie von Sivers mehrmals vor, doch eine andere Droschke zu nehmen, da sie durch den Regen ja ganz durchnässt würden. ‹Nein, wir warten›, war jedes Mal Rudolf Steiners Antwort. Nach längerer Zeit erschien endlich der Kutscher – völlig betrunken! Rudolf Steiner hielt dem Kutscher eine so ungeheure Standpauke, dass er vor Schreck nüchtern wurde, ließ ihn dann stehen und fuhr mit den beiden Damen in einer anderen Droschke zurück. Ein wenig ärgerlich meinte Marie von Sivers unterwegs, wenn man doch mit einem anderen Kutscher zurückführe, hätte man das ja auch schon früher tun können, bevor man so durchgeregnet sei. ‹Nein›, war da Rudolf Steiners Antwort. ‹Dieser Kutscher trinkt und ist unzuverlässig aus einer Schwäche seiner Persönlichkeit. Er brauchte meine Strafpredigt, um nach seinem Tode im Kamaloka daran für seine Schwäche aufzuwachen, die er sonst verschlafen hätte. Durch dieses Aufwachen kann er dann im Kamaloka Entschlüsse fassen für sein nächstes Erdenleben.›»[87]

Steiners «ungeheure Strafpredigt» war also objektiv und zukunftsgerichtet, Rudolf Steiner hatte sie sich selber abgerungen. Diese Art von Aufregung war eben die Sprache, die der Kutscher verstehen konnte. So war es auch im Dreißiger-Kreis in Stuttgart, so wurde es von den Teilnehmern dort auch empfunden, Emil Leinhas und Friedrich Rittelmeyer haben es unmittelbar so ausgesprochen.[88] Und so war es auch bei Rudolf Steiners Verhalten gegenüber Friedrich Husemann.

## «Blinde Anhänger»?

Unabhängig von seiner Ursache und unabhängig von seinen Folgen ist der ganze hier beschriebene Vorgang noch in einer ganz anderen Hinsicht bemerkenswert. Er ist der beste Beweis dafür, dass Steiners Schüler keine blinden Anhänger gewesen sind, wie immer wieder behauptet wird, sondern die Freiheit, die ihnen Steiner gegeben hat, haben sie sich auch wirklich genommen. Anthroposophen haben nicht nur Steiner widersprochen, sie haben ihm auch zuwidergehandelt, sie haben sogar eine innere Opposition gegen ihn gemacht, und von der sogenannten blinden Gefolgschaft war keine Rede. Das spricht für Steiner und für seine moderne Form einer nach Freiheit strebenden Gemeinschaftsbildung, wie sie aus seiner Anthroposophie überall hervorgeht. Und das ist seit Steiners Tod (1925) gewiss nicht anders geworden. Die Freiheit, die sich Anthroposophen genommen haben, war oftmals größer als die Ehrfurcht, die sie der Anthroposophie gegenüber aufgebracht haben. Wer das Wesen des Menschen recht bedenkt, wird zugeben, dass dies nicht anders sein kann.

# V Der Schriftsteller

Friedrich Husemanns Bücher brauchen hier nicht nacherzählt zu werden, sie sind in vielen Auflagen viel gelesen und weithin bekannt geworden. Im Anhang des vorliegenden Buches findet der Leser eine Bibliographie der Schriften, Aufsätze und Vorträge. Wir wollen aber auf dem Hintergrund des bisher Betrachteten einige Motive hervorheben, um der Individualität des Verfassers näherzukommen.

## Das Bild des Menschen als Grundlage der Heilkunst

Man kann sich gut denken, wie Rudolf Steiners Wunsch nach einem Vademecum Friedrich Husemann sein Leben lang beschäftigt hat. Eine eher kurze, künstlerisch ansprechende und den Willen des Lesers erweckende Darstellung war seine Sache nicht, stattdessen schuf er durch die geglückte Zusammenarbeit mit Otto Wolff ein Buch, welches jahrzehntelang in drei Bänden als Standardwerk der anthroposophischen Medizin wirksam war und in fünf Sprachen übersetzt worden ist. Der zweite Band, der 1956 noch zu Husemanns Lebzeiten erschien, war zum weit überwiegenden Teil von Fachkollegen geschrieben und von Husemann eigentlich nur noch herausgegeben worden. Seine Mitautoren waren: Otto Wolff, Werner Kaelin, Ilse Knauer, Alexandre Leroi, Wilhelm zur Linden, Kurt Magerstädt, Werner Pache, Wilhelm Pelikan, Hermann Reuter, Alexander Rust, Alla Selawry, Wilhelm Spieß, Gerhard Suchantke, Erich Joseph Thiel und Rudolf Treichler.

Otto Wolff (1921–2003) in seinem Element: während eines Vortrages ein chemisches Experiment demonstrierend

Den ersten Band (1940) schrieb Husemann allerdings ganz allein. Und die Art, wie er dies tat, war ein wesentlicher Grund für den Erfolg des Ganzen. Noch über 60 Jahre später erschien dieser erste Teil in 11. Auflage. Es ist eine der besten Einführungen in die Anthroposophie überhaupt. Mit großer Ruhe entfaltet der Autor die Reiche der Natur: das Mineralreich, das immer den Tod in sich trägt, und dann die Leben tragende Sphäre der Pflanzen, wie sie von den Sonnenstrahlen hervorgelockt wird. Wir bewundern den Saftstrom einer Buche und sehen in diesem lebendigen Wasser ein Symbolum des Lebens selbst. Die Tiere verinnerlichen einen Teil der lebenden

Substanz zu empfindenden Sinnesorganen, zu Trieben, Instinkten und zur äußeren Beweglichkeit. All diese Fähigkeiten des tierischen Organismus haben ihren Grund in der Atmung, die den tierischen Organismus ganz grundlegend von der Pflanze unterscheidet. Insofern sind die Tiere «luftgeboren». Der Mensch schließlich enthält alle drei Reiche in sich und bemeistert sie mit dem Selbstbewusstsein des denkenden Geistes. In der aufsteigenden Wirbeltier-Reihe sieht man, wie der menschliche Organismus nur durch die Homöothermie, die gleich gehaltene Temperatur seines Organismus von 37 °C möglich wird. Insofern ist der Mensch «wärmegeboren». Mit vielen Beispielen und einleuchtenden Zusammenhängen findet Husemann die innere Gleichheit dieser zwei verschiedenen Ordnungen:

| | | |
|---|---|---|
| Wärme | – | Mensch |
| Luft | – | Tiere |
| Wasser | – | Pflanzen |
| Erde | – | Mineralien |

Und indem der Leser die innere Identität dieser so verschiedenen Reiche erkennt, erkennt er den Geist der Sache, den Bauplan, nach dem die Welt geschaffen worden ist. Er bekommt einen Schlüssel in die Hand, mit dem er viele andere Rätsel des Sichtbaren und des Unsichtbaren lösen, die geistigen Forschungsresultate Rudolf Steiners verstehen und die anthroposophische Medizin verwirklichen kann.

Natürlich sind manche Beispiele Husemanns heute veraltet oder überholt, ebenso viel ist heute aber auch zu Unrecht vergessen. Denn das Entscheidende seiner Betrachtung ist immer der Geist der Sache, der gar nicht veralten oder überholt werden kann. So wie der 24-jährige Student in genialem Vorgriff *«das Ich als Arzt»* erkannte, so formulierte jetzt der 53-Jährige: *«Nur weil der Mensch sich im ‹Ich› als Ganzheit erlebt, kann er auch die Natur als Ganzheit erfassen»* (S.52). Deswegen passt unser Denken zu der uns umgebenden Welt. Dafür gibt dann unser Autor ein für ihn charakteristisches Beispiel aus der Welt des Mineralischen: Der Marburger Mineraloge Hessel berechnete im Jahre 1829 rein theoretisch, dass es in der Welt der Kristalle nur 32 Symmetrieklassen geben kann. Die spätere Beobachtung ergab, dass es *«tatsächlich unter den Kristallen Vertreter aller dieser*

*Klassen gibt, aber auch* nur *diese»* (S.250). Das heißt, die im Kopf des Menschen berechneten 32 Symmetrieklassen und die draußen in der Natur tatsächlich gefundenen sind dieselben, sie bilden ein Ganzes. Oder ärztlich gesprochen: an dieser Stelle ist die Welt noch heil und gesund, beziehungsweise sie kann hier gar nicht erkranken.

So wie der Verfasser inhaltlich und methodisch ein Ganzes angestrebt hat, so hat er auch die Mitarbeiter für sein Werk interessieren und sie zu einem Ganzen anordnen können, weil in seinem großen und weiträumigen Fundament für viele andere und weitere Initiativen noch genügend Platz war. Es war hier bei seinem Buch eigentlich genauso wie später in Wiesneck, wo er anfangs ein «viel zu großes» Grundstück kaufte, das erst viele Jahrzehnte später und lange nach seinem Tod mit einem neuen Klinikgebäude nach dem anderen erfüllt worden ist und damit den Anforderungen der jeweiligen Gegenwart gewachsen war. Er handelte nach einem bestimmten Richtmaß, das Friedrich Schiller einmal so ausgesprochen hat:

> «Immer strebe zum Ganzen, und kannst du selber kein Ganzes werden, als dienendes Glied schließ an ein Ganzes dich an.»

Und wie trat nun dieser nach dem Ganzen strebende Arzt seinen Patienten gegenüber? Was erlebte er, wenn er dem Ich des Anderen begegnete? Es gibt im zweiten Band einen lesenswerten Abschnitt über «Krankheitsgeschichte und Krankenuntersuchung», wo der fast 70-Jährige die Summe seines Lebens zieht. Husemann geht auf die Konstitution des Patienten ein und fährt dann einschränkend fort:

*«Es braucht kaum betont werden, dass dies nur ein allgemeiner Hinweis sein kann, und dass der beobachtende Arzt sich vor jedem Schematismus hüten sollte. In Wirklichkeit stellt ihn der vor ihm stehende Mensch in diesem Augenblick vor die Frage: Wie weit reichen meine Begriffe aus, das konkrete Leben zu erfassen? Insofern ist jede Begegnung mit einem Patienten für den Arzt eine Lebensprüfung.»*

Diese Worte können den Leser – vor allem, wenn er selbst Arzt ist – schockieren, aber nach kurzem Besinnen wird er dem Schreiber doch recht geben, ja er wird sich wundern, warum er selbst nicht längst auf dieses Urphänomen der Arzt-Patientenbegegnung gekommen ist.

«Das kann man von Goethe lernen», hatte Rudolf Steiner auf Friedrich Husemann bezogen geschrieben,[89] und der Betroffene hat diese Worte vermutlich nie vergessen. Eine der Früchte dessen, was er von Goethe gelernt hat, können wir in seinem schönen Buch *«Goethe und die Heilkunst»* genießen, das 1935 erschien und kürzlich mit einem Nachwort von Wolfgang Schad wieder aufgelegt worden ist. Schad hat als Seminar- und Hochschullehrer seinen Studenten diese Schrift immer wieder empfohlen und dadurch die Initiative zu dieser 3. Auflage ergriffen.[90]

In seinem Buch führt Husemann dadurch zu Goethe, dass er den Leser erst einmal erleben lässt, wie tot unser Denken geworden ist. Das Denken musste absterben, weil anders die Freiheit nicht hätte errungen werden können. Er beschreibt dies sehr einleuchtend am Beispiel der Geschichte der Medizin, die ihren Ursprung in den Mysterien hatte und dann über Hippokrates bis zur heutigen Zeit immer bildloser und abstrakter werden musste. Die Fähigkeit zur Sinnesanschauung nahm zu, die früher selbstverständliche und sehr professionelle Geistesanschauung nahm ab und wurde zuletzt sogar zu einem schädlichen Aberglauben. Goethe ist die Morgenröte jener Zeit, wo die «Augen des Geistes» wieder mit den «Augen des Leibes» zusammenwirken. Die Urpflanze ist dafür das erste Beispiel. Mit ihr ist unser Denken wieder lebendig geworden. Was seit der griechischen Zeit sich trennen musste – die Ströme des spirituellen Lebens und die Ströme des materiellen Lebens –, sie flossen in Goethes Werk wieder zusammen. In diesem Sinne ist Steiners Anthroposophie nur die Konsequenz dieser Wiedervereinigung.

Das Herz des Buches ist Mignon, und unser Autor spricht so einfühlsam und zart über jene Rätselgestalt des «Wilhelm Meister», dass wir die Liebe des Verfassers zu diesem Wesen fühlen, ja von seiner Zuneigung mit ergriffen werden. Hat doch Goethe seine schönsten Lieder diesem Mädchen in den Mund gelegt. Mädchen? Da beginnt schon die künstlerisch ärztliche Betrachtung, dass man sich nämlich nicht entscheiden kann, ob sie ein Mädchen war in dem Sinne, dass sie natürlicherweise zur Frau und Mutter hätte heranreifen können.

Scheint es doch ihr Wesen und der Zauber ihres Wirkens gewesen zu sein, dass sie die irdische und alltägliche Welt nur berührte, um dann in dem Moment zu sterben, wo die Erdenreife hätte eintreten müssen. Goethe hat einmal bekannt, dass er nur um dieser Gestalt willen den «Wilhelm Meister» geschrieben habe. Mignon war der Genius seiner Italiensehnsucht, weswegen ihr Gesang

> «Kennst du das Land, wo die Zitronen blühn,
> im dunklen Laub die Gold-Orangen glühn, ...»

so berührend wirkt.

Mignon hat aber auch für Friedrich Husemann selbst eine persönliche Seite. Es ist immer wieder bemerkt worden, wie seine Ehefrau Minnie in ihrem Auftreten an Mignon erinnerte, soweit ein wirklicher Mensch eine Ähnlichkeit mit einem Kunstwerk haben kann. Ihre lächelnde Anmut und ihre zugewandte, liebevolle Ausstrahlung waren so, dass man sich erhoben fühlte. Ihre Gegenwart genügte, um sich darauf zu freuen, schon im nächsten Augenblick mit ihr Eurythmie zu machen. Ihre Ehe mit Friedrich Husemann blieb kinderlos, und dies passte zu ihrer schwerelos anmutenden Erscheinung. Wir können in Friedrich Husemanns Liebe zu Mignon etwas davon miterleben, wie er seiner Frau gegenüber empfand. So war es möglich, dass dieses Ehepaar eine einzigartige Rolle für den sozialen Organismus der Wiesnecker Klinik spielen konnte. Der langjährige Mitarbeiter Harald Hüttich, der 47 Jahre lang in Wiesneck als Plastiker und künstlerischer Therapeut tätig gewesen war, sagte im Rückblick: «Minnie Husemann war wie unsere Mutter.»[91] Der spätere anthroposophische Arzt Wolfgang Knipping, der als Kind in Wiesneck aufgewachsen ist, sagte: «Man blickte zu Minnie und Friedrich Husemann auf wie zu Göttern.»[92] Wenn solche Worte heute auch leicht missverstanden werden können, sollen sie doch hier erwähnt werden, weil sich darin ein Motiv entdecken lässt, das jede Gemeinschaft braucht: der Sinn für die Kunst, den Friedrich Husemann hatte, und die Freude an der künstlerischen Tätigkeit, die Minnie Husemann beseelte. Die Kunst war es, welche die Gemeinschaft in Wiesneck zusammenhielt und zu immer neuen Tätigkeiten begeisterte. Die Kunst war es, welche vor allem die Patienten brauchten: «Selbst im Augenblick des höchsten Glückes und der höchsten Not bedürfen wir des Künstlers» (Goethe).[93] Was dem heranwachsenden Knaben wie «Götter» vorgekommen war, das war in Wirklichkeit das Göttliche der Kunst, das in Wiesneck wirkte und das Goethe schon in Italien so begeistert hatte, dass er sich wie neugeboren empfand.

Minnie Husemann (1891–1966)

Und noch eine andere biographische Parallele ergibt sich für den Seelenarzt Friedrich Husemann. Rudolf Steiner veröffentlichte 1901 in der «Wiener Klinischen Rundschau»[94] einen Aufsatz über «Goethe und die Medizin», in dem er vor allem Goethes Verhältnis zur Psychiatrie hervorhob. Werthers Leiden, Orests Verwirrung in dem Schauspiel «Iphigenie auf Tauris», die Melancholie des Harfenspielers im «Wilhelm Meister», dann Mignon und weiterhin Lila in dem gleichnamigen Singspiel, Ottilie in den «Wahlverwandtschaften»[95] und schließlich Gretchens Wahnsinn, wie er uns in der Kerkerszene des Faust erschüttert, diese sieben Namen zählt Rudolf Steiner auf, um sie dann als «Musterleistungen in Bezug auf Schilderung pathologischer Psychen» zu bezeichnen. Es ist nicht sicher, ob Friedrich Husemann diesen Aufsatz kannte, der zu seinen Lebzeiten nur im Original von 1901 zugänglich war. In seinem Buch *«Goethe und die Heilkunst»* jedenfalls hat er Goethes Beziehung zur Psychiatrie einleuchtend herausgearbeitet. Einmal wie schon gesagt durch die Betrachtung Mignons, zum anderen durch die Harzreise im Winter, wo Goethe inkognito den unglücklichen Plessing besuchte und später darüber in seiner «Campagne in Frankreich» berichtet hat. Das damals entstandene Gedicht «Harzreise im Winter» bezeichnete Rilke als «pure Herrlichkeit ...» ... «diese Harzreise zählt mir fortab zum Stärksten und Reinsten, sie ist eines der gültigsten Gedichte: was könnte irgendeine Zeit ihr schaden?» (8.12.1912 aus Duino)[96]. In diesem Gedicht sind mehrere Strophen der seelischen Krankheit Plessings gewidmet:

Aber abseits, wer ist's?
Ins Gebüsch verliert sich sein Pfad,
Hinter ihm schlagen
Die Sträuche zusammen,
Das Gras steht wieder auf,
Die Öde verschlingt ihn.

Ach, wer heilet die Schmerzen
Des, dem Balsam zu Gift ward?
Der sich Menschenhass
Aus der Fülle der Liebe trank.

Erst verachtet, nun ein Verächter,
Zehrt er heimlich auf
Seinen eignen Wert
In ungenügender Selbstsucht.

Ist auf deinem Psalter,
Vater der Liebe, ein Ton
Seinem Ohre vernehmlich,
So erquicke sein Herz!
Öffne den umwölkten Blick
Über die tausend Quellen
Neben dem Durstenden
In der Wüste!

Und damit sind wir dort wieder angelangt, wo Friedrich Husemann auf dem Höhepunkt seines Mignonkapitels ausspricht: *«Goethe lässt uns erleben: Krankheit ist ein Schritt auf dem Wege zur Ich-Werdung: und wenn ihre Tragik richtig und würdig getragen wird, ist ihre Gnade die Schönheit.»*

## Der Tod und das Auferstehungsbild Mathis' des Malers

Friedrich Husemanns Vater war evangelischer Pfarrer, der sich gedanklich in den Pfaden der kantischen Philosophie bewegte. Zur Anthroposophie fand er keinen Zugang, obwohl drei seiner Söhne[97] initiativ damit sich beschäftigten. Als 1938 das zweite Buch seines Sohnes *«Vom Bild und Sinn des Todes»* erschien, da äußerte sich der Vater zu seiner Schwiegertochter Maria Husemann[98] in wohlgesetzten und bedächtigen Worten: «Fritz hat ja jetzt ein neues Buch geschrieben – über den Tod – ausgerechnet darüber, worüber man überhaupt nichts weiß.» Man sieht an dieser Reaktion, wie in der damaligen Zeit ein gewisser Erkenntnismut nötig war, sich mit diesem Thema zu befassen. Schon der Titel *«Vom Bild und Sinn des Todes»* stellt auch heute noch eine Herausforderung dar.

Friedrich Husemann hatte zu diesem Thema eine tiefe Wahlverwandtschaft. Er war auch in der Lage, die Schwere dieses Gedankens zu erleichtern, etwa wenn er gleich im Vorwort die erstaunliche und doch zugleich einleuchtende Bemerkung macht: *«Vergleicht man in dieser Beziehung die Lebensstimmung vergangener Zeiten, so kommt man zu dem überraschenden Ergebnis, dass die innere Unsicherheit der Menschen dem Leben und insbesondere dem Todesproblem gegenüber erst in verhältnismäßig neuerer Zeit eingetreten ist und dass, je weiter man zurückgeht, der Tod den Menschen immer weniger rätselhaft erscheint.»*

Wie in dem Buch *«Goethe und die Heilkunst»* ist auch hier das historische Kapitel *«Das Bild des Todes im Bewusstsein früherer Zeiten»* am besten gelungen. Wenn man den Bildungshorizont vergleicht, so hätten Walter F. Otto oder Karl Kerenyi nicht anschaulicher über das alte Indien, über Persien, Ägypten, Sumer-Babylon, Griechenland und das Mittelalter schreiben können. Es ist eine reine Freude, mit Friedrich Husemann durch die Zeiten zu wandern, wenn es inhaltlich nicht so beklemmend wäre, wie der Tod immer mehr und mehr unsere Kultur ergriffen hat. Ist die äußere Mechanik unserer Technik denn nichts anderes als der handelnde Tod geworden, der alles verschlingt? Dennoch war diese Entwicklung in unserem eigenen Leibe und in unserem Denken notwendig, weil wir sonst nicht zur Freiheit und zu dem sich selbst erfassenden Denken gekommen wären. Die Freiheit wird zum Auferstehungserlebnis des den Tod bedenkenden Menschen, sodass die Schrift mit der ermutigenden Gewissheit abschließt: *«Das entspricht einer Zeitnotwendigkeit. Denn: Der sich selber tragende, lichtvolle Gedanke ist das Auferstehungserlebnis des modernen Menschen und verbürgt ihm ewiges Leben.»*

Und im Zusammenhang mit dem Motiv, das wir in Friedrich Husemanns Leben als entscheidend gefunden haben, kann über den Tod auch noch von einer anderen Seite gesprochen werden. Der Tod ist im Sinne der Mysterien nur ein anderes Wort für die Einweihung. Es ist ein uralter Terminus technicus, dass die Einweihung als Hadesfahrt, als Todeserlebnis bei lebendigem Leibe bezeichnet wird.

Rudolf Steiner schildert diesen mystischen Moment in seinem Buch «Das Christentum als mystische Tatsache»[99] mit folgenden Worten: «Das ist aber gar nicht eine bloße Möglichkeit. Es wird für jeden, der zu höherer Erkenntnis kommen will, einmal Wirklichkeit. Er langt da an, wo der Geist für ihn alles Leben für Tod erklärt. Er ist dann nicht mehr in der Welt. Er ist unter der Welt – in der Unterwelt. Er vollzieht die – Hadesfahrt. Wohl ihm, wenn er nun nicht versinkt. Wenn sich vor ihm eine neue Welt auftut. Er schwindet entweder dahin; oder er steht als Verwandelter neu vor sich. In letzterem Falle steht eine neue Sonne, eine neue Erde vor ihm. Aus dem geistigen Feuer ist ihm die ganze Welt wiedergeboren.»

In seinem Buch über den Tod führt Friedrich Husemann den Leser von den verschiedensten Seiten immer wieder zu dieser Wiedergeburt im Geiste, bis er dann zum Schluss alles zusammenfassend über das Auferstehungsbild Matthias Grünewalds folgende Worte ausspricht:

*«Die ‹Auferstehung› zu malen gelang aber in vollem Sinne nur dem deutschen Meister Mathis Nithart von Aschaffenburg, genannt Grünewald. Er konnte den Tod in der Malerei überwinden, weil er vom Todesbewusstsein zum Geistbewusstsein durchgedrungen war. So wurde sein Bild zum Zeugen von der Wirkung der Auferstehungskräfte in seiner Seele. Ja, man könnte sagen: sein Bild ist ein Beweis für die Auferstehung.»*

Mit anderen Worten: dieses Bild konnte nur einer malen, der selbst die Auferstehung erlebt hat, der dem Auferstandenen begegnet ist. Und etwas davon war auch bei Friedrich Husemann der Fall. Das zeigen seine weiteren Erlebnisse, die mit diesem Bild zusammenhängen.

Friedrich Husemann hat für seine Klinik eine ganze Reihe hochbegabter und treu ergebener Mitarbeiter und Nachfolger gefunden. Auch seine Schrift *«Das Bild des Menschen als Grundlage der Heilkunst»* fand in Otto Wolff einen kongenialen Mitautor und Fortsetzer. Wie war dies möglich? Durch nichts anderes als dadurch, dass dieser Kreis von Menschen in Friedrich Husemann auf einen Menschen blicken konnte, der eine Lebensprüfung bestanden hatte. Davon sprach er selbst natürlich nicht, aber das wirkte. Der Isenheimer Altar ist wie ein Symbolum dieser Tatsache. Denn unter diesen Bildern fand Friedrich Husemann einen seiner wichtigsten und zugleich vielleicht genialsten Mitarbeiter: den Märchenerzähler und Märchenforscher Rudolf Geiger. Wenn man Husemanns Worte über Grünewalds Auferstehungsbild – *«ja, man könnte sagen: sein Bild ist ein Beweis für die Auferstehung»* – zusammenschaut mit dem im Anhang auf den Seiten 198ff. wiedergegebenen Bericht Rudolf Geigers, und wenn wir diese Begegnung zwischen Husemann und Geiger wie einen Typus dafür nehmen, wie die Menschen nach Wiesneck gefunden haben, dann sieht man, wie die Auferstehungskräfte in Friedrich Husemanns Leben gewirkt haben. Wir sehen, wie er nach seiner «Hadesfahrt» im Jahre 1922 in späteren Jahren gewissermaßen durch jeden neuen Mitarbeiter «als Verwandelter neu vor sich stand», wie ihm durch sein Lebenswerk tatsächlich eine «neue Sonne und eine neue Erde» nach und nach erstanden sind.

## Das unvollendete Buch

Einige Wochen vor seinem Tode wurde der schwerkranke Friedrich Husemann von seinem jüngsten Bruder Gisbert Husemann besucht. Die beiden anthroposophischen Ärzte besprachen den schriftstellerischen Lebensplan Friedrich Husemanns. Nach dem ersten Umweg über Goethe hatte er einen zweiten Umweg über das Bild und den Sinn des Todes gemacht, um dann keineswegs sein engeres Fachgebiet, sondern zuerst die Anatomie und Physiologie und dann die Pathologie und Therapie, eigentlich also die Innere Medizin zu bearbeiten, sodass er im Angesicht des Todes und in der Gewissheit, es nicht mehr zustande zu bringen, seinem Bruder damals voller Sehnsucht immer wieder sagte: *«Das Buch …, das Buch …, mein Buch …, mein Buch …»*[100] Und damit meinte Friedrich Husemann sein Buch *«Psychiatrie in anthroposophischer Sicht»*, das über eine erste Skizze nicht hinausgekommen ist. Dieser Entwurf ist allerdings so interessant, dass man bedauern muss, dass er nicht vollendet werden konnte: Maupassant, Nietzsche, Novalis, Morgenstern und Hölderlin, der Doppelgänger und das Ich, die inneren Organe als eigentliche Ursache der psychischen Erkrankungen, die Psychiatrie als Brennpunkt einer ganzen Kulturgeschichte und zugleich als Aufruf zur Selbsterkenntnis wären erschienen und hätten als Entwurf einer spirituellen Psychologie dazu beigetragen, dass die Seelenwissenschaft im 20. Jahrhundert, wo

*«Die ‹Auferstehung› zu malen gelang aber in vollem Sinne nur dem deutschen Meister Mathis Nithart von Aschaffenburg, genannt Grünewald. Er konnte den Tod in der Malerei überwinden, weil er vom Todesbewusstsein zum Geistbewusstsein durchgedrungen war. So wurde sein Bild zum Zeugen von der Wirkung der Auferstehungskräfte in seiner Seele. Ja, man könnte sagen: sein Bild ist ein Beweis für die Auferstehung. Denn es stellt anschaulich dar, wie der kosmische Mensch sich der irdischen Hülle entringt. Und wer sich der Wirkung der Farben nicht verschließt, dem sagt es: so entringt sich der Geistesmensch dem Tode.»*

Friedrich Husemann «Vom Bild und Sinn des Todes»

Freud und Jung auf viele Menschen wie ein Religionsersatz gewirkt haben, nicht nur vom Leibe her, sondern auch vom Geiste aus einen Schritt weitergekommen wäre. Vielleicht hätte Friedrich Husemann auf alle anderen Bücher verzichten müssen, um dieses eine Buch, das seiner persönlichen Berufserfahrung ohne Zweifel am angemessensten gewesen wäre, zustande zu bringen. So ist es allerdings oft bei Menschen, die viel geleistet haben, dass sie auch viel Unvollendetes in die geistige Welt mitnehmen.

# VI Die Klinik als soziales Kunstwerk

## Der Plan in Stuttgart

Am 25.6.1924 musste das Stuttgarter Wirtschaftsunternehmen «Der Kommende Tag» liquidiert werden. Rudolf Steiner, der bis 1923 Vorsitzender des Aufsichtsrates gewesen war, bemerkte: «Wir begraben damit vielleicht denjenigen Gedanken, der uns als einer der allerheiligsten vorgeschwebt hat, wirtschaftliche Unternehmungen zu begründen, um dem geistigen Leben zu dienen.»[101] Die Waldorfschule allerdings und die Fabrikation der Heilmittel (spätere Weleda) konnten aus dem Konkurs gerettet werden. Das Klinisch-Therapeutische Institut, das ebenfalls zum «Kommenden Tag» gehört hatte, wurde in eine Privatklinik umgewandelt, die Otto Palmer noch zehn Jahre erfolgreich weiterführte.

Friedrich Husemann hielt Umschau, wo er seine psychiatrisch-ärztliche Tätigkeit fortsetzen konnte. Am 5. 9.1924 schrieb er in einem Rundbrief an Ärzte und Bekannte, es sei ihm gelungen, die Zusage für eine belegärztliche Behandlung von Nerven- und Gemütskranken in der Nähe von Stuttgart zu erhalten. Bei entsprechend großem Bedarf sei ihm ein ganzes, modern eingerichtetes Haus in Aussicht gestellt worden. Und er fährt fort: *«Weiterhin kann ich Ihnen die erfreuliche Mitteilung machen, dass Herr Dr. Steiner und Frau Dr. Wegman sich bereit erklärt haben, mir bei der Behandlung der Kranken mit ihrem Rat zur Seite zu stehen. Die Aussicht auf diese Hilfe gibt mir den Mut, an diese schwierige Aufgabe heranzugehen. Wir dürfen hoffen, dass auf diese Weise noch manchem Kranken geholfen werden kann, der jetzt vielleicht als unheilbar gilt.»* Nach Übereinkunft mit Dr. Palmer kündigte er zudem an, dass er bis zur Übersiedlung in die neuen Räume weiterhin im Klinisch-Therapeutischen Institut Sprechstunden abhalten werde.

## Der Anfang auf dem Riedberg

Das angekündigte Projekt kam nicht zustande. Stattdessen pachtete Friedrich Husemann 1925 auf dem Riedberg in Günterstal bei Freiburg im Breisgau ein Landhaus inmitten einer Gartenanlage. Es wurde etwas umgebaut und konnte anfangs 12, später 20 Patienten aufnehmen.

Rudolf Steiner, der am 30. 3.1925 starb, hat von diesem Beginn noch erfahren und ihn gutgeheißen. Friedrich Husemann hat auf diese letzte Nachricht von seinem Lehrer dankbar hingeblickt und zeitlebens oft davon berichtet.

Sanatorium Riedberg, im Hintergrund das Haupthaus, im Vordergrund die Nebenhäuser, 1924–1929

*Er konnte den Tod in der Malerei überwinden, weil er vom Todesbewusstsein zum Geistbewusstsein durchgedrungen war. So wurde sein Bild zum Zeugen von der Wirkung der Auferstehungskräfte in seiner Seele. Ja, man könnte*

Neben der Behandlung psychiatrischer Patienten, die von Anfang an durchgeführt wurde, waren auch Erholungsgäste da. Einer der ersten Assistenten, Dr. med. Johan Westra, berichtete 25 Jahre später:

«Gesunde und Kranke lebten da zusammen, wie eine große Familie. Manche originelle Begegnung war da zu erleben. Wenn Sie zum Beispiel am Tisch saßen mit dem ‹Prinzen von Wales›, der am nächsten Tag die ‹Königin von Holland› sein konnte, dann werden Sie verstehen, dass unerwartete Komplikationen auftraten. Dies beeinflusste die allgemeine Stimmung aber keineswegs, da diejenigen, die stabilere soziale und geistige Positionen einnahmen, jeden Morgen in der Lesestunde bei Dr. Husemann ihre Lebens- und Herzensfragen vorbringen konnten anhand der Besprechungen über ein anthroposophisches Thema. Dieses lebendige Fragen und Antworten führte

Friedrich Husemann in
Riedberg, 1929

Auf dem Motorrad,
hinten auf dem Soziussitz
Minnie Husemann

zu einem zwanglosen Sich-Erarbeiten der Grundelemente der Anthroposophie, fern von allem Dogmatischen oder Autoritativen. Dies war die Quelle des sozialen Zusammenseins so viel verschiedener Menschen mit so verschiedenen und oft sehr schweren geistigen und körperlichen Problemen. Noch heute atme ich in der Erinnerung den freien Geist dieser Stunden, wo man zusammen war in selbstverständlicher gegenseitiger Anerkennung der Individualität, und viele werden das mit mir in ihrem Leben nicht vergessen haben. Wenn ich sage: es war die Quelle, dann ist das so weit richtig, dass es eine Quelle war. Eine zweite war nämlich das Leben mit Kranken und Gesunden, wie Frau Dr. Husemann es tat durch die Eurythmie und ihren täglichen Umgang. Ein Weihnachtsspiel aufzuführen un ter und mit diesen Menschen war kein unvermischtes Vergnügen, sondern eine schwere geistige Leistung. Das geschah aber jedes Jahr und ebenso Eurythmie-Demonstrationen in gewissen Zeitabständen.»[102]

Margarethe Hauschka (1896–1980) begann mit ihrer anthroposophisch ärztlichen Tätigkeit in Riedberg, ja sie war dazu von Friedrich Husemann aufgefordert worden: *«Was? Sie sind Ärztin und Anthroposophin und arbeiten nicht? Ich brauche Sie hier.»*[103] Auf diese Worte hin studierte sie einige Zeit in Arlesheim bei Julia Bort[104] Heileurythmie und kehrte nach Riedberg zurück, um die dortigen Patienten zu behandeln. Auch Maltherapie, Plastizieren und Massage, wofür Hauschka später so maßgebend wurde, machten in Riedberg ihre ersten Schritte. Als Assistenzärztin bewohnte sie ein Zimmer im Erdgeschoss, das nur eine Tür zum Garten hatte und ohne Verbindung zum übrigen Haus war. Wenn ärztliche Hilfe nötig war, schaute der Nachtpfleger zum Fenster herein oder in eiligen Fällen ließ er einen Schlüsselbund an einer Schnur vom oberen Stockwerk zu ihr herunter, um sie zu holen.

So einfach die äußeren Umstände waren, so groß war die innere Begeisterung. Auch durch schwere Rückschläge ließen sich die Pioniere nicht entmutigen. Von solch einem niederschmetternden Ereignis – dem Selbstmord eines Patienten – berichtet folgender Brief aus der Anfangszeit von Riedberg-Günterstal:

*G., 1.7.25*

*Lieber Vater!*

*Eben erhielt ich Deinen und Mutters Brief, und es ist mir ein Bedürfnis, Euch gleich dafür zu danken, besonders für die lieben Worte, die Du über den traurigen Tod unseres Patienten schreibst. Du kannst Dir kaum vorstellen, wie nahe uns das gegangen ist. Es ist das Schrecklichste, was ich bisher erlebt habe, zumal ich mir den Vorwurf machen muss, ihn nicht genügend bewacht zu haben. Das ist schwer zu tragen. Wenn ich darüber nachdenke, muss ich sagen, dass es im Grunde mein Hochmut war, der mich blind machte für die längst gehegten Absichten dieses Menschen. Ich hatte ja zuerst einen so schönen Erfolg bei ihm, und er hat mich hochmütig gemacht. Aber mit eigenen Kräften kann man den Menschen nicht helfen. Ich hoffe, dass die Gnade Christi ihm zuteil werden wird. Es ist uns ein Trost, dass Ihr für uns betet.*

*In herzlicher Liebe*
*Euer Fritz*

Dieses traurige Ereignis geschah also nur wenige Monate nach der Eröffnung des Hauses. Wir sind noch im Jahre 1925. Friedrich Husemann war 37 Jahre alt. Dieses Alter kann als typisch gelten, wenn man Rudolf Steiners Forschungen zu den biographischen Rhythmen zugrunde legt.[105] Goethe war 37 Jahre alt, als er nach Italien aufbrach. Viele Menschen erleben um dieses Alter herum einen Neubeginn oder eine Krise, wie Florian Roder neuerdings in seinem schönen Buch über die Mondknotenrhythmen dargestellt hat.[106] Etwas mehr als einen weiteren Mondknoten von 18 ½ Jahren später wurde Freiburg durch einen großen Bombenangriff zerstört, und nach dem vorliegenden Evakuierungsplan musste der Klinikgründer sein Haus der Medizinischen Universitätsklinik zur Verfügung stellen, sodass seine Initiative in ein Nichts verschwand; dass dies nur vorübergehend war, konnte der 57-Jährige im Moment des Erlebens nicht wissen.

## Ita Wegman und Friedrich Husemann

Wie man schon aus Husemanns Brief vom 5.9.1924 ersehen konnte, hatten R. Steiner und Ita Wegman versprochen, ihm zu helfen. Und das tat Ita Wegman als Leiterin der Medizinischen Sektion auch nach Steiners Tod. Das Sanatorium Riedberg erhielt ein Darlehen vom Klinisch-Therapeutischen Institut, Arlesheim, das Husemann im Laufe der Jahre pünktlich wieder zurückzahlte. Wenn man auf die Anzeigen schaut, wie sie in der von Ita Wegman herausgegebenen Zeitschrift «Natura» veröffentlicht wurden, kann man sehen, welchen Stellenwert Riedberg im Ganzen der damaligen Institutionen hatte. Wegman besuchte Riedberg und schrieb in einem rückblickenden Brief an Husemann, wie sehr sie sich über sein Institut gefreut habe. Als Husemann sich anschickte, Wiesneck zu kaufen, erkannte Wegman sofort den zielsicheren Zukunftsgeist des Unternehmens und schrieb an Siegfried Pickert, der damals in Jena auf dem Lauenstein ein Heilpädagogisches Institut leitete:

«Ich verstehe nicht, warum es Ihnen nicht gelingen soll, ein Institut in der richtigen Art zu bauen, wenn es Husemann z. B. gelingt, jetzt Geld zu bekommen für ein großes Sanatorium, das sicherlich mehr kosten wird, als ein Institut für Kinder am Lauenstein. Husemann hat nicht geruht, bis er das Geld zusammenbekommen hat, und so müssen Sie es auch tun. Man kann jetzt nicht mehr warten; jeder Tag, an dem nichts in dieser Beziehung getan wird, ist ein verlorener Tag und Wichtiges wird dadurch nicht geschehen können, weil wir nicht imstande gewesen sind, die Dinge richtig auf die Erde zu setzen, wie es nun momentan verlangt wird.»[107] Noch 1931 hat Wegman zu einer medizinischen Tagung am Goetheanum Friedrich Husemann als Redner eingeladen. Später kam dann der Vorstandskonflikt, der 1935 darin gipfelte, dass Ita Wegman aus dem Vorstand ausgeschlossen wurde. Husemann übte sich dabei in Zurückhaltung. Zum Freundeskreis Ita Wegmans gehörte er nicht, aber irgendetwas gegen Ita Wegman gesagt oder getan hat er auch nicht.

Natürlich hatte Wegman die Auseinandersetzung Rudolf Steiners mit Husemann zumindest in ihren Nachwehen mitbekommen, etwa als Rudolf Steiner im November 1923 in Wien bei einem Ärzteabend

Klinisch-therapeutisches Institut

Telephon: Arlesheim 200 Arlesheim bei Basel (Schweiz)

Ärztliche Leitung: Dr. I. Wegman

mit

Dépendance am Luganer-See

und

KINDERHEIM „SONNENHOF“

für erholungsbedürftige, kranke und in der Entwicklung zurückgebliebene Kinder.

In Zusammenhang damit

„LAUENSTEIN“

Jena-Lichtenhain

Heil- und Erziehungsinstitut für seelenpflege-bedürftige Kinder

mit

„HAUS BERNHARD“

Jena-Zwätzen.

Klinisch-therapeutisches Institut

Telephon 26644 Stuttgart Gänsheidestr. 88

Leitender Arzt: Dr. O. Palmer

Behandelt werden in der Klinik alle Krankheiten mit Ausnahme der sogenannten Geisteskrankheiten und der ansteckenden Krankheiten.

SANATORIUM RIEDBERG

Güntherstal b. Freiburg i/Br. Telephon: Freiburg 4448

Leitender Arzt: Dr. F. Husemann

Das Institut dient in erster Linie zur Behandlung seelischer Störungen aller Art, doch werden auch Erholungsbedürftige aufgenommen.

Annonce in der von Ita Wegman herausgegebenen Zeitschrift «Natura», 1. Jg., 1926/27

Friedrich Husemann wieder nach Hause schickte[108] oder bei einer Anfrage von Noll und Husemann an R. Steiner, in der Zeit nach der Weihnachtstagung, die Steiner kurzerhand durch Wegman so beantworten ließ: wenn er all diese Fragen beantworten solle, könne er die entsprechende Arbeit gleich selber machen.[109] Aber wie gesagt, das hinderte Ita Wegman nicht, die Entwicklung von Riedberg und Wiesneck als positiv zu erkennen und Husemann, so gut sie konnte, zu unterstützen.

## Krankheiten sind gemeinsame Aufgaben: die Initiative wird geboren

Von vornherein war Husemanns Unternehmen auf eine soziale Gemeinschaft ausgerichtet: Gesunde und Kranke lebten zusammen, Mitarbeiter und Patienten bildeten eine große Familie und ein Freundeskreis um das Sanatorium wurde bewusst gepflegt. Jedes Jahr schrieb der Gründer einen Weihnachtsbrief an ehemalige Patienten und Freunde. Er berichtete vom Sinn und Zweck des Ganzen, weitete und vertiefte die Ideale bis zum Geistigen, erzählte vom Leben der Klinik und wichtigen Ereignissen, lud zu Erholungstagen ein und nicht zuletzt bat er um Unterstützung und Spenden.

Friedrich Husemann
um 1930

Die Verhältnisse in Günterstal wurden allerdings räumlich und funktionell immer unbefriedigender. Nach langem Suchen kaufte Husemann im November 1928 das 34 Hektar große Gut Wiesneck in Buchenbach im Dreisamtal bei Freiburg im Breisgau. Es war jener Ort, den der 21-jährige Student 21 Jahre vorher als wohltätig und schön erahnt hatte. Pfingsten 1929 wurde dort mit dem Neubau begonnen und am 16. August das Richtfest begangen. Wie in der Studentenzeit auf der Hütte vor dem Montblanc ein Feuergedicht entstand, so fand der Bauherr jetzt dichterische Worte, um die schützenden Mauern seines Krankenhauses den guten Geistern zu weihen:

*So stehet, Ihr Mauern / auf felsigem Grund*
*Die Erdkraft erhaltet / dem heilenden Bund.*
*So schützet, Ihr Mauern / das heilende Streben,*
*Und Wolken und Winde / beflügelt das Leben.*
*Erscheine, oh Sonne / dem Aug' und dem Herzen,*
*Verwandle in Wonne / die Seelenschmerzen.*
*Erkrafte, oh Geist / das suchende Streben*
*Zum Lichte es weist / aus dunkelem Leben.*
*Erhalte, oh Himmel / die schützenden Mauern*
*Entzünde die Liebe / im heilenden Bund.*

Zu Michaeli 1929 schrieb der 42-Jährige den offenen Brief «*An die Freunde des Sanatoriums Riedberg*», den wir wegen seiner Wichtigkeit im Anhang auf den Seiten 184ff. in vollem Wortlaut wiedergeben. Ebenso stolz wie er von der damals hochmodernen «*lautlosen Lichtsignalanlage*» berichtete, so nüchtern fasste er die wiederholten Erdenleben seiner Patienten ins Auge und sprach überzeugend davon, dass es keine Geisteskrankheiten geben kann, weil der Geist des Menschen immer gesund ist. Der Körper ist es, in dem die Ursachen für die sogenannten Geisteskrankheiten sitzen, während andersherum die körperlichen Krankheiten eine geistige Ursache haben. Dann beschrieb er in stimmungsvollen Bildern die Landschaft um Wiesneck herum, ebenso aber auch seine finanzielle Lage, seine Absicht, das Ganze möglichst bald von seiner Person abzulösen, und schließlich finden sich in diesem klassisch zu nen-

Blick von Wiesneck in die Freiburger Bucht:
*«Diese Landschaft, die sich aus der Enge und Dunkelheit des Schwarzwaldes zum Rhein hin in einer weiten hellen Ebene öffnet, scheint wie aufzuatmen. Die Seele der Landschaft kam dem ärztlichen Wollen und der bedrückten Seele der Kranken entgegen.»*
Gisbert Husemann, 1966[109a]

nenden Text jene Worte, die seitdem immer wieder zitiert worden sind:

*«Oft schon musste ich denken: Wenn es keine Krankheit gäbe, wie viel positive Beziehungen zwischen den Menschen wären nicht zustande gekommen! Krankheit hat immer auch eine soziale Aufgabe. Sie erfordert von Arzt und Helfer eine Vertiefung der Erkenntnis, eine Steigerung der Liebefähigkeit, vom Kranken eine Überwindung des Befangenseins in der eigenen Persönlichkeit. So kann in einem Sanatorium immer mehr die Gesinnung entstehen: Krankheiten sind gemeinsame Aufgaben. Gewiss will der Kranke zunächst aus ganz per-*

*«Das Haus hat Fenster und bekommt bald Türen.*
*Geheizt wird auch schon, sodass wir mit der Eröffnung im April rechnen.*
*Im Sommer müsst Ihr es Euch mal ansehen.»*
20.12.1929 Friedrich Husemann an seine Eltern und Geschwister

*sönlichen Gründen gesund werden; aber er wird es nie ganz werden können, wenn der Wunsch zur Gesundheit ein rein egoistischer bleibt. Der Kranke und der Heiler sollten empfinden: Sie wirken an einem objektiven Geschehen, ja in Wirklichkeit am ganzen Weltenprozess mit, wenn sie eine Krankheitserscheinung in Gesundheit verwandeln.»*

Zuletzt schaute Husemann auf die geistige Aufgabe Mitteleuropas und erwähnte in bedeutungsvoller Kürze *«Grünewalds unsterbliches Vermächtnis»*, das der Besucher in Colmar, nicht weit von Wiesneck entfernt, auf der anderen Rheinseite im Original bewundern kann. Es ist, wie wenn die innersten Schicksalsmächte sich jetzt einen Weg gebahnt hätten, um nach außen zu treten. Die Initiative ist geboren und sie zeigt von vornherein alle Zeichen der Lebensfrische und Lebendigkeit.

Am Palmsonntag, den 13. April 1930 wurde das Krankenhaus eröffnet. Eigentlich hätte die Eröffnung eine Woche früher, am Todestag Raffaels, stattfinden sollen. Friedrich Husemann knüpfte dann auch in seiner Ansprache an drei Werke Raffaels an: die Schule von Athen, die Disputa und die Sixtinische Madonna. Zuletzt ließ er seine Rede in die feierlichen Einweihungsworte ausklingen:

*«Wir weihen es den geistigen Mächten, die die Menschheit den Weg aus der Vergangenheit in die Gegenwart geführt haben.*

*Wir weihen es den geistigen Mächten, die das Wahrheitssuchen des Menschen zum Schauen der geistigen Welt führen wollen.*

*Wir weihen es d e m geistigen Wesen, das in den Kindheitskräften des Menschen lebt und von sich sagen durfte: «Ich bin der Weg, die Wahrheit und das Leben.»*

Friedrich Doldinger (1897–1973), der für Wiesneck zuständige Pfarrer der Christengemeinschaft, erzählt in seinem Bericht über das Ereignis: «Von zahlreichen Besuchern des Eröffnungs-Tages habe ich gehört: ‹Da möchte man gerne krank sein!› D. h. alle fühlten: da kann man gesunden!»[110]

Man nannte Wiesneck damals «Sanatorium», obwohl es im heutigen Sinne ein psychiatrisches Krankenhaus mit zwei geschlossenen Abteilungen gewesen ist, wo alle Formen und Stadien psychiatrischer Erkrankungen behandelt wurden. Mit dem Neubau von 1930 bekam Wiesneck von der Gesundheitsbehörde die Konzession als «Privat-Irrenanstalt». Zunächst konnten 40 bis 45 Patienten aufgenommen werden. Sie wurden von 25 Mitarbeitern versorgt. Bald erhöhte sich die Bettenzahl auf 54 und etwas später durch Eingliederung der «Villa» auf 65. Die Mitarbeiterzahl war in dieser Zeit auf fast 70 angewachsen.

Hans Beidek (1901–1988), der erste Landwirt von Wiesneck, schrieb 1987 rückblickend: «Die Zeiten haben sich ja derart verändert, dass eine Schilderung, wie Dr. Husemann damals sein Sanatorium gebaut hat, heute fast unglaublich klingt. Als vorläufigen Beleg lege ich eine Kopie einer Bilanz bei, aus der hervorgeht, dass Dr. Husemann 1932 etwa nur 3 % des vorhandenen Vermögens (ca. 18 000,– von 600 000,– Mark) sein Eigen nennen konnte. Der Rest waren Schulden.»[111] In der Hoffnung auf künftige Geldgeber, die viel später auch tatsächlich sich einstellten, hatte Husemann ein sehr großes Grundstück gekauft, um dort nach eigenen Plänen ein zweckentsprechendes psychiatrisches Krankenhaus zu bauen. Woher hat er den Mut, woher die Durchhaltekraft und Überzeugung für solch ein gewagtes Unternehmen genommen? Es gibt die schon erwähnten biographischen Gründe, das Erlebnis des 21-jährigen Wanderers, die Ermunterung des Lehrers kurz vor dessen Erdenabschied, auch das, was wir in den bisherigen Kapiteln als eine Art von Lebenseinweihung geschildert haben. Darüber hinaus muss es aber auch einen objektiven, in der Sache selbst liegenden Grund geben, aus dem Husemann geschöpft hat. Sonst wäre das Unternehmen trotz allem nicht geglückt. Und dieser Grund ist tatsächlich vorhanden. Er liegt in dem Wesen des psychiatrisch erkrankten Menschen selbst.

## Das Wesen des psychisch erkrankten Menschen

Jedem, der das Leben aufmerksam beobachtet, muss die Frage in der Seele brennen, wie Depression und Psychose, Wahnkrankheit und Zwang entstehen. Wir können diese Forschungsfrage hier natürlich nicht erschöpfen, schon bloß anthroposophisch-medizinisch betrachtet müssten die verschiedensten Aspekte herangezogen werden. Nur eine der vielen Wurzeln dieses Problems sei hier beschrieben, insoweit sie Friedrich Husemann und seine Idee einer therapeutischen Gemeinschaft betrifft.

Wir gehen zurück in das Jahr 1920 in die Tage im Frühling, als Rudolf Steiner in Dornach seine ersten zwanzig Vorträge für Ärzte hielt.[112] Da wurden nicht nur jene grundlegenden Ausführungen für eine Medizin der Zukunft gegeben, die auch heute noch längst nicht ausgeschöpft und verwirklicht sind, sondern da gab es auch Vorträge der teilnehmenden Ärzte. Friedrich Husemann sprach am 26. März 1920 über *«Nervosität, Weltanschauung und Anthroposophie»*.[113] Und Steiner gab im Anschluss daran ein «Votum zur Psychiatrie»,[114] das hier besonders interessiert. Wir müssen uns plastisch vorstellen, was damals geschah. Im Kreise der Fachkollegen begegneten sich der Psychiater und der Geisteswissenschaftler. Was war es nun, was Steiner in diesem Rahmen zu sagen für notwendig hielt?

Zunächst fällt immer wieder das Wort von der Reform des psychiatrischen Studiums, von der Reform der Psychiatrie, welche in unserer Zeit die allerdurchgreifendste sein müsse. Der Mensch wird «auch im tieferen Sinne» als soziales Wesen bezeichnet und es kommt die erstaunliche Mitteilung, dass psychische Erkrankungen in den seltensten Fällen bloß aus der Biographie des einzelnen Individuums beurteilt werden dürfen. Sondern es ist so, dass bei psychiatrischen Erkrankungen der Einfluss des einen Menschen auf den anderen – sei es in der Familie oder im Beruf oder in sonstigen Zusammenhängen – viel größer und tiefgreifender ist, als man denkt. Was also heute die offizielle Medizin in der Familie als «System» erforscht und auch damals schon als «Übertragung» bezeichnete, das wurde von Steiner in einer allerdings viel gründlicheren Weise erkannt. Er gab ein hypothetisches Beispiel. Man nehme zwei Menschen A und B, die zusammenleben oder zusammenarbeiten. A entwickelt eine Psychose, weswegen er ins Krankenhaus geschickt werden muss. B ist äußerlich betrachtet gesund, B hat aber einen «Kräftekomplex psychisch-organischer Natur» in sich, der die eigentliche Ursache darstellt. B selbst erkrankt nicht, weil seine übrige Konstitution so kräftig ist, dass er diese Krankheitsursache aushalten kann. A erkrankt nur deswegen, weil er mit B zusammenlebt, er würde in anderer Umgebung nicht erkranken, erkrankt aber, weil seine übrige Konstitution nicht so kräftig ist wie bei B. In «zahlreichen Fällen» liegen nach Steiner die Verhältnisse so, wie hier beispielhaft angedeutet.

So erstaunlich und fremdartig diese Mitteilung zunächst empfunden werden kann, so kann doch jeder Mensch in der eigenen Familie oder im Kreis seiner Bekannten die psychiatrischen Entgleisungen auf dieses Prinzip hin einmal beobachtend durchdenken, und er wird dann darauf kommen, dass diese Art von «psychischer Ansteckung» (R. Steiner) vielleicht viel häufiger ist, als man dachte. Der «Wahnsinn zu zweit» beziehungsweise die «folie à deux», die als Ausnahme sprichwörtlich geworden ist, ist in Wirklichkeit gar keine Ausnahme, sondern richtig betrachtet ein tägliches Ereignis.

Jetzt versteht man auch, was Husemann damit meinte, dass Krankheiten immer auch gemeinsame Aufgaben sind. Weil sie eben auch gemeinsame Ursachen haben. Weil im Prinzip jeder von uns betroffen ist, wenn auch nicht als Patient, so unter Umständen doch als Ursache. Deswegen muss therapeutisch dafür gesorgt werden, dass Kranke aus krankmachenden Zusammenhängen wenigstens zeitweise befreit werden und positive Beziehungen zwischen den Menschen bewusst geknüpft und gepflegt werden können. Das war der Sanatoriumsgedanke, der insbesondere für psychiatrisch erkrankte Menschen damals in Friedrich Husemann entstand. Das hat natürlich nur einen Sinn, wenn man das Geistige selbst und die Ideale der Menschheit als das Urgesunde betrachten kann, um die herum die Menschen sich positiv begegnen können, denn ohne dieses bewusst gepflegte gesunde Milieu findet der Kranke auch im Sanatorium nur wieder neue Ansteckungsmöglichkeiten. Daher die anfangs täglichen, später wöchentlichen Lehrstunden des Klinikleiters. Das Ganze ist nur wirksam, wenn künstlerische Übungen, wenn Feste, Feiern, Humorabende, Konzerte, Eurythmie, Komödien und Tragödien, Weihnachtsspiele und Märchenbilder die Begegnung der Menschen in Schönheit tauchen. Die Art und Weise, wie in der Landwirtschaft der Komposthaufen zubereitet wird, ist von demselben Geist der Anthroposophie durchdrungen wie der Vortrag des Redners. Die Anthroposophie als die eigentliche Gesundmacherin und Wiederganzmacherin wird nicht nur gedacht, sie wird gelebt und erlebt, sie wird geübt und kann wirksam werden.

## Das therapeutische Konzept

Auf das Schicksal des einzelnen erkrankten Menschen bezogen ergibt sich das Folgende. Ein lebenslanges psychiatrisches Leiden in Verwirrung oder äußerlicher Untätigkeit ist tief zu beklagen, aber was in einem Erdenleben äußerlich wertlos und sinnlos erscheint, das wird im nächsten Leben äußerlich betrachtet zum Gegenteil: Genie, Erfolg und Glück sind die Folgen von ertragenem Unglück, Misserfolg, Krankheit und Behinderung in früheren Erdenleben. Und die Liebe und Fürsorge, die wir heute einem Behinderten zuteil werden lassen, wird mit dazu beitragen, dass umso mehr Liebe in seinem nächsten Erdenleben von ihm ausstrahlen kann, sodass eine solche Individualität nach den Forschungen Rudolf Steiners als «Genie der Wohltätigkeit» wiedergeboren wird.[115]

Das führt im Anschauen des einzelnen Patienten zu ganz anderen Ideen, als sie heute immer noch üblich sind. Die anerkannte Medizin sieht das Nervensystem als Träger des ganzen Seelenlebens. Vorstellungen, Affekte, Triebe und Willensimpulse sitzen im Nervensystem, und wenn dieses nicht mehr funktioniert, dann ist der individuelle Mensch nicht mehr da, auch dann, wenn Herz und Lunge noch tätig sind. Auf diesem Gedanken beruht ja auch die moderne Hirntoddefinition, die um der Organentnahme willen zum Zweck der Transplantation festgelegt worden ist.

Ganz anders ist die schon einmal erwähnte anthroposophische Seelenlehre, wie sie Rudolf Steiner 1917 als Dreigliederung des menschlichen Organismus charakterisiert hat.[116] Da wird dem Nervensystem nur ein Drittel der ganzen Seele zugeordnet, nur unser waches Tagesbewusstsein mit Denken und Vorstellen kommen durch das Gehirn zustande. Unser Fühlen ist schon gar nicht mehr so wach wie Vorstellen und Denken, es gleicht vielmehr dem Träumen: heute bin ich etwas betrübt und missmutig, morgen schon wieder auf unerklärliche Weise heiter und zufrieden. Das Fühlen lebt körperlich betrachtet in den Organen des Rhythmischen Systems, in Herz und Lunge und all ihren Verzweigungen, die sich durch den Organismus ziehen. Lust und Leid der Seele verhalten sich wie Ausatmen und Einatmen, sie bewegen sich wie Systole und Diastole des Herzens. Das ist nicht bloß eine äußere Analogie, sondern Ausdruck einer inneren Wesensgleichheit. Das eigentliche Wollen schließlich bleibt uns unbewusst. Wir wissen von unserem Motiv – jetzt will ich meinen Bleistift holen – und wir können unsere Handbewegung, die den Bleistift holt, von außen beobachten. Der eigentliche Willensakt aber, der dazwischen liegt, wird von uns verschlafen. Ebenso wie wir unsere Nierenfunktion oder die Arbeit des Dünndarms verschlafen. So stützt sich das eigentliche Wollen auf Stoffwechselvorgänge, die ihr Zentrum im Bauch und in den Gliedern haben.

Wenn nun mit einem Menschen, dessen Bewusstsein psychiatrische Symptome zeigt, künstlerische Übungen gemacht werden, so arbeiten wir in Wahrheit an seinem rhythmischen Menschen, der ganz unabhängig vom Tagesbewusstsein in einer träumenden Schicht angesprochen und ausgebildet werden kann. Ebenso ist es mit dem Willensmenschen, wenn in der Webstube oder in der Gärtnerei gearbeitet wird. Das ist nicht bloß «Beschäftigungstherapie», das ist Arbeit an der Zukunft dieser Menschen und – wegen der Wiederverkörperung – an der Zukunft der Erde.

In ähnlicher Weisc wie hier am Beispiel der künstlerischen Therapie kann jede Krankheit, jedes Medikament und jede therapeutische Maßnahme verstanden und schöpferisch gehandhabt werden. An vielen Punkten befindet sich die anthroposophische Psychiatrie allerdings noch im Anfangsstadium. Wir bringen im Anhang auf den Seiten 190 ff. einen Werbeprospekt der Klinik, den Friedrich Husemann 1933 für einweisende Kollegen geschrieben hat. Da findet man noch einige weitere Aspekte des therapeutischen Konzeptes dargestellt und man sieht auch, wie geschickt Husemann seine Initiative in die Öffentlichkeit stellen konnte.

Immer wieder haben Patienten und Angehörige gesagt, dass ihnen in Wiesneck die Angst vor der Krankheit genommen worden ist. Kann es eine schönere Bestätigung für das therapeutische Konzept geben? Ist die Angst in gewisser Weise nicht der Inbegriff aller Krankheit? Entweder als Angstkrankheit für sich selber oder als Begleiterscheinung von anderen Erkrankungen?

## Ideal und Besinnung

Das spirituelle Zentrum der Klinik waren die Lesestunden und Vorträge, die Friedrich Husemann hielt, anfangs noch täglich, später dann sonntags um elf Uhr. Die ganze Klinik nahm daran teil. Der Arzt sprach zu seinen Patienten, der Gastgeber zu seinen Gästen, die aus allen Teilen der Welt anwesend waren, und der Klinikleiter zu seinen Mitarbeitern. Gisbert Husemann beschrieb diese Sonntagsstunden als auffallend nüchtern.[117] Der Redner ging von einer alltäglichen Erfahrung aus, die jeder machen kann, ein Pfingstvortrag konnte mit der Betrachtung eines mechanischen Problems beginnen. Hier spüren wir die Intention des Seelenarztes, der seine Kranken zur Wirklichkeitsanschauung führen wollte. Wenn wir dann die Themen der Vorträge durchgehen, wie sie im Anhang auf den Seiten 209ff. nachgewiesen sind, wo Wissenschaft, Kunst und Religion sich die Hände reichen, dann fühlen wir, wie der ahnungslose Besucher, der bisher von der Anthroposophie noch nie etwas gehört hatte, doch merken konnte, dass Anthroposophie überall einem begegnen kann, wenn man die Probleme der Gegenwart und der Vergangenheit zu Ende denkt. Der kritischere Zuhörer konnte zumindest die universelle Bildung des Vortragenden bemerken. Und dann sicherlich die höchste Anforderung, die dem Klinikleiter durch seine Mitarbeiter gestellt war, die nicht bloß Woche für Woche, sondern über Jahrzehnte dieselben waren: er durfte sich als Redner nicht wiederholen. Da war es dann der Bienenfleiß des Forschenden, der eine solche Fülle von Themen vor seinen Zuhörern entwickelte, dass es den Rückblickenden erstaunt. Rudolf Geiger hat etwa 250 Vorträge mitgeschrieben, gehalten wurden natürlich viel mehr. Wirkliche und einleuchtende Erkenntnisse begeistern und machen Lust auf Leben und Arbeit, die Geisteswissenschaft an und für sich ist etwas Gesundmachendes. Und so wurde jedem etwas gegeben: den Mitarbeitern ihre Ideale und indirekt damit ihre Arbeitsfreude, den Gästen oft genug eine interessante Anregung oder sogar der erste Einstieg in die Anthroposophie und den Patienten der Sinn des Lebens und manchmal sicher auch der Sinn des Leidens.

Rudolf Geiger beschrieb die Sonntagsstunden einmal als «Selbstgespräche des Vortragenden».[118] Die Vorträge waren nicht hinreißend, manche fanden dieselben gelegentlich sogar langweilig.[119]

Maria Uhlenhoff erzählte, dass man nach einem Vortrag jedes Mal dachte: darauf hättest du eigentlich selber kommen müssen, so selbstverständlich und lebensnah wurde es vorgetragen.[120]

Der Kollege Eberhard Schickler schrieb in seinem Bericht über eine Ärztetagung: «Wenn Dr. Friedrich Husemann etwas zu sagen hat, dann passen alle auf.»[121]

Was aber jeder fand und warum alle hingingen, das war die Wirkung von Husemanns Persönlichkeit, die wie von selbst staunende Bewunderung hervorrief und einen unvergesslichen Eindruck machte. Der jüngste Bruder hat diese Wirkung mit etwas humorvoller Distanz und doch auch anerkennend einmal so ausgedrückt: «Sie haben sich an seinem Anblick ergötzt.»[122] Wir berühren hier etwas von dem Wesen und Charakter Friedrich Husemanns, worauf wir später noch einmal zurückkommen wollen.

## Humor und Theater

Es ist nicht jedermanns Sache, mit psychisch erkrankten Menschen zusammenzuleben, der naive Mensch hat eine unwillkürliche Scheu vor ihnen. In Wiesneck lebten nun ausschließlich solche Menschen zusammen, die gerade dies als ihre Lebensaufgabe gefunden hatten. Wie haben sie das gekonnt und wie haben sie es gemacht?

Rudolf und Helma Geiger (1908–1999 bzw. 1908–1980) vor einem der vielen prachtvollen Rhododendronbüsche im Wiesnecker Park, 1932

Arno Döll (1898–1948) mit Minnie Husemann und einer Krankenschwester vor dem Feldberghof, ca. 1931. Arno Döll war Hausmeister in Riedberg und Wiesneck, bei den bunten Abenden erzielte er mit seiner thüringischen Mundart große Lacherfolge

Diese Frage kann nur individuell beantwortet werden, wir müssen auf die einzelnen Menschen schauen, die dort mit Friedrich und Minnie Husemann zusammen gelebt und gearbeitet haben. Erst durch ihre Begabungen entstand jene eigenartige Mischung aus Ernst und Freude, aus Humor und Opferbereitschaft, die Wiesneck zum Erfolg brachte. Auf diese Weise lernen wir auch den Gründer wieder ein Stück weit besser kennen, indem wir durch seine Mitarbeiter auf ihn blicken.

An erster Stelle steht hier Rudolf Geiger (1908–1999), der im Gründungsjahr 1930 mit seiner Frau Helma (1908–1980) nach Wiesneck kam. Noch im gleichen Jahr wurde ihr erster Sohn dort geboren. Geigers schicksalhafte Begegnung mit Husemann vor dem Isenheimer Altar von Matthias Grünewald wurde schon beschrieben und ist im Anhang auf den Seiten 198ff. wiedergegeben. Geiger war ein durch und durch künstlerischer Mensch, dessen Fähigkeiten und bisheriges Leben für Wiesneck wie geschaffen waren. Seine schauspielerische und improvisatorische Begabung setzte mit dem Fasching 1931 ein und brachte dann alle vier Wochen einen «Heiteren Abend» auf die Bühne. Diese Abende waren in ihrer Art einmalig. Da tummelten sich Schelmenstreiche, Tiergeschichten, süddeutsche Mundarten, Heiteres von Goethe, Wilhelm Busch und Christian Morgenstern, ein Sträußlein Liebe, Buben und Lausbuben. Bald kamen auch Dialoge und kleine Szenen dazu. Der Hausmeister, Arno Döll (1898–1948), und Rudolf Geiger führten Chamissos «Böser Markt» auf. Arno Döll mit seiner thüringischen Mundart gab sein Paradestück vom «Gum-

Helene Döll (1901–1989) war verheiratet mit Arno Döll und arbeitete in Riedberg und Wiesneck in der Küche und wusch ihr Leben lang die Leibwäsche der Patienten.
Hans Beidek (1901–1988), hier 1953 neben seiner Schwiegermutter Helene Döll, war biologisch-dynamischer Landwirt des Maierhofes von Wiesneck. Tragender Schauspieler bei den Weihnachtsspielen und den bunten Abenden

mibaum» zum Besten. Ohne nur die Miene zu verziehen und ohne jeden Ausdruck in der Sprache, verkleidet als spitzwegerischer Krauterer im Schlafrock, kam er mit einem Gummibaum im Arm auf die Bühne und fing an:

> «Ich bliehe nicht, drag geene Früchte
> und daß ich dufte glaub ich gaum,
> ganz wie in seinem weißen Döppchen
> mei guder alter Gummibaum.»

Pantomime «Der Revuefilm» mit Rudolf Geiger

Der Lacherfolg war umwerfend. Geiger als Karl Valentin und Helma Geiger als Liesl Karlstadt spielten das «Theaterbillet». Pantomimen, Parodien, selbst geschriebene Stücke kamen dazu. Geiger über sich selbst: «Zu einem meiner Glanzstücke gehörte Peter Roseggers steirischer Dialog zwischen Bergbauer und Bäuerin in ‹Da Regnschirm›.»[123] Zusammen mit dem Landwirt Hans Beidek (1901 –1988), dem Wiesnecker Kraftfahrer Eugen Scheel und Helma Geiger brachte Rudolf Geiger auch anspruchsvolle Stücke heraus wie Kleists «Zerbrochenen Krug», Raimunds «Barometermacher auf der Zauberinsel», seinen «Alpenkönig und Menschenfeind» und weitere

Pantomime »Der Kriminalfilm» mit Rudolf Geiger

Adolf Dittes und Helma Geiger in «Der Raub der Sabinerinnen», Aufführung am 22.2.1955

«Der zerbrochene Krug» von Heinrich von Kleist, Aufführung am 13.6.1956. Links Dorfrichter Adam (Dr. Buchrucker), rechts Gerichtsrat Walter (Dr. Reuter)

Christel Suchantke und Werner Priever beim Fasching

Friedrich Husemann mit Akkordeon auf dem Boden sitzend beim Fasching

«Faust I», Osternacht. Rudolf Geiger als Faust, Adolf Dittes als Wagner.
Aufführung von 1951

«Faust I», Osternacht. Rudolf Geiger als Faust, H.W. Leisegang als Wagner.
Aufführung von 1955

Stücke dieses bedeutenden Dramatikers aus Österreich. «Der Bürger als Edelmann» von Molière und Gogols «Revisor» sind weitere Beispiele. Wichtige Spieler waren die Krankenschwestern Hilda Husmann und Hedwig Vetter, Hans Werner Leisegang vom Labor und der Buchhalter Adolf Dittes. Sie werden später in dem Abschnitt «Der Kreis der Getreuen» noch ausführlicher gewürdigt. Auch die älteren Söhne Geigers, Gottfried und Johannes, spielten beim Theater mit. Solange Otto Wolff als Arzt in Wiesneck war, fehlte er bei keiner Theateraufführung als Mitwirkender. Als Geiger im Feld war, übernahm Friedrich Husemann die Rolle des Faust in der Ariel-Szene, auch Werner Priever gestaltete sie gelegentlich.

Solche Aufführungen waren Feste für die gesamte Gemeinschaft von Patienten und Mitarbeitern, es waren Kraftquellen und – ohne dass man es merkte, vielleicht aber auch leise ahnte – es waren Quellen der Selbsterkenntnis und der Menschenkunde. Der «Gummibaum» ruft ja deswegen schallendes Gelächter hervor, weil eine bestimmte Seite des Menschen, die in jedem von uns ist, herausgeschält, übertrieben und durch Komik ad absurdum geführt und damit geheilt wird. Jedem wirklichen Humor liegt Menschenerkenntnis zugrunde.

Rudolf Geiger hat eine Puppenbühne eingerichtet, mit der unter anderem «Doktor Faust» und «Die Entführung aus dem Serail» dargestellt worden sind. Später erfand er dann seine berühmt gewordenen farbigen Scherenschnitt-Transparente zu vielen Märchen, die natürlich alle in Wiesneck uraufgeführt und vielfach wiederholt worden sind. Dieser begabte Mann war gleichzeitig sehr bescheiden, er hat die Vorträge Friedrich Husemanns mitgeschrieben und anschließend – wie das bei Vortragsnachschriften grundsätzlich nötig ist – in flüssiges Deutsch gebracht. Von 1960 bis 1973 war er Geschäftsführer der Friedrich-Husemann-Klinik. 1982 erschien sein Standardwerk «Märchenkunde», das weit über anthroposophische Kreise hinaus bekannt geworden ist.

Zu den Höhepunkten des Jahreslaufes gehörten die Osternacht aus «Faust I», die Rudolf Geiger als Faust und Heinz-Werner Leisegang beziehungsweise Adolf Dittes als Wagner jahrzehntelang gestalteten. Ebenso die Freilichtaufführung der Ariel-Szene aus «Faust II», die Minnie Husemann zu Pfingsten herausbrachte. Zu Beginn setzte

«Faust II», Ariel-Szene, Freilichtaufführung
Werner Priever als Faust, Renate Knipping als Ariel, Aufführung ca. 1960.
«Faust» wurde in dieser Szene ansonsten von Rudolf Geiger gestaltet.
Im Hintergrund das Rondell

Friedrich
Doldinger
(1897–1973)
am Klavier

sich Friedrich Doldinger an den Flügel, der extra nach draußen auf die Terrasse geschoben worden war, und begann seine Improvisationen: volle Akkorde, oft 20 Minuten lang oder sogar eine halbe Stunde, es klang nach Richard Wagners Musik. Ariel selbst war meistens eine Eurythmistin oder Heileurythmistin, und der Reigen der Elfen wurde eurythmisch von Krankenschwestern und den Wiesnecker Kindern, insgesamt etwa 25, dargestellt. Den Abschluss bildete wieder die Improvisation Friedrich Doldingers.

Es war nicht immer leicht, solche Aufführungen neben dem Klinikalltag zu bewältigen, aber die künstlerische Begeisterung und der eiserne Wille Minnie Husemanns brachten sie jedes Jahr wieder zustande.

Jedes Jahr gab es alle drei Oberuferer Weihnachtsspiele, die Rudolf Geiger durch die Jahre hindurch als Adam, als Gottvater, als Joseph, Stichl und Witok, vor allem als Herodes, vereinzelt als roter, zuletzt vor allem als blauer König überzeugend verkörperte. Es ist interessant, wie Rudolf Geiger – der durch und durch ein Mann des Theaters war –, wie er nun Friedrich Husemann als Schauspieler des roten Königs erlebt hat:

«Ich schätze mich glücklich, Friedrich Husemann, zuletzt 1953, als roten König erlebt zu haben. Zwar war seine Führung der Königsgruppe in den Umgängen innerhalb des Spiels nicht immer präzise, aber wenn er vor der Opferung sprach:

‹Ich will mich um die Ehre gar nichts wenden,
In Gottes Namen geh ich vor
Und bring dem Kind ein neues Jahr›,

niederkniete und grüßte:

‹Gegrüßet seist du, kleines Kind,
Gegrüßet sei Gott, dass ich dich find›,

so war das nicht mehr Geste im Spiel, es war Handlung, die Opferung geschah.»[124]

Natürlich spielte auch die Musik eine tragende Rolle in Wiesneck. Dr. Johan Westra, der Assistenzarzt in Riedberg und Wiesneck,

Hochzeit in Wiesneck 1931 oder 1932. Die Braut ist Dorothea Volland, die jüngere Schwester Minnie Husemanns, der Bräutigam Dr. med. Johan Westra, der langjährige Mitarbeiter Friedrich Husemanns in Riedberg und Wiesneck. Hinter dem Brautpaar vermutlich jeweils die Mütter. Links stehend Minnie und Friedrich Husemann

spielte hervorragend Klavier und konnte darauf frei improvisieren. Zusammen mit Helma Geiger, die wunderbar Violine spielte und eine alte böhmische Meistergeige besaß, wurden Sonaten von Mozart, Beethoven, Haydn, Schubert und Max Bruch in vielen Konzertabenden aufgeführt. Helma Geiger, die in Wiesneck sieben Kinder zur Welt brachte, leitete später jahrzehntelang die Webstube der Klinik.

Die Klinik hatte einen Mitarbeiterchor, mit dem Helma Geiger unter anderem Passagen aus Haydns «Schöpfung», aus dem «Weihnachtsoratorium» von Bach und aus Mozarts «Requiem» aufführte. Der Chor ging an jedem Adventssonntag in der Frühe von Haus zu Haus und sang von Station zu Station für alle Patienten. Der Weihnachtsabend war eine große Bescherung, wo jedem etwas geschenkt wurde, nachdem Friedrich Husemann die Weihnachtsgeschichte gelesen hatte. Jeder Patient und jeder Mitarbeiter bekam zu seinem Geburtstag eine Kerze angezündet und ein Ständchen gesungen. Diese liebevolle Geste wiederholte sich durchschnittlich alle zwei bis drei Tage! Und wer für all dies ein Auge hatte, war Minnie Husemann. Sie hatte bis zu 16 Patenkinder in Wiesneck. Keiner der Geburtstage wurde je vergessen.

Und welchen Anteil hatte nun Friedrich Husemann daran, dass so viele Mitarbeiter ihr Leben der Klinik gewidmet haben? Er hatte eine freilassende Art. Ein Mann wie Geiger spürte: was ich hier mit den heiteren Abenden mache, wird nicht nur zugelassen oder geduldet, es wird gewollt und es dient auf seine Art dem therapeutischen Ganzen; der leitende Arzt kennt meinen Stellenwert im Ganzen und sieht ihn so wie ich selbst. Oder, um dasselbe Führungsproblem mit einem Erlebnis von Harald Hüttich zu beleuchten, der jahrzehntelang die plastische Therapie in Wiesneck geleitet hat. Der Anthroposoph und Mitbegründer der Christengemeinschaft Gottfried Husemann (1900–1972), Friedrichs jüngerer Bruder, war oft in Wiesneck und erfuhr davon, dass Hüttich die Kapitälmotive des ersten Goetheanum mit den Patienten plastizierte. Gottfried Husemann fand das falsch und verbot es geradezu dem ganz verschüchterten Künstler. Friedrich Husemann hörte davon, sagte nicht viel, aber nach einiger Zeit sprach er dann die Worte, die Hüttich sein Leben lang nicht vergessen hat: *«Im Übrigen machen Sie ruhig das, was Sie für richtig halten, und Sie brauchen sich nicht danach richten, was mein Bruder sagt.»*[125] Solche Erlebnisse der freilassenden Führungsstärke banden die Wiesnecker zu einer verschworenen Gemeinschaft zusammen.

Geiger und seine Kumpanei – um es mit den Worten der Oberuferer Weihnachtsspiele zu sagen – vertraten gewissermaßen das dionysische Element der Heiterkeit und des Humors. Aber es gab auch noch ein apollinisches, gleichsam himmlisches Pendant dazu. Dieses wurde von Dr. Friedrich Doldinger (1897–1973), dem Mitbegründer der Christengemeinschaft und für Wiesneck zuständigen Pfarrer, vertreten. Ihn verband eine Lebensfreundschaft mit dem Gründer und seiner Frau. Wie Geiger war er eine Künstlernatur. Zu dieser oder jener Gelegenheit verfasste er Gedichte an Friedrich Husemann, die vielleicht mehr von dem großartigen Geist dieser therapeutischen Provinz verraten als viele Beschreibungen:

«Dr. med. Friedlich» [ironisches Pseudonym für Dr. Doldinger] widmete Herrn Dr. med. Friedrich Husemann zum Geburtstag Galgenrezepte ‹für Seelenärzte mit der Absicht heilen zu wollen und zwar nach der Signatur der den Leiden korrespondierenden Reime›.

Friedrich Doldinger (1897–1973)

Beispiele:

‹Gegen Weh
wegen Bosheit der Collegen:
sich im tiefen Schnee
unter eine Tanne legen,
Welt betrachten wie ein Reh!
Gegen Drang ewig zu beraten:
energischen Drachen heiraten.
Gegen grundlose Eifersucht:
Ragaz: Sich versenken lassen in Taminaschlucht
oder heißes Bad mit kaltem Tusch.
Wenn Krankheit
eintritt, sich sofort
verkriechen hinter einen Busch
und kräftig in Ast und Holz beißen.
Nachkur: Einen Kartoffelsack mit den Zähnen zerreißen›[126]

Doldinger hielt jahrzehntelang jeden Donnerstag einen Vortrag in Wiesneck. Jede seiner Dichtungen war hier erstmals aus seinem

Munde zu hören. Viele seiner Dramen und Musikstücke wurden in Wiesneck uraufgeführt. Mancher langjährige Mitarbeiter und manche leitende Krankenschwester fühlte sich geistig mit Friedrich Doldinger fast mehr verbunden als mit Friedrich oder Minnie Husemann. Seine Art und Weise, sich im Vortrag zu äußern, war nicht immer allgemein verständlich, manchmal auch etwas befremdlich. Aber tief verehrt wurde er von allen. Seine Kompetenz als Priester stand außer jeder Frage. Noch Rudolf Steiner hatte ihn zum Amt eines Lenkers der Christengemeinschaft vorgeschlagen,[127] das er für die Region Baden sein Leben lang versah. Es war ein Nimbus des Außerordentlichen und des Bedeutenden um ihn, der jedem Respekt einflößte.

So haben das Ehepaar Husemann, Friedrich Doldinger und Rudolf Geiger jeder auf seine einzigartige Weise dazu beigetragen, dass eine vom Schicksal zusammengefügte Quadriga entstand, die wie selbstverständlich für die jahrzehntelange Harmonie und Schaffensbegeisterung in Wiesneck gesorgt hat. Da alle vier Individualitäten tief musikalisch, Doldinger musikalisch hochbegabt, gewesen sind, ist es vielleicht nicht unpassend, wie in einem wirklichen Streichquartett ihrer Stimme nachzulauschen: Friedrich Husemann, erste Geige, aber doch ein Primarius, der wohl weiß, dass er die anderen braucht; Minnie Husemann, zweite Geige, gerade durch ihr leises Zurücktreten bedeutend und wirksam; Friedrich Doldinger, Viola, man möchte sagen, einerseits ebenso im Hintergrund, aber andererseits für den Wohlklang des Ganzen umso wichtiger. Zuletzt Rudolf Geiger, der unermüdliche Chronist der alljährlichen Weihnachtsbriefe, der wie ein Basso continuo den Wiesnecker Jahresablauf, die besonderen Ereignisse, den Lebenslauf vieler Mitarbeiter, das Wachstum der Wiesnecker Gebäude und die Vorträge Husemanns und vieles mehr für unsere Erinnerung aufgezeichnet hat.

## Der Kreis der Getreuen

Wenn wir bei dem soeben skizzierten Bild des Streichquartettes bleiben wollen, dann waren die übrigen Mitarbeiter, die jahrzehntelang in Wiesneck ihre Arbeit verrichteten und die «Gemeinschaft im Hei-

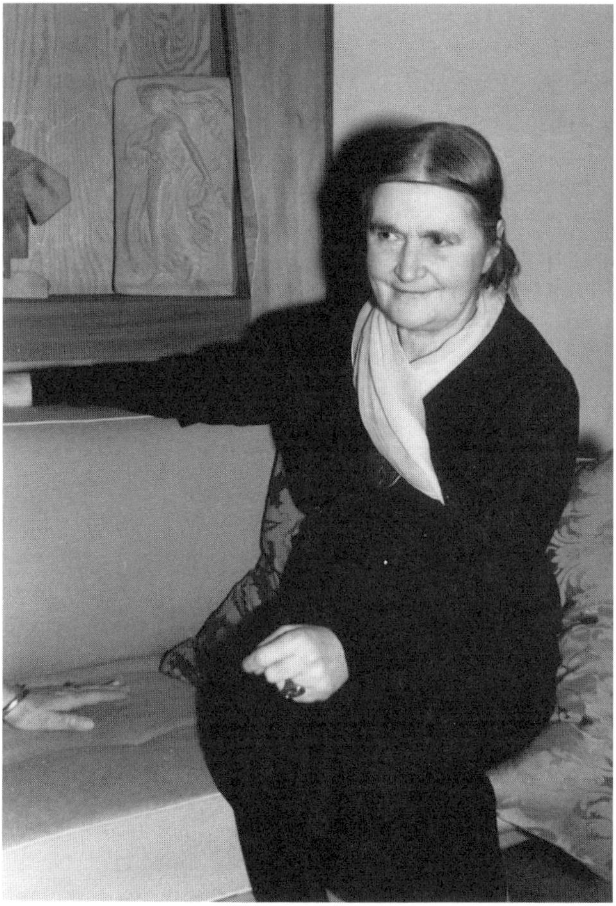

Minnie
Husemann
(1891–1966)

len» verwirklichten, gleichsam ein ganzes Orchester. Wir verdanken es einer Reihe von Nachrufen aus den Weihnachtsbriefen und vor allem der Urnenliste, dass wir uns auch heute noch ein Bild dieses Menschenkreises machen können. Die Urnenliste kam so zustande, dass die in der Kapelle aufbewahrten Urnen 1993 in den Buchenbacher Friedhof umgebettet wurden und Rudolf Geiger bei dieser Gelegenheit zu jedem Verstorbenen die Lebensdaten und einige charakterisierende Sätze aufzeichnete.

Da war, um mit der Basis zu beginnen, August Riedlinger (1895 –1968), den Geiger in seiner Liste so charakterisiert: «Über 30 Jahre Heizer in Wiesneck! Sorgfältig und treu. Verstand etwas von den Öfen/Koksheizung in drei Häusern. Dr. Husemann schätzte ihn.»[128] Und weiterhin Katharina Michaelis (1900–1991): «In gewisser Weise war sie ein Mittelpunkt des Hauses. Sie war nüchtern, geradeaus in praktischen Dingen, aber immer warmherzig, gütig. Sie hatte unzählige Freunde. – Leitete lange Jahre die Haupt-, später die obere Teeküche. Ihr mütterliches Wesen gab sie allen um sie herum, obgleich sie selbst keine Kinder hatte. In Kriegs- und Nachkriegszeit unermüdlich tätig, aus Wenigem etwas zu machen.»[129] Durch viele Jahre deren rechte Hand war Wally Pink (1902–1975), eine «Berlinerin mit Berliner Mundwerk».[130] Im Gegensatz dazu «unauffällig und bescheiden» die Diätköchin Franziska Schneider (1897–1962)[131].

Eine der längsten Mitarbeiterinnen überhaupt war Charlotte Richter (1893–1958), die schon 1925 in Riedberg mit Husemann zusammen anfing. Sie hatte 1924 noch Rudolf Steiner gehört. Sie «verehrte Dr. Husemann; tiefer noch mit Dr. Doldinger verbunden». Ihre Aufgabe war die Verwaltung, Patientenaufnahme und -entlassung, Gästebetreuung und Buchhaltung, die sie auch in schwierigen Zeiten (Umzug, Krieg, Nachkriegszeit, Währungsreform) meisterte.[132] In ihrem Umkreis wirkte Paula Bertha Braun (1891–1969), die 30 Jahre lang mit großer Exaktheit alle Patientenrechnungen schrieb. Sie war zunächst selbst als Patientin nach Wiesneck gekommen und wurde von den engeren Mitarbeitern stets «Bräunchen» genannt.[133] Dann waren da die Gärtnerinnen Mina Hering (1906–1971) und Lisa Noske (1913–1979),[134] mit denen Anne Goudschaal (1892–1965) zusammenwirkte. Letztere war vor allem für die Blumenrabatten zuständig und gab ausgezeichnete Botanikstunden für Patienten und Mitarbeiter.[135] Zwei Jahre vor ihrem Tod schrieb Lisa Noske den bemerkenswerten Satz, der hier für alle Garten- und Blumenmitarbeiter stehen mag: «Es ist etwas wie ein Schöpfungsgeheimnis, mit dem man als Gärtner leben und tätig sein darf.»[136]

Der goldene Kern aller Mitarbeiterinnen waren die Krankenschwestern, die gerade in einer psychiatrischen Klinik oft genug heroische Arbeit zu leisten hatten. Von der ersten leitenden Schwes-

Magda Seibels, Oberschwester in Riedberg, 1929

ter in Riedberg wissen wir durch eine Photounterschrift nichts weiter als ihren Namen: Magda Seibels. Umso dankbarer sind wir für das Photo selbst, das stellvertretend für alle anderen hier nicht abgebildeten Mitarbeiter genommen werden möge. Ebenfalls schon auf dem Riedberg dabei war die Krankenschwester Emilie Müller (1885 –1968), von der Rudolf Geiger bemerkt: «War die Freundin, die Charlotte Richter zur Anthroposophie und Christengemeinschaft brachte. Strenge Lebensauffassung. Geheime Dichterin. Doldinger-Verehrerin.»[137] Hedwig Vetter (1896–1980) war eine «gewissenhafte, ja penible Krankenschwester», die nach ihrer Pensionierung die Webstube mitleitete. Ihre besondere Passion war das Theaterspiel. Eine ihrer Glanzrollen war der Wirt Rufinus im Christgeburtsspiel, wo sie jedes Wort langsam und bedächtig einprägsam gestaltete. Rufinus als der erste der drei Wirte ist eine schwere Rolle, weil er die undankbare Aufgabe hat, die um Herberge Bittenden abzulehnen.[138] Hedwig Vetter wirkte von 1935 bis Anfang der 60er Jahre, also fast 30 Jahre als Krankenschwester in Wiesneck.

Es fällt geradezu auf, wie oft die Mitarbeiter in Wiesneck jene zum Saturn gehörende Zahl von 30 Arbeitsjahren erreicht haben. Bei der Ärztin Maria Uhlenhoff (1925–1985) war es geradezu klassisch: mit 30 Jahren begegnete sie Friedrich Husemann, weitere 30 Jahre arbeitete sie in Wiesneck, dann starb sie mit 60 Jahren. Rudolf Geiger über Maria Uhlenhoff: «Ärztin von hoher Spiritualität. Vermittelndes Wesen. Ein schwerer Verlust für Wiesneck ihr frühes Scheiden.»[139] Der Saturn gibt dem Leben den notwendigen Ernst. Ernste Menschen sind es gewesen, die um Friedrich Husemann als Mitarbeiter sich versammelt haben. Zum Ernst gehört auch die Treue, und die Treue der gemeinsamen Sache gegenüber haben alle gehalten. Andererseits war dann die selbstverständliche Kehrseite dieses Ernstes der Humor, der Sinn für Scherz und Satire, der jedem in Wiesneck wie in den Knochen saß, und der dann, wenn nur ein feiner Hauch davon sich verbreitete, sogar ansteckend war. Ein Beispiel für diese Ansteckung sind die langjährigen Wiesnecker Ärzte Otto Wolff und Rudolf Treichler. Wolff zelebrierte geradezu seinen Auftritt als «Wolf im Schafspelz» beim Fasching, ebenso Treichler sein Erscheinen als «Esel», womit er größte Lacherfolge erzielte.

Ein vielseitig begabter Mensch war Margarete Günther (1903–1976), die von 1941 bis 1953 als Krankenschwester in Wiesneck arbeitete. Vorher war sie als Heilpädagogin bei Franz Löffler in Gerswalde gewesen. Nach dem Ende ihrer Schwesterntätigkeit arbeitete sie mit Helma Geiger in der Webstube und baute aus eigener Initiative die Musiktherapie mit der Leier auf. Später forschte sie viele Jahre an den Chladni'schen Klangfiguren. Rudolf Geiger: «Therapeutin hohen Grades!»[140] Wichtige Krankenschwestern zu Husemanns Zeiten waren Hedwig Schulz (1894–1961)[141], Meta Dauler (1914–1990) und Hildegard Deutsch (1906–2003).[142] Schwester Hilda Husmann (1907–1995), deren Nachname fast gleichlautend mit Husemann war, wirkte von 1939 bis 1968 in Wiesneck, wobei sie von 1946 an leitende Oberschwester war. Sie stammte aus pietistischen Verhältnissen, man ging sonntags viermal zur Kirche, sie fühlte sich dadurch aber beengt. Eines Tages hörte sie in ihrer Verzweiflung den Ruf: «Du wirst Schwester werden.» Während ihrer Ausbildung zur Diakonissin traf sie eine Schulschwester, durch die sie mit der Anthroposophie und der Christengemeinschaft bekannt wurde. Friedrich Doldinger erzählte ihr von Wiesneck. In der Nazizeit half sie tatkräftig und aufopferungsvoll, dass ihre Patienten nicht verlegt werden mussten. Eine Verlegung bedeutete damals, dass man die Patienten der «Vernichtung lebensunwerten Lebens» preisgab.[143] Schwester Hildas Nachfolgerin war Christa Dittrich (geb. 1927), die ab 1954 als Schwester in Wiesneck arbeitete und 1968 die Pflegedienstleitung übernahm. Eine weitere tragende Schwester war Anni Schlegel (1915–2001), die 1951 als Ferienvertretung nach Wiesneck kam und dann 27 Jahre dort arbeitete. Als sie nach Wiesneck kam, hatte sie das Gefühl, sie komme nach Hause. Wann sie nur konnte, betätigte sie sich in der Eurythmie und empfand diese als eigentliche Kraftquelle. Wir verdanken Anni Schlegel einen Bericht über ihre Nachtwachen, die sie bei Friedrich Husemann während dessen Krankheitszeit geleistet hatte.[144]

Hildegard Schäfer (1888–1980) gehörte wieder auf ganz andere Weise zur Klinik. Jahrzehntelang gab sie jede Woche ihre «Schäferstündchen», wobei sie Klavierwerke vortrug und kurz über den Komponisten und das Stück etwas sagte. Bis in ihr 90. Lebensjahr spielte sie Klavier zu den Weihnachtsspielen und als Begleiterin zu den Eurythmiestunden. Sie war ursprünglich als Patientin in die Klinik gekommen.[145]

Einer der ersten Mitarbeiter Friedrich Husemanns war Arno Döll (1898–1948), der Rudolf Steiner in Jena gehört hatte und als Dachdecker beim ersten Goetheanum mitarbeitete. Husemann holte ihn 1929 nach Wiesneck, wo er Hausmeister, Handwerker und Chauffeur war. Als begeisterter Theaterspieler war er für die bunten Abende und in vielen Rollen unersetzlich. Legendär wurde sein «Gummibaum», den wir schon gewürdigt haben. In der Nazizeit unterstützte er Husemanns subversive Tätigkeiten, wie wir im nächsten Kapitel noch hören werden.[146] Ein ebenso theaterbegeisterter Mitarbeiter

Dr. Carlo Frobenius (1897–1990) in späteren Jahren

war der Maschinenbau-Diplom-Ingenieur und Landwirt Hans Beidek (1901 – 1988), der den Maierhof biologisch-dynamisch bewirtschaftete.

Adolf Dittes (1904 – 1974) gehörte ebenfalls zu den schauspielbegabten Männern von Wiesneck. Von 1929 bis 1966 arbeitete er auf vielfältigste Weise als Krankenpfleger, Hausmeister, Kutscher, Bürosachbearbeiter und Buchhalter mit. R. Geiger: «Dr. Doldinger und Dr. Husemann tief verbunden.»[147]

Der Vierte im Bunde dieser Theatergruppe war der schauspielerisch hochbegabte Hans Werner Leisegang (1922–2004), der jahrzehntelang in der «Osternachtszene» den Wagner spielte. Sowohl im Paradeisspiel als auch im Dreikönigsspiel gestaltete er die Rolle des Teufels in hervorragender Weise. Beim Fasching waren seine Büttenreden, die er in originaler Mainzer Mundart vortrug, vielbeachtete Höhepunkte. Auch die Bühnenbeleuchtung und das Schminken beherrschte er. Als gelernter Zahntechniker arbeitete er anfangs in der Hausmeisterei und übernahm später das Labor.[148]

In diesem Zusammenhang soll auch an Harald Hüttich gedacht werden, der von 1955 bis 1996 in Wiesneck die Töpferei, das Malen und Plastizieren aufbaute und in täglichem Üben für die Patienten fruchtbar machte. Er war auch für die farbliche und künstlerische Gestaltung der Häuser verantwortlich und wirkte bei der Planung der späteren Neubauten entscheidend mit.

Wichtige Mitarbeiter waren die Maltherapeutin Melanie Stoye (1901–1997) und die Eurythmistin Sinaida Michailow (1895–1978).

Von den ärztlichen Mitarbeitern der frühen Jahre haben wir Johan Westra schon erwähnt. In diesem Zusammenhang muss Dr. Carlo

Frobenius (1897–1990) gewürdigt werden, der in den 30er Jahren lange Zeit bei Husemann arbeitete und später nach dem Krieg eine anthroposophische Praxis im Schwarzwald führte.

Der Heizer August Riedlinger, mit dem wir begannen, hatte die Aufgabe, die schwarze Kohle in den Ofen zu schieben, damit es überall gleichmäßig warm wurde. So wollen wir mit einer ebenso grundlegenden Klinikarbeit diesen Kreis schließen, nämlich mit der Wäscherei, wo es zuletzt um die Weißheit und Reinheit geht. Soweit uns bekannt ist, waren es Helene Döll (1901–1989), die Frau Arno Dölls, die ihr Leben lang die Leibwäsche der Patienten wusch,[149] und Käte Cinpek (1926–1997), die von 1957 bis 1993 das Waschen, Mangeln, Bügeln und Flicken besorgte. In dieser Zeit richtete Frau Cinpek auch die Waschküche im Anbau des Maierhofes ein. Maria Wohman schreibt: «Handfeste, tatkräftige, recht selbstbewusste, dabei gutmütige Mitarbeiterin.»[150]

Sicherlich müssten noch viel mehr der treuen und begabten Menschen von Wiesneck erwähnt werden. Aber es sei nun genug, man sieht schon das Schicksalsnetz, das hier geknüpft wurde und durch tägliche Arbeit wirksam geworden ist.

## Sparsamkeit und Bescheidenheit

Auf eine ganz andere Seite der Menschennatur geraten wir, wenn wir auf Friedrich Husemanns Bescheidenheit blicken. Seine Schwester Hedwig erzählte, dass in Wiesneck einmal eine Steuerprüfung durchgeführt wurde und der Beamte am Schluss bemerkte: noch nie habe er erlebt, dass der Chefarzt einer Privatklinik seinem Betrieb so wenig Geld entnommen habe, wie es hier der Fall gewesen ist.[151]

Dieselbe Sparsamkeit allerdings machte den Mitarbeitern gelegentlich schwer zu schaffen. Werner Priever musste neben seiner Tätigkeit als Oberarzt gleichzeitig nachmittags eine Kassenpraxis als niedergelassener Psychiater führen, weil sonst das Geld für seine große Familie nicht gereicht hätte. Ebenso ging es der wachsenden Familie Rudolf Geigers. Seine Frau machte eines Tages eine Palastrevolution: sie halte das Herumzirkeln mit den paar Mark und diesem ewigen Nirgends Hinreichen nicht mehr aus. Sie habe das Elend satt und werde jetzt gehen, wenn nicht heute noch eine Gehaltsaufbesserung zugesagt werde. Es war Sonntag. Geiger erreichte noch am gleichen Tag ein Gespräch mit Husemann. Der hörte erstaunt zu und verlangte eine Aufstellung, was die Familie Geiger brauche. Helma und Rudolf machten eine Liste, was sie und ihre sieben Kinder täglich, wöchentlich und monatlich verbrauchten. «Dabei kamen Schuhe, Kinderkleider oder gar Urlaub im Blick auf das jetzige Gehalt nur am Rande, ein neues Kleid für Helma oder ein neuer Anzug für mich schon gar nicht vor.»[152] Auf diese Weise – es war Anfang der 50er Jahre – kam eine Gehaltsaufbesserung um 100 DM zustande: von bisher 480 DM auf dann 580 DM pro Monat.

Zur selben Zeit herrschte überall schon die 48-Stunden-Woche. In Wiesneck sprach man nicht einmal davon. 60 Stunden Wochenarbeitszeit war völlig normal, und dass man sonntags um elf Uhr zu dem Vortrag anwesend war, das war selbstverständlich.

Geradezu weltfremd war die Art und Weise, wie Husemann meinte, das Rentenproblem lösen zu können. Den Mitarbeitern wurde ein Altersruhegeld versprochen, kalkuliert wurde es aber nie. Nach Husemanns Tod waren es dann gerade Geiger als Geschäftsführer und Priever als Chefarzt, die diese nicht berechneten Rentenversprechen auf den Boden der Wirklichkeit brachten und die gegebenen Zusagen den Betroffenen gegenüber auch weitgehend eingehalten haben.[153] Dabei kam ihnen zugute, dass die 60er, 70er und 80er Jahre für solche Unternehmen wie die Friedrich-Husemann-Klinik – wenigstens aus heutiger Sicht – wirtschaftlich goldene Zeiten waren. Auch muss man bedenken, dass viele Mitarbeiter in der Nachkriegszeit froh waren, überhaupt ein Dach über dem Kopf und täglich zu essen zu haben. Werner Priever berichtete, und man merkt, dass seine Worte den hier skizzierten Hintergründen abgerungen sind: «Die Verpflegung war nach dem Krieg und nach der Währungsreform vorzüglich, durch teilweise Eigenversorgung mit Milch, Obst und Gemüse aus dem Garten und der Landwirtschaft. Besonders gelobt seien die selbstgebackenen Kuchen und die hausgemachten Kompotte und Marmeladen.»[154]

Rudolf Geiger erzählt in seiner Autobiographie über die zurückhaltende Art und Weise, mit der Friedrich Husemann sich zu bedanken pflegte: «Hatte ich einen seiner Vorträge mitgeschrieben, den ich dann im Laufe der Woche ins Reine tippte, und legte ihm die in Umschläge geheftete Nachschrift in sieben gut lesbaren Exemplaren am Ende der Woche, Freitag oder Samstagmorgen, wenn er zum Diktat rief, auf den Tisch, sagte er leise, wie nebenbei: ‹Danke.› Das war es dann. Lob kam nur sparsam aus seinem Mund, aber er sah das Getane wohl und vergaß es nicht.»[155]

Der Sohn Andreas Geiger allerdings berichtet, wie Helma Geiger über dieselbe allzu sparsame Art des Dankens gelegentlich «vor Wut glühte».[156]

# VII Mutiges Bekenntnis – die Jahre 1933 bis 1945

Mehrere Impulse Friedrich Husemanns wurden durch Nullpunkte hindurchgeführt, um dann erst eigentlich sich zu entfalten. So war es mit seiner Vortragskunst, die so glanzvoll mit *«Das Ich als Arzt»* begann, später von Rudolf Steiner so deutlich kritisiert wurde, um schließlich in den Sonntagsstunden die Form zu finden, die dem Redner und seinen Zuhörern angemessen war. Bei diesen Stunden war es dann so, dass das Ich als Arzt wirksam wurde. – So war es zweitens bei seiner Auseinandersetzung mit Rudolf Steiner, wo er als Schüler von seinem Lehrer dorthin geführt worden war, wo der Geist für ihn alles Leben für Tod erklärte, wo er im Sinne der Mysterien die Hadesfahrt vollzog. Danach stand er als Verwandelter neu vor sich und konnte der Mittelpunkt einer heilenden Gemeinschaft werden. – So war es drittens für seine Klinik, die in den Jahren der nationalsozialistischen Herrschaft einer organisatorischen und menschlich-moralischen Prüfung unterzogen und durch den Bombenhagel auf Freiburg durch einen Nullpunkt geführt wurde. Als dann diese Schicksalsprüfungen bestanden waren, wurden Wiesneck und sein Gründer in den Jahren nach dem Kriege zu einer anthroposophischen Institution, die weit über ihren engeren Kreis hinaus bekannt und anerkannt wurde.

Versetzen wir uns also in das Jahr 1933. Anfangs gab es unter den anthroposophischen Ärzten eine Tendenz zur Organisation eines «Verbandes anthroposophischer Ärzte», der bereit war, sich über den «Reichsverband der Naturärzte» gleichschalten zu lassen. Am 10. Oktober 1933 schrieben Dr. Friedrich Husemann und Dr. R. Schubert einen entsprechenden Rundbrief an ihre Kollegen.[157] Das Unternehmen verlief aber im Sande. Man muss dazu wissen, dass sich anfangs viele Anthroposophen über das Maß an Intoleranz, dem sie in Kürze selbst zum Opfer fallen würden, gar nicht im Klaren waren.

Die Anthroposophie selbst, die ab 1935 verboten war, hat Husemann nie verleugnet. 1935, 1938 und 1941 veröffentlichte er die drei Bücher *«Goethe und die Heilkunst»*, *«Vom Sinn und Bild des Todes»* und *«Das Bild des Menschen als Grundlage der Heilkunst, Band 1»*, die sich alle drei eindeutig auf Rudolf Steiner beziehen. Sie wurden dann auch später konfisziert und eingestampft.[158] In den jährlichen Weihnachtsbriefen der Klinik wird Rudolf Steiner bis 1944 zitiert.

Aus dem therapeutischen Konzept, das im vorigen Kapitel skizziert worden ist, ergibt sich unmittelbar, warum es für Friedrich Husemann unmöglich war, psychiatrisch erkrankte Menschen als «lebensunwertes Leben» zu betrachten oder gar zu ihrer Vernichtung beizutragen, wie dies während der nationalsozialistischen Herrschaft systematisch ins Werk gesetzt wurde. Als Friedrich Husemann von diesen Bestrebungen hörte, nahm er Kontakt mit Otto Palmer auf, er korrespondierte auch mit Friedrich von Bodelschwingh, der damals die evangelische Behinderteneinrichtung in Bethel leitete, und sann über Mittel und Wege nach, um seine Kranken zu retten.

Zunächst wurde der zuständige Gauleiter in Kirchzarten mit Geld bestochen, was lange Zeit gut wirkte, sodass keine Kontrollen durchgeführt wurden.[159] Eine Durchsuchung der Klinik verlief glimpflich, Friedrich Husemann war nicht da, Minnie Husemann war zu Hause und verwies auf ihre amerikanische Herkunft.[160] Später wurde Husemann von befreundeter Seite vor Kontrollen jeweils gewarnt, sodass er die Patienten entsprechend verbergen konnte. Sie wurden während der Durchsuchung für kurze Zeit entlassen oder bei den Bauern samt Pflegerin oder Pfleger in der Umgebung oder sogar im Wald versteckt. Vor den angekündigten Kontrollbesuchen änderten Husemann und seine Ärzte in der Nacht die Diagnosen und schrieben die Krankengeschichten um, damit der «Tatbestand» des «lebensunwerten Lebens» nicht gegeben war.[161] Auf diese Weise gelang es dem Klinikleiter, dass kein einziger seiner Patienten von den Nazis ermordet worden ist. Friedrich Husemann war immer stolz auf diese Rettung.

Die Krankenschwester Hilda Husmann (1907–1995) war ab 1939 in der kritischen Zeit auf der Frauen-Wachabteilung tätig. Sie berichtete

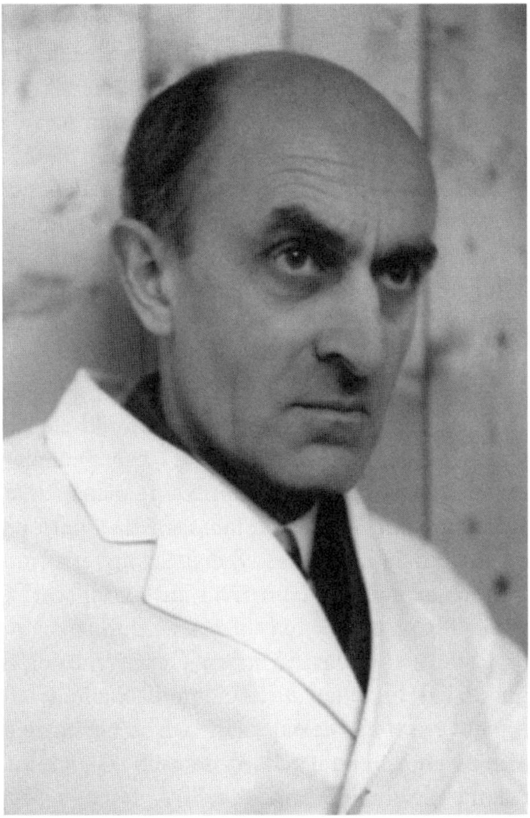

Friedrich Husemann, 1939, während seines verdeckten Widerstandes gegen das nationalsozialistische Prinzip der Vernichtung «lebensunwerten Lebens»

später: «‹In der Verbots-Kriegszeit› hatten wir (in der Frauen-Wachabteilung) eine überfüllte Station: 14 und 15 Patienten, sehr kranke. Es gab Patienten, die wir Schwestern fast nicht mehr verkrafteten – noch ohne Psychopharmaka! Dr. Husemann sagte uns: *Ja, wenn Sie es nicht mehr schaffen mit ihnen, müssen wir sie weggeben, das ist aber ein Todesurteil.* Wir haben nie jemand weggegeben. Es wurde auch niemand als ‹geisteskrank› bezeichnet von Dr. Husemann. Die Ärzte und wir Schwestern und Pfleger waren uns einig.»[162]

Professor Werner Leibbrand (1896–1974)[163] war einer der wenigen Ärzte, die während des 3. Reiches Widerstand geleistet haben[164]. Er protestierte gegen die Diskriminierung jüdischer Ärzte in Berlin und musste deswegen später untertauchen. Bei ihm schrieb Godhard Husemann, der Neffe Friedrich Husemanns, in den 60er Jahren eine Doktorarbeit über den anthroposophischen Heilpädagogen und Arzt Karl König.[165] Werner Leibbrand erzählte seinem Doktoranden, dass er in der Nazizeit, als er eine psychiatrische Praxis am Gesundheitsamt in Berlin führte, seine Patienten nach Wiesneck überwiesen habe, um sie zu retten. Friedrich Husemanns Verhalten war in der Widerstandsszene also wohlbekannt.

Dennoch war es so, dass man sich äußerlich anpassen musste. Die Radio-Reden Hitlers mussten von der Klinikbelegschaft angehört, das Horst-Wessel-Lied anschließend gesungen werden. Eine Hakenkreuzfahne musste zu sehen sein. Ohne diese Zugeständnisse hätte eine Institution wie Wiesneck damals nicht überleben können. Das Krankenhaus hatte aber eine eigene Stromversorgung, für die der langjährige Hausmeister Arno Döll zuständig war. Er brachte es immer wieder fertig, dass kurz vor oder ziemlich bald nach dem Beginn einer Rede aus «unerklärlichen Gründen» der Strom ausfiel. Dann ging die Belegschaft unverrichteter Sache wieder auseinander.[166] Niemand beschwerte sich über dieses Versagen gerade zur rechten Zeit, am wenigsten der Klinikchef selber. Und entsprechend war es bei vielen andern Gelegenheiten.

1938 errichtete Friedrich Husemann ein Symbol seines Widerstandes, das für jeden, der es wissen wollte, sehr deutlich war. Das kam folgendermaßen zustande. Die Anthroposophische Gesellschaft wurde 1935 verboten. Das Haus der Anthroposophischen Gesellschaft in Stuttgart in der Landhausstraße wurde von den Nazis konfisziert und für ihre Zwecke umgebaut. Die im Kellergeschoss befindlichen zweimal sieben Säulen eines künstlerisch gestalteten Raumes wurden herausgerissen und sollten als Bauschutt abtransportiert werden.[167] Friedrich Husemann kaufte die Säulen und ließ sie nach Wiesneck bringen. Sie wurden dort in der Form einer Pergola als Rondell im Freien aufgestellt. Im Weihnachtsbrief 1938 berichtete Husemann ganz unbefangen von ihrer Aufrichtung im Wiesnecker Park.

Rondell mit 2 x 7 Säulen, deren Kapitäle in künstlerischer Entwicklung die Anthroposophie vor Augen stellen. 1938 errichtet als mutiges Wahrbild gegen den Ungeist der damaligen Zeit, der die Anthroposophische Gesellschaft 1935 verboten hatte

Das Rondell in seiner Beziehung zum Haupthaus

Die sieben Säulen mit ihren Kapitälmetamorphosen sprechen den Baugedanken des Goetheanum aus. Schon 1907 in München und später in Malsch, waren sie zu sehen gewesen.[168] Mit ihnen sprach Anthroposophie als Sinnenform zu den Augen der Menschen, wie sie als Weltanschauung zu den Gedanken der Menschen spricht. Man kann es vom künstlerischen Standpunkt bedauern, dass die Säulen dort im Park ohne den entsprechenden Raum stehen. Aber im zeitgeschichtlichen Kontext des Jahres 1938 sind sie in ihrer Hüllenlosigkeit ein großartiges Zeichen gegen den Ungeist der damaligen Zeit. Wenn nur irgendein Nazi einmal ernsthaft durchdacht hätte, was mit diesen Säulen dastand, hätte er sie sofort verbieten und zerstören müssen. Sie wurden nicht verboten und nicht zerstört, sie standen da und wirkten stumm. Rudolf Geiger und Friedrich Doldinger empfanden sie wie einen guten Geist, der in den damaligen Jahren Wiesneck gerettet hat. Durch Minnie Husemanns Initiative wurde jedes Jahr zu Pfingsten vor diesen Säulen die Ariel-Szene aus Goethes «Faust II» aufgeführt.

1939, einen Tag vor Beginn des Zweiten Weltkrieges, war sich Husemann des Ernstes der Stunde voll bewusst. In wacher Zeitgenossenschaft formulierte er ein Gebet, das den Schöpfergott besingt. Wiederum war ein Moment seines Lebens gekommen, wo ein Spruch entstand.

*«Der Du die Sonne, den Mond und die Sterne geschaffen*
*hast und sie in ihrer Bahn führst,*
*Der Du die Erde mit ihren Bergen, ihren Tälern und*
*fruchtbaren Ebenen geschaffen hast und das Meer,*
*damit die Erde Leben habe,*
*Der Du die Pflanzen ergrünen lässt und die Tiere*
*mit Deiner Weisheit umhüllst, damit sie Wohnung finden*
*und Nahrung auf der Erde,*
*Der Du den Menschen geschaffen hast und ihn begabt hast*
*mit den Kräften der Erde und des Himmels,*
*Du hast auch mich geschaffen und mich begabt mit den Kräften*
*der Erde und des Himmels,*
*Du hast mir das Licht des Ich gegeben, damit ich mich erkenne*
*als Abgesandter Gottes auf der Erde,*

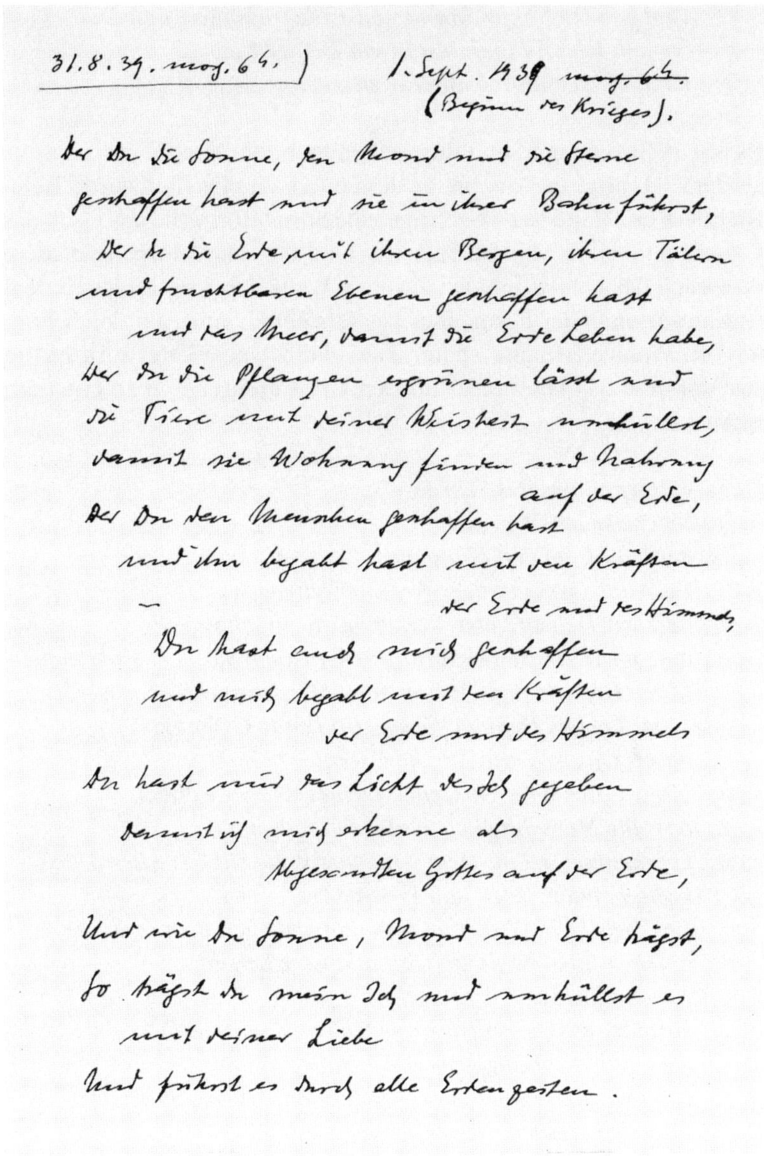

31.8.39. morg. 6 h.)

1. Sept. 1939 ~~morg. 6 h.~~
(Beginn des Krieges).

Der Du die Sonne, den Mond und die Sterne
geschaffen hast und sie in ihrer Bahn führst,
Der Du die Erde mit ihren Bergen, ihren Tälern
und fruchtbaren Ebenen geschaffen hast
und das Meer, damit die Erde Leben habe,
Der Du die Pflanzen ergrünen lässt und
die Tiere mit deiner Weisheit umhüllst,
damit sie Wohnung finden und Nahrung
auf der Erde,
Der Du den Menschen geschaffen hast
und ihn begabt hast mit den Kräften
der Erde und des Himmels,
Du hast auch mich geschaffen
und mich begabt mit den Kräften
der Erde und des Himmels
Du hast mir das Licht des Ich gegeben
damit ich mich erkenne als
Abgesandten Gottes auf der Erde,
Und wie Du Sonne, Mond und Erde trägst,
So trägst Du mein Ich und umhüllst es
mit deiner Liebe
Und führst es durch alle Erdenzeiten.

Faksimile des Spruches vom 31.8.1939

*Und wie Du Sonne, Mond und Erde trägst, so trägst Du*
*mein Ich und umhüllst es mit Deiner Liebe*
*Und führst es durch alle Erdenzeiten.»*

Es war 1910 auf einer Sennhütte gegenüber dem Montblanc gewesen, als der 23-Jährige im Anschauen des Feuers zum Dichter wurde. Beim Richtfest 1929 fand der 42-Jährige eine Spruchform, die das Feste des Hauses und seine Mauern segnete. Und jetzt am Morgen vor dem Ausbruch des katastrophalen Zweiten Weltkrieges entrang sich dem Erschütterten in der Form eines Psalters ein Hymnus auf den Schöpfergott. Wenige Monate später kam dann eine vierte Spruchform zustande, die das Vaterunser für den Geist unserer Zeit zu erneuern versuchte:

*«Urgrund unseres Seines,*
*Vater der Ich-Menschen,*
*der Du bist in den Himmeln!*
*Lass uns Dein geistiges Wesen erkennen,*
*dass wir Deinen Vater-Namen nicht entheiligen,*
*indem wir unseren Ursprung in dem toten Stoff der Erde suchen.*
*Möge Dein geistiges Wesen allen Menschen offenbar werden!*
*Möge die aus Deinem Wesen strömende Ordnung*
*unser ganzes Wesen durchdringen!*
*Möge unser Wille Ausdruck Deines Willens werden,*
*dass die Menschheit ihr Erdenziel erreiche!*
*Gnadenvoll strömt Dein göttlicher Wille zur Erde hernieder,*
*Gras, Kräuter, Korn und Früchte erzeugend.*
*Lass uns Dein Wirken in unserem täglichen Brote erkennen,*
*und lass nicht verderben durch unsere Schuld,*
*was die Erde hervorbringt!*
*Hilf uns, dass wir nicht vergelten wollen denen,*
*die an uns schuldig geworden sind.*
*Lass die Menschheit nicht wiederum der Versuchung der*
*Materie verfallen,*
*und hilf uns, dass wir das Böse in unserem Wesen*
*überwinden.»*[169]

Mit diesen vier Sprüchen, die in gewisser Weise sein wissenschaftliches Werk über Erde, Wasser, Luft und Wärme als Dichtung wiedergeben, hat er die sozialen und menschheitlichen Ideale, um die er eine Gemeinschaft bilden wollte, umrissen.

Während des Krieges und in der Nachkriegszeit wurde Wiesneck für manchen eine Oase oder sogar eine Rettung. Die Schwägerin Maria Husemann ging 1943 mit ihrer Tochter für einige Monate dorthin, um ihr zweites Kind zu bekommen, weil es in Stuttgart zu gefährlich geworden war. Der schwerkranke Otto Palmer wurde 1944 von Husemann zu sich geholt, um in Ruhe behandelt und gepflegt werden zu können; er starb am 8. Februar 1945 in Buchenbach. Nach dem Krieg fanden sich immer wieder alleinerziehende oder verwitwete Mütter mit ihren Kindern, halbwaise oder vollwaise Kinder oder auch ein Neffe aus der geschiedenen Ehe eines Bruders dort ein. Sie verbrachten unter den wohlwollenden Augen Minnie Husemanns, die ein gutes Herz für Kinder hatte, wichtige Jahre. Spielkameraden waren durch Geigers, Prievers, Dölls und Beideks Kinder genügend da. Das Gelände wurde öfters von ganzen Schwärmen von Kindern durchzogen, was mit dazu beitrug, die einzigartige Atmosphäre dieses Ortes zu prägen. Man fühlte sich manchmal an Goethes «Wilhelm Meister» erinnert, wo Ernst und Theater, Ideal und halbgestrandete Existenzen eine so unvergleichliche Mischung zustande brachten. Hier in Wiesneck allerdings war diese Mischung natürlich keine Dichtung, sondern durch die Opferbereitschaft vieler sehr lebenstüchtiger Menschen stand sie auf dem Boden der Wirklichkeit. Entsprechend oft wurde das Wort von der «therapeutischen Provinz», die an Wilhelm Meisters «pädagogische Provinz» erinnerte, gebraucht. Eine solche Provinz im besten Sinne ist das Krankenhaus und sein Umfeld auch von Beginn an gewesen, und während des Krieges konnte Husemann diese Provinz sogar weitgehend erhalten.

Im November 1944 wurde Freiburg zerbombt. Der vorliegende Evakuierungsplan sah vor, dass die Medizinische Universitätsklinik Freiburg das Sanatorium Wiesneck bezog, sodass Friedrich Husemann seine eigenen Patienten unter dramatischen Umständen schnellstmöglich verlegen oder entlassen musste. Die noble Gastfreundschaft, mit der Husemann die Kolleginnen und Kollegen der Medizinischen

Klinik behandelte, führte zu freundschaftlichen Beziehungen mit dieser Klinik, die später über Jahrzehnte hin in vielen Konsilien ihren Ausdruck fand. Als Friedrich Husemann 1959 selbst schwer krank darniederlag, kam der berühmte Nierenspezialist und Ordinarius für Innere Medizin Professor Hans Sarre aus Freiburg persönlich an sein Krankenbett und beriet die behandelnden Ärzte. In dieser Geste drückte sich etwas von dem Dank der Medizinischen Klinik an Friedrich Husemann aus.

Der Gründer selbst blieb im November 1944, als sein Lebenswerk ihm genommen wurde, unerschütterlich. Mit bewunderungswürdiger Ruhe harrte er auf seinem Posten aus und schrieb den Weihnachtsbrief 1944, der ein wichtiges Dokument seines Charakters ist, wenn man die Umstände bedenkt, unter denen er zustande kam. Wir bringen ihn im Anhang auf den Seiten 193ff. Der Leser kann ihn vergleichen mit dem 25 Jahre vorher geschriebenen berühmten und oft zitierten Brief *«An die Freunde des Sanatoriums Riedberg»*. Hier die Entfaltung und Ausbreitung, Zukunftshoffnung und Gründerfreude, dort das Zusammenziehen, die Winterruhe, die Besinnung auf die Grundsteinmeditation, die Rudolf Steiner 1923 bei der Weihnachtstagung zur Neubegründung der Anthroposophischen Gesellschaft gegeben hatte. Man merkt es diesem bewusst vollzogenen Samenprozess an: hier wird Kraft geschöpft für ein umso stärkeres Wachsen und Gedeihen, was dann in den nächsten Jahrzehnten auch wirklich sich ereignete und weit über Friedrich Husemanns eigene Lebensspanne hinaus reichte.

Friedrich Husemann, 1943, 56 Jahre alt

# VIII Erneuter Aufbruch und letzte Jahre

Goethe bemerkte einmal, die bedeutendste Epoche eines Individuums sei die der Entwicklung, deswegen habe er seine Autobiographie «Dichtung und Wahrheit» mit dem 27. Lebensjahr, mit seinem Eintritt in Weimar abgeschlossen: «Später beginnt der Konflikt mit der Welt, und dieser hat nur insofern Interesse, als etwas dabei herauskommt.»[170] In Friedrich Husemanns Biographie haben wir längst die Zeiten erreicht, wo es nur noch darum ging, «was herauskam». Weil aber viele seiner Initiativen auch über seine eigene Lebenszeit hinaus gewachsen sind, soll auch darüber noch einiges berichtet werden.

## Die Jahre 1945 bis 1958

Die Nachkriegszeit bescherte der Klinikgemeinschaft eine zweite Pionierphase insofern, als damals in Deutschland jeder und alles von vorne anfing. Das Glücksgefühl, die schrecklichen Jahre überstanden zu haben und wieder in Freiheit arbeiten zu dürfen, beflügelte die Menschen. Da man froh war, mit dem Leben davongekommen zu sein, waren die Ansprüche bescheiden. Die Anthroposophie, deren Ausübung verboten gewesen war, sorgte jetzt im Gegenzug für einen idealistischen Aufschwung, der bis etwa zur Studentenrevolution von 1968 reichte, dann kamen auch in der anthroposophischen Entwicklung andere Zeiten.

Die Medizinische Universitätsklinik, die im November 1944 notfallmäßig in Wiesneck einquartiert worden war, zog im August 1945 wieder aus, die Häuser wurden so gut es ging renoviert und die eigene Klinik so schnell wie möglich wieder eröffnet. Ab jetzt war das Haus immer voll belegt, was in den Jahren vor und während des Krieges nicht immer der Fall gewesen war. Durch die eigene Landwirtschaft und den eigenen Garten waren die Hungerjahre bis 1948 nicht ganz so schlimm wie in den großen Städten. Man fuhr mit dem Pferdefuhrwerk auf den Markt nach Freiburg, um die Verpflegung einzukaufen, ein Auto zu diesem Zweck, wie es früher da gewesen war, gab es nicht.

Noch größer als der leibliche und materielle Hunger war damals allerdings der geistige. Man hält es kaum für möglich in dieser Zeit des Zusammenbruches des öffentlichen Lebens, aber wir wissen es durch einen Brief Husemanns vom 1.6.1945, dass zu Ostern 1945 die Osternacht aus «Faust I» und zu Pfingsten 1945 die Ariel-Szene aus «Faust II» aufgeführt worden sind.[171] Trotz aller äußeren Not sollte ein Zeichen für den Seelenaufstieg des inneren Menschen gesetzt werden.

Im Januar 1946 begann die öffentliche Tätigkeit der Anthroposophischen Gesellschaft, Freiburg, mit Vorträgen von Friedrich Husemann über *«Anthroposophie als Forderung der Gegenwart»* mit Themen über das Problem des Todes, das Wesen der Individualität, über den Sinn des Lebens, über Schicksal und Wiederverkörperung. Wegen des großen Andranges mussten fünf der sechs Vorträge wiederholt werden. Im März 1947 sprach Friedrich Husemann im Auditorium maximum der Universität Freiburg über *«Anthroposophie und Philosophie» – «Anthroposophie und Religion» – «Anthroposophie und Lebensgestaltung»*. Im Mai und Juni desselben Jahres unternahm er eine Vortragsreise, wobei er in Heidelberg, Mannheim, Marburg, Göttingen und Frankfurt über die Wiederverkörperung und andere Themen sprach.[172] Dann kam in Fellbach bei Stuttgart die große Pfingstjugendtagung, wo Husemann am Sonntag über *«Den Weg des modernen Menschen zum Geist»* sprach.[173] 1500 bis 2000 meist junge Menschen, die von den Schrecken des Krieges noch gezeichnet waren, trafen sich im Rahmen der Anthroposophischen Hochschulwochen, um in begeisterter Stimmung die Freiheitsluft der Anthroposophie einzuatmen. Emil Bock, Herbert Hahn, Erich Schwebsch, Walther Bühler, Ernst Weißert, Karl Schubert, Gottfried Husemann – damals

47-jährig – und Gisbert Husemann – damals 40-jährig – und andere wirkten zusammen und führten in diesem einzigartigen historischen Moment zu einer solchen spirituellen Erhebung der Seelen, dass der nüchterne Friedrich Husemann – damals genau 60 Jahre alt – zum Abschluss der Tagung jene Worte aus der «Campagne in Frankreich» sagen konnte, die jedem aus dem Herzen gesprochen waren und vielen ihr ganzes weiteres Leben nachgeklungen haben: «Von hier und heute geht eine neue Epoche der Weltgeschichte aus, und ihr könnt sagen, ihr seid dabei gewesen.»[174] Diese Tagungen, die dann in den nächsten Jahren noch einige Male wiederholt wurden, sind in der Erinnerung vieler zur Legende geworden, sie haben die nächste Generation von Anthroposophen in Deutschland geprägt.

Es ergab sich von selbst, dass Friedrich Husemann in der Anthroposophischen Gesellschaft und in der sich bildenden Arbeitsgemeinschaft Anthroposophischer Ärzte in Deutschland eine führende Rolle übernahm.[175] Ein besonderer Organisator oder gar Stratege war er in diesen Bereichen aber nicht, sein Schwerpunkt blieben die Klinik, seine Vorträge, Aufsätze und Bücher. Schon 1935, nachdem Ita Wegman aus dem Vorstand ausgeschlossen und als Leiterin der Medizinischen Sektion abgesetzt worden war, wurden Friedrich Husemann, Hans W. Zbinden, Richard Schubert und Walter Bopp zur Leitung der Medizinischen Sektion berufen. Diese Leitung, die nominell bis 1955 bestand, funktionierte aber nie, wie die Beteiligten selber sagten. Ohnehin war – was Walter Bopp und Friedrich Husemann betraf – wegen des Nationalsozialismus ein internationales Wirken von Deutschland aus nicht möglich.

Nach dem Krieg gestaltete Friedrich Husemann zwar einige Ärztetagungen am Goetheanum, bei denen auch Karl König und Willem Zeylmans van Emmichoven mitwirkten. Die Dinge entwickelten sich aber ganz von selber so, dass Gleichgesinnte sich zusammenfanden. Die Ärzte um Hans W. Zbinden, die in Treue zu Marie Steiner standen, machten in der Rudolf Steiner Halde ihre eigenen Tagungen, die dann unter der Leitung von Kaspar Appenzeller ein hohes Niveau erreichten und mittlerweile längst die anthroposophische Ärztearbeit der ganzen Schweiz repräsentieren. Herbert Sieweke war ganz davon durchdrungen, dass einzig und allein vom Goetheanum aus die

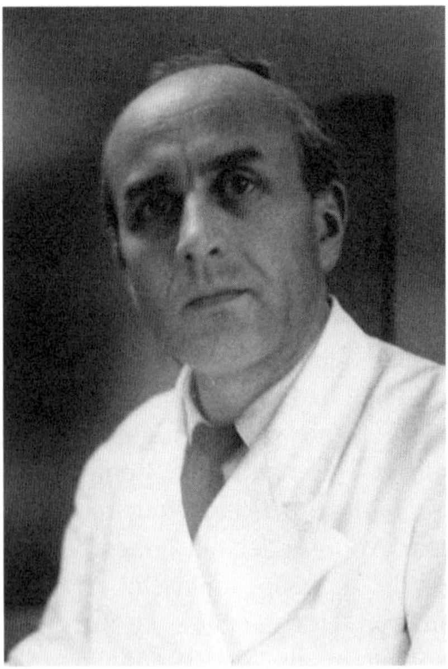

Die drei Brüder um 1947
während der Stuttgarter
Hochschulwochen,
Friedrich, 1887–1959 (o.l.)
Gottfried, 1900–1972 (o.)
Gisbert, 1907–1997 (l.)

anthroposophische Medizin gepflegt werden kann, wie er in einem langen Brief Ende der 40er Jahre[176] an Friedrich Husemann schrieb. Er führte ebenso treu wie erfolgreich jahrzehntelang seine Studenten- und Ärztearbeit durch, aus der viele hervorragende anthroposophische Ärzte hervorgegangen sind. Sieweke fühlte sich besonders mit Albert Steffen, dem damaligen Vorsitzenden der Allgemeinen Anthroposophischen Gesellschaft, verbunden.

Die Mehrzahl der Ärzte allerdings wollten mit der Parteilichkeit, in die man bei diesen beiden Gruppen nur allzu leicht hineingezogen wurde, nichts zu tun haben. Eberhard Schickler führte von Stuttgart aus die Arbeitsgemeinschaft und spätere «Gesellschaft anthroposophischer Ärzte» zu einer in ihrer Art einmaligen Blüte, die auch nur durch die damaligen Umstände möglich war. Am Goetheanum herrschte der zweite Vorstandskonflikt zwischen Albert Steffen und Marie Steiner. Friedrich Husemann, der mit Guenther Wachsmuth in einem freundschaftlichen Arbeitskontakt stand und zu Albert Steffen verehrungsvoll aufblickte, hatte mehrmals zu vermitteln versucht und dafür plädiert, die von Marie Steiner gegründete Nachlassverwaltung anzuerkennen.[177] Diese Versuche blieben ohne Erfolg, wie im Übrigen auch die Versuche vieler anderer. Insofern war am Goetheanum kein Platz, um dort mitzuarbeiten. Das von Ita Wegman gegründete Klinisch-Therapeutische Institut in Arlesheim arbeitete tapfer weiter, es war der Treffpunkt derer, die beim ersten Vorstandskonflikt 1935 verstoßen worden waren. Man versuchte, den zweiten Konflikt irgendwie zu überleben, verständlicherweise gewann man aber zunächst keine nach außen strahlende Kraft. Da war es dann Karl König, der den Stuttgarter Ärzten den Rat gab: «Ihr müsst in einen Konvikt gehen.»* Eberhard Schickler, der mit Karl König eng befreundet war und in regem Briefwechsel alle Probleme mit ihm besprach, wählte dann als Tagungsort – und darum ging es erst einmal als dem Allerwichtigsten – die Comburg bei Schwäbisch Hall, etwa 80 Kilometer von Stuttgart entfernt, eine wirkliche Burg, zu der man aus der Ebene kommend heraufsteigen musste und wo man dann

* Konvikt: das in der Regel von der Kirche unterhaltene Wohnheim für Theologiestudenten.

zusammen lebte. Anfangs 14(!) Tage, später 8 Tage dauerte eine Tagung, und man traf sich zweimal im Jahr. Diese Intensität war nur möglich, weil vorher dergleichen jahrelang verboten gewesen war. Unter reger Beteiligung der Kolleginnen und Kollegen aus Holland, Österreich, der Schweiz, England und den skandinavischen Ländern fanden Arbeitstreffen statt, die wegen ihrer Pionierstimmung zu regelrechten Festestagen gerieten. Norbert Glas, Karl König, Bernard Lievegood, Else Sittel, Georg Unger, Paul von der Heide, Dietrich Boie, Alexander Rust, Werner Kaelin, Ernst Lehrs, Gerhard Suchantke, Hans Krüger, Theodor Schwenk, Simeon Pressel, Gerhard Kienle, Dieter Lauenstein, Julius Knierim, Hanno Matthiolius, Ernst Marti, Lili Kolisko, Walter Bopp, Kurt Magerstädt, Willem Zeylmans van Emmichoven, Walther Bühler, Rudolf Treichler, Otto Wolff, Rudolf Hauschka, Margarethe Hauschka, Wilhelm zur Linden, Alla Selawry, Friedrich Lorenz, Margarethe Kirchner-Bockholt, Alexandre Leroi, Rita Leroi, Paul Paede, Friedrich Husemann, H. H. Vogel, Gisbert Husemann, Walter Holtzapfel, Wilhelm Pelikan, Walter Cloos, W. Chr. Simonis und viele andere hielten dort Vorträge oder gaben künstlerische Kurse. Man braucht nur diese Namen sich zu vergegenwärtigen, um zu spüren, dass ein großer Teil dessen, was von Rudolf Steiner und Ita Wegman intendiert war, für die damalige Zeit dort weitergeführt worden ist. Man konnte in Ruhe arbeiten, die Contergan-Katastrophe war noch nicht gewesen, juristisch-politische Probleme, die die Gemeinschaft der Ärzte betreffen könnten, waren noch nicht da oder wurden als unwesentlich betrachtet. So schlimm die Bedrückung vorher gewesen war, so groß war die Freiheit jetzt. Und diese Freiheit wurde erst einmal genossen. Die Tagungen hatten eine große Attraktivität, und eigentlich war es so, dass die Teilnehmer aus den Nachbarländern sich von der deutschen Aufbruchstimmung anstecken ließen. Ein Hauch von Jugendbewegung lag über allem und breitete sich aus.

In Wiesneck versammelten sich alle 2 Monate 40 bis 50 Ärzte, um sich fortzubilden. Die Weiterbildungszeit für Assistenzärzte der Klinik wurde extra auf nur ein halbes Jahr begrenzt, um möglichst vielen Kolleginnen und Kollegen zu ermöglichen, sich in die anthroposophische Medizin einzuarbeiten. Auch pastoral-medizinische Arbeitswo-

1927 in Riedberg

1957 in Wiesneck

**Wir trafen in der Stadt:**

*Der feingliedrige, zurückhaltend und unübersehbar gütig wirkende Arzt Dr. Friedrich Husemann hat schon als junger Medizinstudent in Berlin bei Rudolf Steiner erfahren, daß „das Bild des Menschen als Grundlage der Heilkunst" dienen müsse. Seinem wissenschaftlichen Hauptwerk zur Anatomie und Physiologie, einem Entwurf einer geisteswissenschaftlich orientierten Medizin, dessen zweiter Teil „Therapie" bald folgen wird, gab er den gleichen Titel. Maßgebend für diese Arbeiten sind die praktischen, erweiternden und bestätigenden Erfahrungen, die er in 25 Jahren in seiner eigenen Klinik für Nerven- und Gemütskranke im Schwarzwald machen konnte. Die Therapie setzt zunächst bei den körperlichen Leiden an, wofür die Kristallisationsdiagnose aus dem Blut nach E. Pfeiffer für die Organzusammenhänge bei seelischen Leiden wertvolle Dienste, besonders bei Krebsanlagen, leistet. In der weiteren Behandlung werden künstlerische Übungen, Plastizieren, Malen, Eurythmie, Gruppensingen und Sprachgestaltung wesentlich zur Heilung verwendet.*

Text: ed　　　　StN-Bild: Engel

«Stuttgarter Nachrichten», 24. Oktober 1951

chen mit den Studenten des Priesterseminars der Christengemeinschaft fanden in Wiesneck statt.

Die früher veröffentlichten Bücher Friedrich Husemanns kamen in neuen Auflagen heraus, der zweite Band von *«Das Bild des Menschen als Grundlage der Heilkunst»* erschien 1956. Das Werk umfasste über 700 Seiten, eine Gemeinschaft verschiedener anthroposophischer Ärzte und Fachärzte hatte es zusammen mit Friedrich Husemann als Herausgeber und Mitautor zustande gebracht. Das Buch wurde sogar in der «Frankfurter Allgemeinen Zeitung» (FAZ) positiv gewürdigt, schon damals eine der renommiertesten überregionalen Tageszeitungen Westdeutschlands.

Durch seine Klinik als Lebenswerk, seine Bücher und seine Vorträge war Friedrich Husemann in den 50er Jahren einer der bekanntesten anthroposophischen Ärzte und einer der bekanntesten Anthroposophen überhaupt. Am 24.10.1951 erschien in den «Stuttgarter Nachrichten» unter der Rubrik «Wir trafen in der Stadt» eine biographi-

Der 70-Jährige mit den drei älteren Kindern seines Bruders Gisbert: Brigida-Maria, Godhard und Friedwart Husemann, 1957

sche Skizze mit einer Photographie von ihm. So etwas war in der damaligen Zeit für einen Anthroposophen außergewöhnlich. Zu seinem 70. Geburtstag im Jahre 1957 gab es in den «Mitteilungen aus der anthroposophischen Arbeit in Deutschland» herzliche Grußworte und Würdigungen und einen Aufsatz des Jubilars über seine Jugend, aus dem wir für das vorliegende Buch auch verschiedentlich schon geschöpft haben.[178]

## Krankenlager und Tod

Am 19.4.1955 schrieb Husemann an Guenther Wachsmuth:

*«Meine Krankheit besteht hauptsächlich in einem schweren Herzfehler (zwei Klappen), der in seiner Entstehung von mir nicht sofort bemerkt wurde. Wahrscheinlich datiert er seit 1949, als ich den an*

*Scharlach erkrankten Sohn von Dr. Brestowsky kurze Zeit in meinem Auto transportierte. Dabei holte ich mir selber einen Scharlach und wahrscheinlich eine schleichende Endocarditis [Herzklappenentzündung]. Das immer wieder auftretende schlechte Befinden dürfte damit zusammenhängen, auch die Herzbeutelentzündung vor ca. 2 Jahren. Jetzt muss ich versuchen, mit der herabgesetzten Herzkraft sparsam umzugehen. Dazu kam in den letzten Monaten eine stark beschleunigte ‹Blutsenkung›, ein Zeichen für eine akute Erkrankung oder Verschlimmerung. Man hat mich mit allen Apparaten untersucht, die Ursache aber nicht finden können. Ich habe aber das Gefühl, dass noch etwas verborgen ist. So verordneten mir meine Ärzte-Freunde strenge Bettruhe und Behandlung. Seit 1 Woche fühle ich mich besser, kann vor allen Dingen etwas besser schlafen, aber die Leistungsfähigkeit ist leider gering. Ich habe aber wieder etwas Hoffnung, die mir schon abhandengekommen war.»*[179]

Während er diesen Brief schrieb, waren die anthroposophischen Ärzte gerade zu ihrer Tagung auf der Comburg versammelt, wo Friedrich Husemann über «Saturn – Blei» hätte vortragen sollen. Dieser Vortrag musste abgesagt werden, und im rückblickenden Tagungsbericht schreibt Wolfgang Gruson: «Seine Abwesenheit mussten wir als große Lücke empfinden.»[180] Nach einigen Monaten war der Patient wieder arbeitsfähig. Seine ohnehin hagere Gestalt wurde allerdings

Im Garten von Wiesneck am 15.10.1958, zwei Monate vor Beginn des Krankenlagers

noch etwas durchscheinender. Die Feiern zum 70. Geburtstag im Juni 1957 überstand er gut. Dann kam der 2. Advent 1958, als Dr. Husemann zum letzten Mal eine Sonntagsstunde hielt, bezeichnenderweise zu dem Thema: «Die Erde, ein lebendes Wesen». Danach war dauernde Bettruhe nötig. Im Februar 1959 kam es zu einer krisenhaften Verschlimmerung, die aber noch einmal überwunden wurde. Besonders quälend waren die Nächte. Der Patient sagte immer wieder: *«Der Schlaf ist eine Gnade. Und ich bin von dieser Gnade ausgeschlossen.»*[181]

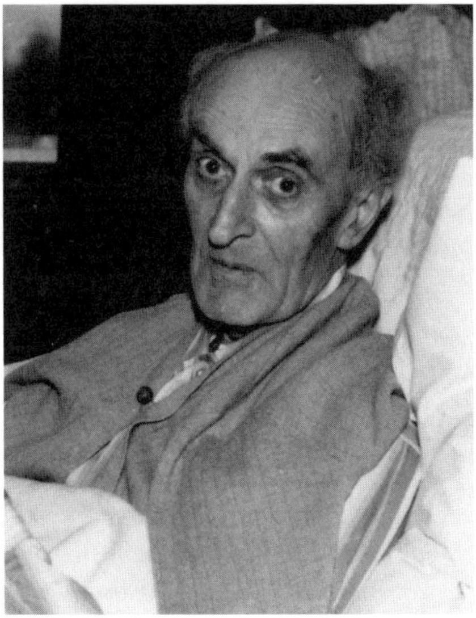

Auf dem Krankenlager, Frühling 1959

Es mag im Mai dieses Jahres gewesen sein, als ich als 14-Jähriger meinen Vater Gisbert Husemann begleiten durfte, wie er seinen Bruder Friedrich besuchte. Damals sprachen die beiden Brüder über jenes Buch zur *Psychiatrie in anthroposophischer Sicht*, das Friedrich nicht mehr vollenden konnte. Das tat ihm so leid, dass er immer wieder *«Mein Buch ... mein Buch ...»* sagte. Damals also durfte ich einige Minuten den Schwerkranken sehen und mit ihm sprechen. Ich war ergriffen von der ungeheuren Abmagerung seines Gesichtes und vor allem seiner Hände. Medizinisch gesprochen bestand eine fortgeschrittene kardiale Kachexie. Er schaute mich freundlich an, lächelte gewinnend und erklärte mir mit klaren Worten, langsam und gründlich die Funktion der Sauerstoffbrille, wie der Sauerstoff aus der Flasche in einem Schlauch zur Brille und von dort in seine Nase geleitet wurde, und welche Erleichterung ihm dadurch zuteil wurde. Mir kam das damals sehr erstaunlich vor, weil mir jene Brille gemessen an dem überdeutlich sich aufdrängenden Krankheitswesen unwesentlich und äußerlich erschien. Später beim weiteren Nachdenken über diese

Szene bewunderte ich immer mehr die trockene Sachlichkeit, ja heilige Nüchternheit dieses Menschen.

Ähnlich leuchtete etwas von Friedrich Husemanns Charakter auf, als er in seinem letzten Schriftsatz etwa acht Tage vor seinem Tod auf den 72. Geburtstag hinblickend an die Gäste und Freunde des Sanatoriums Wiesneck einige Zeilen schrieb. Es war dann so, dass er seinen Geburtstag am 13. 6.1959 nicht mehr erreichte, sondern am 8. 6.1959 gestorben ist. Einige Tage vorher also schrieb er:

*«Für 13.6.*

*Liebe Gäste und Freunde von Wiesneck!*
*Ihre Teilnahme an meiner Erkrankung war so groß, dass manchmal die Fülle der Blumen keinen Platz mehr fand. Ich befürchte nun, dass mein Geburtstag vielleicht eine solche Flut von Spenden auslösen könnte, dass man sich an den einzelnen kaum mehr freuen könnte – und das wäre ja das Gegenteil von dem, was der Spender sich erhofft hätte. So möchte ich mir den Vorschlag erlauben, dass alle, die mir bei dieser Gelegenheit eine Freude machen wollen, dies in Form einer Spende an die Waldorfschule (Freiburg) tun, ich denke mir unter dem Titel ‹Geburtstagsspende Waldorfschule›. Die Bank wird Platz genug haben.*
*Ich hoffe, dass mein Vorschlag Anklang findet und möchte mir erlauben, schon jetzt ‹Vielen Dank!› sagen zu dürfen.*

*Mit herzlichen Grüßen»*

## Was fruchtbar ist, allein ist wahr

Friedrich Husemann hat die berühmten Sonntagsstunden für seine Patienten, Mitarbeiter und Gäste gehalten. Zusätzlich wurden dieselben von Rudolf Geiger mitstenographiert, von dem Vortragenden nachher durchgelesen und damit authentisch erhalten. Durch diese Arbeit Rudolf Geigers, die der Redner selbst niemals hätte zustande bringen können, wurde etwas Wichtiges erreicht. Jeder kann heute noch prüfen, was damals gesagt worden ist. Es ist das tägliche Brot

Gerhard von Ruckteschell:
Büste Friedrich Husemann

Auf dem Totenbett

*Der schriftstellerische Nachfolger:*
Otto Wolff (1921–2003)

der Anthroposophie gewesen, das Friedrich Husemann vermittelt hat, bezogen auf die Probleme der damaligen Gegenwart, bezogen auf die Bildung, die damals einem fleißigen Menschen erreichbar war, bezogen auch auf die Probleme und Fragen seiner Patienten. Oft war es bei der Visite so, dass Husemann bei dieser oder jener Frage seine Patienten auf die Sonntagsstunden verwies. Was war also das sozial Wirksame, das Heilende, das Aufrichtende, das Kraftspendende dieser Vorträge? Ohne Zweifel die Anthroposophie selbst mit ihrer Möglichkeit zur Verwirklichung, mit ihrer Möglichkeit zur Heilung auf allen Lebensgebieten. Diese Botschaft verdanken wir dieser wichtigen Zusammenarbeit Rudolf Geigers mit Friedrich Husemann. Und diese Botschaft, dass nämlich die Geisteswissenschaft selbst etwas Heilendes ist, wird immer wichtiger und immer fruchtbarer werden, je weiter wir in die Zukunft gehen.

Friedrich Husemann wollte die anthroposophische Medizin lehrbar und lernbar machen, dafür hat er seine verschiedenen Bücher geschrieben. Sein Hauptwerk *«Das Bild des Menschen als Grundlage der Heilkunst»* wurde aber erst durch Otto Wolff[182] zu dem, was es dann etwa ein halbes Jahrhundert lang gewesen ist. Otto Wolff war es, der die verschiedenen Auflagen immer wieder auf den neuesten Stand brachte und der Husemanns Anliegen einer die «Sinnenwissenschaft und die Geisteswissenschaft überbrückenden Literatur»[183] auf immer weitere Gebiete der Medizin ausgedehnt hat. Durch seine vielen, weltweiten Vortragsreisen hat Otto Wolff erreicht, dass das Buch in so viele Sprachen übersetzt worden ist. Es wird oft der Satz aus Goethes Märchen zitiert: «Sei ruhig, schönstes Mädchen! Ob ich

*Die ärztlichen Nachfolger:*
Rudolf Treichler (1909–1994)

helfen kann, weiß ich nicht, ein einzelner hilft nicht, sondern wer sich mit vielen zur rechten Stunde vereinigt.»[184] Bei Friedrich Husemann kommt es einem so vor, wie wenn das Schicksal ihm nicht nur die geeignetsten Mitarbeiter zugesandt hätte, sondern auch die besten Fortsetzer und Nachfolger. So war es mit seinem Vortragswerk, so war es mit seinem medizinischen Hauptwerk, und so war es schließlich auch mit seinen ärztlichen Nachfolgern. Sein langjähriger Oberarzt Werner Priever war gerade in den Monaten, bevor Friedrich Husemann starb, so weit, sich mit einem eigenen Sanatorium selbständig zu machen. Gleichzeitig wurde der Psychiater und Neurologe Rudolf Treichler[185] aus Stuttgart als Nachfolger gewonnen. Rudolf Treichler machte aber zur Bedingung, dass er nur dann als leitender Arzt die Klinik übernehmen kann, wenn Werner Priever als leitender Kollege mit ihm zusammen es macht. Da sagte Priever dann zu, und Friedrich Husemann hat diese Lösung wenige Wochen vor seinem Tode noch bejaht. Später haben dann drei Ärztinnen das inzwischen «Friedrich-Husemann-Klinik» genannte Fach-

*und* Werner Priever (1910–2001)

Wiesneck, wie man es drei Jahrzehnte lang kannte. Vorne das Zedernhaus, rechts im Hintergrund der Neubau von 1930 mit Rondell von 1938

krankenhaus für Psychiatrie und Neurologie übernommen: Maria Uhlenhoff (1925–1985), Sigrid Liedemann (1925–2007) und Maria Wolman. Die nächste Generation von Chefärzten waren Dieter Beck (1936–2003) und Wolfgang Rissmann, und seit 2001 sind Elisabeth Kaufmann und Wolfgang Rissmann die leitenden Ärzte. In all diesen Jahren ist der anthroposophische Impuls vertieft und erweitert und die medizinische Kunst dem jeweiligen Stand der Forschung angepasst worden. Die Klinik genießt nach wie vor einen hervorragenden Ruf, sowohl bei den schulmedizinischen Kollegen als auch bei den Patienten. In diesem Punkt – dem guten Ruf – hat sich seit Husemann eigentlich gar nichts geändert, seit nunmehr über 80 Jahren, wenn man ab Riedberg rechnet.

Der erste Schritt in eine neue Zeit: das Michaelhaus von 1962

Gleich bei der Gründung von Wiesneck wollte Husemann das Sanatorium von seiner Person ablösen. 1928 hatte er mit nur 3% Eigenkapital das 34 Hektar große Anwesen gekauft und einen Neubau errichtet. Kurz vor seinem Tod konnte er das gesamte Anwesen schuldenfrei dem dafür gegründeten gemeinnützigen Verein überschreiben. Seine Nachfolger in Sachen Geschäftsführung, Rudolf Geiger, Karol Lieckfeld, Hinrich Meyer-Jungclausen, Gyn Olaf Koch und seit 1999 Silvia Renkewitz, konnten auf diese großartige Pionierleistung aufbauen.

All dies spiegelt sich in der Gebäudeentwicklung der Klinik. Anfangs gab es nur den Neubau (das heutige Johanneshaus, älterer Teil), der 1929/30 zu dem vorhandenen Zedernhaus dazugebaut wurde. Als Nebenhäuser wurden Forsthaus und Villa genutzt. Dann gab es noch den zur Klinik gehörenden, aber selbständig von Hans Beidek geführten Bauernhof (Maierhof). Der nächste große Schritt bald nach Husemanns Tod waren der neue große Bettenbau (Michaelhaus, 1962) und die ersten Mitarbeiterhäuser etwa zur selben Zeit. Dann kamen in den 70er Jahren weitere Mitarbeiterhäuser, ein neues beheizbares Gewächshaus und das große Therapiehaus mit Festsaal (Raphaelhaus) hinzu. Später waren die Gärtnerei und ein modernes Wirtschaftsgebäude mit zentraler Heizungsanlage für alle Gebäude, Küche und Speisesaal (Weidberghaus, 1981) und der Anbau zum Johanneshaus (1987) zu bauen. Dass nebenher die alten Gebäude, zum Beispiel das Johanneshaus von 1930, renoviert werden mussten, versteht sich von selbst. Zuletzt folgten die Werkstatt (2001) für die künstlerischen Therapien und das neue Lukashaus (2003) mit psychiatrischer Intensivstation. Heute – im Jahr 2008 – hat die Klinik 103 Betten und 180 Mitarbeiter.

All diese Entwicklungen waren nur möglich, weil der Boden stimmte, in den besonders keimkräftige Samen gelegt worden sind. So ist es, wenn ein Geprüfter handelt. Wenn noch Jahrzehnte nach seinem Tod über seine Taten gesagt werden kann: «Was fruchtbar ist, allein ist wahr.»[186]

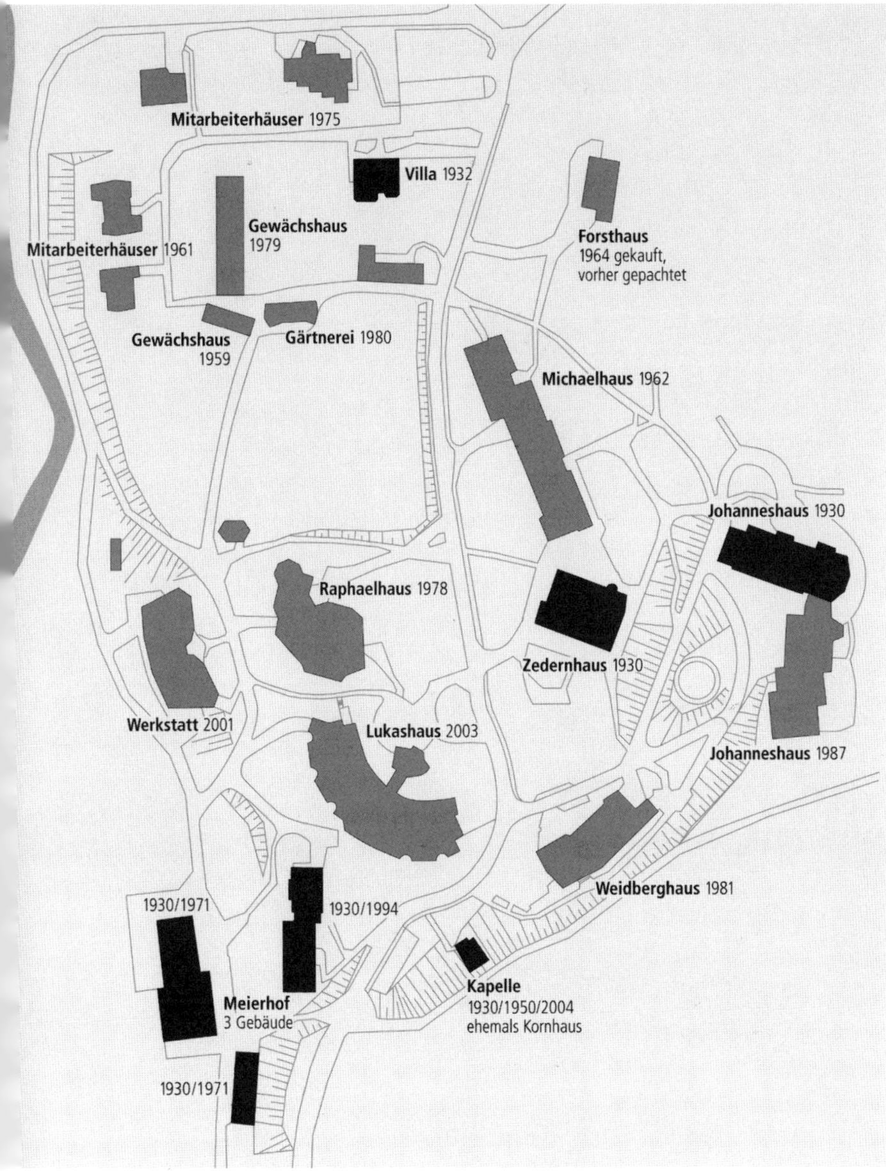


Lage und Entwicklung der Gebäude von 1930 bis 2003

# IX Friedrich Husemanns Persönlichkeit

Wir wollen nun versuchen, einiges von dem, was wir erfahren haben, zu einem Ganzen zusammenzufassen. Hören wir noch einmal, wie seine Mitarbeiter ihn erlebten.

Rudolf Geiger schrieb: «Ging Dr. Husemann durchs Haus – früher elastischen Schrittes, später immer bedächtiger –, so ging er mit prüfendem Blick. So geht ein Hausvater durch sein Anwesen. Dabei sprach er wenig. Er kam in Büro und Küche, sagte sein ‹Guten Morgen›, blieb da und dort stehen, ließ sich etwas erklären, und er versäumte auch nicht, zum Heizer in die Werkstatt zu schauen. Es passierte nicht viel und doch war etwas geschehen mit seiner Anwesenheit. Sein Dasein hatte ordnende Kraft. Alles Technische interessierte ihn sehr. Wusste man ihm einen einleuchtenden Vorschlag zu einer technischen Verbesserung zu machen, hörte er ihn sich aufmerksam an, ließ sich Unterlagen beschaffen und kam bei nächster Gelegenheit darauf zurück. Oft machte er selber Vorschläge, die zur Erleichterung dienen konnten. Die Mitarbeiter auf Station begrüßte er mit seinem legeren Handschlag ebenso wie seine Patienten. Er konnte nicht mit jedem jeden Tag ein Gespräch führen (sein Gespräch für alle geschah dann am Sonntag), aber ihm begegnet zu sein, bedeutete schon etwas. Dass er den Einwand eines Kollegen voll nahm, ist selbstverständlich; aber er hörte sich ebenso mit Bedacht die Beobachtung einer Schwester an und gab ihr in ein paar Worten eine Hilfe, wie sie sich verhalten könne. Zu den Schwerkranken ging er, solange er irgend konnte, jeden Tag. Der Gang ins Haupthaus, den kleinen Anstieg hoch, fiel ihm von Jahr zu Jahr seines Herzleidens wegen schwerer. Von seinem Herzleiden merkte kaum einer etwas, sicher keiner seiner Patienten, so gut wusste er es zurückzustellen. Einem Patienten gegenüber habe ich ihn nie eilig oder hastig gesehen. Auch wenn er ihm nur die Hand reichte und ihn anschaute, hatte man den Eindruck, er gebe ihm etwas, er habe Zeit für ihn. Er konnte genial zuhören, und dann setzte er seine Worte sparsam. Sie trafen ins Zentrum.»[187]

Der ärztliche Nachfolger Rudolf Treichler berichtete: «Es ist wohl immer von besonderer Bedeutung, wie man einer großen Persönlichkeit zum ersten Mal begegnet. Eine solche Begegnung vermag schicksalbildend zu wirken. Meine erste Begegnung mit Friedrich Husemann fand Anfang der zwanziger Jahre im Haus meiner Eltern statt. Eine Besucherin war zur Patientin geworden: sie hatte sich auf das Sofa gelegt und jammerte: sie könne nicht mehr aufstehen. Der Psychiater Friedrich Husemann, den meine Eltern holten, setzte sich zu ihr und blieb wohl eine Stunde lang mit ihr allein. Aus dem Nebenzimmer, wo ich – damals zwölf Jahre alt – den Erfolg der Behandlung abwartete, hörte ich immer wieder ihre Stimme aufflattern, hörte ich, wie der ruhige Stimmklang des Arztes darüberstrich. Schließlich stand die Dame auf und wurde von Husemann fortbegleitet. Auf mich machte dieser Zwischenfall einen tiefen Eindruck. So kann man Kranke heilen durch das Wort! Mein späterer Entschluss, Arzt zu werden, wurde durch die Erinnerung an diesen Eindruck mitbestimmt.»[188]

Schwester Anni Schlegel schrieb: «Gegen 17 Uhr kam Dr. Husemann ins Haus. Geduldig ließ er sich Sorgen und Nöte berichten, und oft beschwichtigte schon sein Erscheinen manchen Kummer ohne viele Worte.»[189]

Schwester Toni Hammer-Fabricius berichtete: «Wenn Dr. Husemann zu uns auf die geschlossene Abteilung kam, ging er meist zunächst im Aufenthaltsraum schweigend hin und her. Und die sonst so unmutigen Patienten wurden ganz ruhig, wie zahme Lämmer. Es entstand in dem Raum eine ganz reine Atmosphäre. Die von großem Ernst und Menschliebe getragene Ausstrahlung des Arztes Dr. Husemann ließ mich seinen Kampf mit den Dämonen ahnen. Auch bei den sonntäglichen Vorträgen, zu denen wir die Patienten mitnahmen, konnte er die Gegenmächte in Schach halten.»[190]

Schwester Dorothee Kobes, die nach Anni Schlegel die Nachtwachen in den letzten Wochen bei dem Schwerkranken besorgte, schrieb rückblickend in einem Brief: «Es ging eine harmonisierende Ruhe von ihm aus.»[191]

Friedrich Doldinger, der langjährige Freund Friedrich Husemanns, dem als Priester und Seelsorger viele Charaktere und Seeleneigenarten am Menschen bekannt geworden sind, schrieb zum 60. Geburtstag:

11. Juni 1947

Lieber Herr Dr. Husemann,
zu Ihrem 60. Geburtstag lassen Sie mich bitte heute schon die herzlichsten Wünsche senden (es könnten am Freitag vielleicht Abhaltungen für mich kommen).
Wenn ich recht im Bilde bin, so darf man sich an seinem 60. Geburtstag dagegen verwahren, so behandelt zu werden, als wäre nächstens schon alles vorbei. Wer weiß, ob nicht das Schönste, Jugend-Strahlendste gerade die noch kommenden Jahre bringen. Immerhin ist doch auch die bisher durchlaufene «Renne-Bahn» (frei nach Gryphius) ein wenig zu übersehen und so dürfen wir denn Ihnen unsere Dankbarkeit ausdrücken für alles Geist-Erleuchtete, das in so reichem Maße von Ihnen ausging. Für manchen wird in diese Dankbarkeit sich aber auch insbesondere noch jene einmischen, die man zu den Kräften hegt, von denen *Beruhigung* ausgeht. Das können heute gar nicht so viele Menschen, eine wirkliche Ruhe um sich verbreiten. Und bei Ihnen ist das Mensch geworden und würde wohl einen Plastiker reizen können. Für den Gebrauch des Herzens heißt das: Dank für das Dasein eines Menschen, von dem man begründete *Geisteszuversicht* ausgehen fühlt. Da dieselbe vermöge ihrer Sachlichkeit nicht auf Stelzen gehen kann, so kommen natürliche Freundlichkeit und das Klar-Trauliche mit im Gefolge zum Wohle aller, wie dies insbesondere aber auch von Ihnen widerfuhr
Ihrem
dankbaren Friedrich Doldinger[192]

Immer wieder also ist den Menschen um Friedrich Husemann die wohltuende Ruhe aufgefallen, die von ihm ausging, und Friedrich

Doldinger konnte sogar sagen, dass die wirkliche Ruhe in ihm zum Menschen geworden ist.

Jeder Mensch in seiner Einzigartigkeit ist ein Rätsel. Husemanns Ruhe muss uns zum Rätsel werden. Wie viele Menschen suchen nach Ruhe und finden sie nicht. Und nun ein Mensch, von dem sie wie selbstverständlich ausgeht. Was können wir von ihm für unsere eigene innere Ruhe lernen?

Von einer ganz anderen Seite kommen wir damit wiederum auf das Einweihungsmotiv zurück, von dem schon mehrmals die Rede war. Wenn der Mensch sich entschließt, seine Seele auszubilden, um sie reif werden zu lassen für höhere Erkenntnisse, dann muss er sich vor allen anderen Dingen zwei Haupteigenschaften erwerben. Man kann diese zwei Bedingungen, die für die Entwicklung des höheren Menschen notwendig sind, mit den Bedingungen vergleichen, die eine Pflanze braucht, um heranzuwachsen.

Die erste Bedingung ist die Verehrung gegenüber Wahrheit und Erkenntnis. Wenn wir nicht das tiefgründige Gefühl in uns entwickeln, dass es etwas Höheres gibt, als wir sind, werden wir auch nicht in uns die Kraft finden, uns zu einem Höheren hinaufzuentwickeln. Höhe des Geistes kann nur erklommen werden, wenn durch das Tor der Demut geschritten wird. So heißen die Richtsätze in dem ersten Kapitel des Buches «Wie erlangt man Erkenntnisse der höheren Welten?» von Rudolf Steiner. Und dort steht auch – um mit Platon zu sprechen – das Sonnengleichnis für den modernen Menschen: «Wie die Sonne durch ihre Strahlen alles Lebendige belebt, so belebt beim Geheimschüler die Verehrung alle Empfindungen der Seele.»

Das ist aber nur die eine Seite der Seelenentwicklung. Es muss noch eine andere Gefühlsart hinzukommen. Sie kann in folgende Worte der Sprache gekleidet werden: «Schaffe die Augenblicke innerer Ruhe und lerne in diesen Augenblicken das Wesentliche von dem Unwesentlichen unterscheiden.» Der Geistesschüler muss lernen, sich selbst wie ein Fremder gegenüberzustehen. Beispielsweise bemerkt der Geheimschüler an sich selber, dass er leicht ungeduldig wird. Er durchdringt sich in den Augenblicken der inneren Ruhe so sehr mit dem Gefühl von der Zwecklosigkeit vieler Ungeduld, dass er fortan bei jeder *erlebten* Ungeduld sofort dieses Gefühl gegenwärtig hat. Die Ungeduld, die sich schon einstellen wollte, verschwindet, und eine Zeit, die sonst verloren gegangen wäre unter den Vorstellungen der Ungeduld, wird vielleicht ausgefüllt von einer nützlichen Beobachtung, die während des Wartens gemacht werden kann. So kann man es systematisch mit jeder hinderlichen Eigenschaft, die man an sich bemerkt, machen. Die äußeren Wogen des Lebens zwängen den inneren Menschen von allen Seiten ein. «Ein solcher Mensch ist wie eine Pflanze, die sich in einer Felsspalte entwickeln soll. Sie verkümmert so lange, bis man ihr Raum schafft. Dem inneren Menschen können keine äußeren Kräfte Raum schaffen. Das vermag nur die *innere Ruhe,* die er seiner Seele schafft.»[193]

Wie also die Verehrung eine Art Sonne des höheren Menschen darstellt, so ist die innere Ruhe der Punkt im Erdboden, wo der Samen wurzeln und sprießen kann. Im Weiterwachsen wird dieser Raum langsam größer, damit die Pflanze des höheren Menschen aus dem Alltagsmenschen herauswachsen kann. Verglichen mit den Sonnenkräften der oberirdischen Pflanze wirken hier im Wurzelbereich der inneren Ruhe die Kräfte des Mondes.

Was bedeutet dies bezogen auf den Charakter von Friedrich Husemann? Die innere Ruhe überwog im Gleichgewicht seiner seelischen Kräfte. Geduld, Fleiß, Toleranz, Klarheit der Rede, Souveränität des Auftretens und Führungsqualität wuchsen wie von selbst aus seiner Ruhe hervor. Aber es gibt keine Eigenschaft, die nicht auch ihre Schatten wirft. Wer sich Augenblicke innerer Ruhe schaffen kann, vermag sich selbst als Fremder gegenüberzustehen. Hier an dieser Stelle ist die «innere Opposition» gegen sich selbst eine vorzügliche, eine zum Geist führende Tugend. Dieselbe «innere Opposition» nach außen, gegen andere Menschen gewendet, ist eine beklagenswerte Schwäche, die im Falle Friedrich Husemanns gegen Rudolf Steiner eine traurige Berühmtheit erlangt hat.[194] Dann kam der Zornausbruch, den der Lehrer dem Schüler gab, sodass die einzige Augenzeugin Lili Kolisko erstarrte. Der Grad der Emotion, den Rudolf Steiner sich abrang, war dem Grad der Verfehlung genau angemessen. Die Ruhe wurde dort, wo sie zur Untugend geworden war, gepackt, aufgerüttelt und dem Geisteslicht geöffnet. Sodass der Schüler bereits 15 Jahre später – ohne dass damals irgendeiner wusste, welches Drama sich abgespielt hatte – öffentlich sagen konnte: «*Und wenn ich schon von Freunden und Förderern spreche, so ist es mir ein Herzensbedürfnis, Rudolf Steiner zu nennen, den gütigsten und weisesten Menschen, der mir begegnete; ihm verdanke ich für mein geistiges Sein ebenso viel wie meinen Eltern für das leibliche.*»[195]

# X Anhang

## *Friedrich Husemann (1887–1959)*

## Das Ich als Arzt (1911)*

*Wenn ich es wage, heute Abend zu Ihnen zu sprechen, so werden Sie kaum erwarten, dass ich Ihnen etwas absolut Neues sagen soll. Das kann auf dem Gebiete, auf dem das Thema sich bewegt, ja nur der Geistesforscher.*
*Aber ich möchte im Anschluss an Vorträge und Bemerkungen von Dr. Steiner versuchen, Ihnen schon Bekanntes unter einen Gesichtspunkt zu stellen, der erkennen lässt, in welch inniger Beziehung die scheinbar oft so abstrakten Lehren der Geisteswissenschaft zu unserem täglichen Leben und insbesondere zu unserer Gesundheit stehen.*
*Fragen Sie mich nun zunächst, was denn Gesundheit sei, so könnte ich keine richtige Antwort darauf geben, wenn ich nur den physischen Körper in Betracht zöge, wie das die heutige Medizin ausschließlich tut. Durch die Geisteswissenschaft lernen wir vielmehr die anderen Glieder des Menschen, den Lebensleib, den Empfindungsleib und die Krone und den Schlüssel des Ganzen, das Ich, als ebenso real anzusehen.*
*Gehen wir zunächst davon aus, was Krankheit ist, denn diesen Zustand kennen wir wohl alle mehr oder weniger. Wenn wir die Krankheit geisteswissenschaftlich betrachten, so können wir von vornherein sagen, dass alle Krankheit auch der Ausdruck von etwas Geistigem sein muss.*

* Übertragung des Stenomanuskriptes, das der Vortragende für seinen Vortrag am 18. 4. 1911 in Bielefeld angefertigt hatte.

*Also eine Krankheit, die sich scheinbar nur in dem physischen Körper äußert, z. B. eine Neubildung oder Geschwulst, bei der der Geist ohne weiteres gar nicht beteiligt zu sein scheint, ist nicht nur als etwas Physisches zu betrachten, sondern als ein Ausdruck der ganzen Wesenheit des Menschen.*

*Ich möchte an die geisteswissenschaftliche Betrachtung des Schlafes erinnern. Sie wissen, dass das Wachsein von einer gewissen Frische des Astralleibes abhängt. Diese Frische erlangt er während des Schlafes, durch das Weilen in der höheren Welt, wo ihm alle lebenspendenden Kräfte zuströmen. Während des Wachzustandes ist der Astralleib der höheren Welt abgewandt, seiner Heimat entrissen und auf das Physische gerichtet. Er nimmt da die Eindrücke auf, die diese Welt ihm bietet, und es ist eine bekannte Tatsache, dass er im Laufe des Tages dadurch ermüdet.*

*Nun muss es unser Nachdenken erregen, dass die Ermüdung umso schneller und stärker eintritt, je ungewohnter die Eindrücke sind, die der Mensch aufnimmt. Denken Sie z. B. an eine Eisenbahnreise, auf der man fortwährend vors Fenster sieht. Oder gehen Sie durch die Großstadt und werfen Sie im Vorbeigehen einen Blick in jedes Schaufenster. Oder achten Sie auf die Gesichter aller Vorübergehenden. Oder denken Sie sich, Sie sollten den ganzen Tag Vorträge hören über ein Gebiet, das Ihnen vollkommen unbekannt ist, so wissen Sie ohne weiteres, auch wenn Sie nie in dieser Lage waren, dass Sie bald und zwar gründlich müde sein würden. Mir schwebt speziell ein Fall vor, wo ich ein Stenogramm vorlesen hörte, das sehr unvollständig war, wo immer halbe Sätze fehlten, sodass ein Verständnis des Zusammenhanges nicht möglich war. Und ich erinnere mich, dass ich schließlich hinausging, weil ich ganz nervös wurde.*

*Dagegen wissen Sie auch, dass man eine Arbeit, die man gelernt hat, ohne eine so große Ermüdung lange Zeit fortsetzen kann. Dass ein Gang durch Bielefeld Sie nicht so ermüdet wie ein Gang durch eine fremde gleichgroße Stadt. Dass Sie die theosophischen Vorträge jetzt lange nicht mehr in dem Maße anstrengen wie zuerst.*

*Kurz: alles, was dem Menschen neu, ungewohnt, unverständlich ist, das ermüdet ihn. Oder drücken wir es etwas kürzer aus: alles Ich-Fremde ermüdet.*

*Nun wissen wir, dass der Schlaf niemals das ganz wiederherstellen kann, was an Defekt in der Ermüdung zum Ausdruck kommt, sondern dass wir jeden Tag mit einem größeren oder kleineren Defizit abschließen. Das liegt nicht etwa daran, dass der Schlaf zu kurz oder nicht intensiv genug gewesen wäre, sondern das liegt an dem Wesen des Schlafes. Dieses Defizit zeigt sich in dem Unelastisch-Werden des Menschen, in dem Sich-Verhärten in bestimmten Gewohnheiten, Ausdrucksformen, Bedürfnissen, ja in bestimmten Krankheiten, mit einem Wort in dem, was man das Altern nennt. Das Resultat des Alterns und der Krankheiten ist der Tod. Er stellt die Folge alles dessen dar, was durch den Schlaf nicht beseitigt werden konnte. So können wir unseren Satz: Alles Ich-Fremde ermüdet, auch erweitern zu dem Satz: Alles Ich-Fremde tötet. Daraus können wir schon folgern, dass das den Körper Belebende in dem liegen muss, was dem Ich gleichartig ist. Dass das Ich in seiner Heimat, in seinem Eigensten weilen muss, wenn es erquickt werden soll. Und das lehrt in der Tat die Geisteswissenschaft. Sie lehrt uns, dass das Ich und der Astralleib während des Schlafes in die astrale Welt hinaufsteigen und dort in dem leben, aus dem sie kommen. Der Mensch ist aus dem ganzen Universum heraus geschaffen, aus dem Universum, das eine Harmonie darstellt, und in diese Harmonie taucht er immer wieder unter, um sie in sich selbst wieder zum Erklingen zu bringen. Mit einem Klang dieser Harmonie in sich kehrt das Ich in den Leib zurück und versucht, diesen Klang in demselben zum Ausdruck zu bringen. Das gelingt auf unserer Stufe der Entwicklung nur in bestimmtem Maße. Am besten vielleicht dem Künstler, der nicht willkürlich schafft, sondern still zu horchen versteht auf die Stimme in seinem Innern. Der Mensch setzt aber gewöhnlich an die Stelle der Harmonien, die in ihm nachklingen wollen, seine eigenen Töne und Bilder. Er wendet sich der Außenwelt zu und lässt die auf sich wirken. In dieser ist zwar auch das Geistige tätig, in dem das Ich während des Schlafes lebt, aber es ist in Schleier gehüllt und der Mensch kann es nicht erkennen.*

*Es erscheint ihm wie etwas Fremdes. Darum ermüdet, darum tötet es ihn.*

*Könnte der Mensch es vollbringen, in allem Äußeren ebenso das Geistige zu sehen und allmählich zu empfinden, wie er sein Leben als solches empfindet, dann würde er nicht ermüden und nicht sterben. Wir wissen, dass das heute noch nicht möglich ist, dass es aber als eine ferne Zukunft und als unser Ziel zu erwarten ist. Es ist eben das, was wir als die Entwicklung des Geistselbst, des Lebensgeistes und des Geistesmenschen bezeichnen. Die Durchdringung der drei Leibesglieder mit dem Ich, volle Gesundheit, die nicht den Todeskeim in sich trägt, ist darum erst als Krone unserer Entwicklung denkbar.*

*Für uns Menschen mit dem zeitlich beschränkten Erdendasein ergibt sich aber die praktische Frage: welches Maß von Gesundheit ist denn für uns erreichbar und wie erreichen wir es?*

*Wir haben vorhin von dem Ich des Menschen gesprochen als dem Glied, von dem die Gesundung des Menschengeschlechtes ausgehen muss, indem es sich die Herrschaft über das erringt, was ihm zur Grundlage dient. Die nächste Aufgabe ist also, den Astralleib in die Gewalt zu bekommen oder das Geistselbst auszubilden. Als Vorstufe dazu tritt nun die Seele auf, die Empfindungsseele und die Verstandesseele. In der Seele breitet das Ich sein Licht aus, sagt Dr. Steiner in der «Geheimwissenschaft». Es besteht also schon eine Verbindung mit dem Ich, wenn auch noch keine Beherrschung. Das, was im Astralleib vor sich geht, wird auf das Ich bezogen. Es bleibt nicht isoliert stehen. Eine Empfindung meines Auges spreche ich als meine Empfindung an, nicht als etwas absolut Fremdes. Und so in allem. Es gehen gleichsam Fäden, die wir nicht sehen, vom Astralleib zum Ich, das uns als Punkt erscheint, und knüpfen alle die einzelnen Empfindungen daran. So ist dieser Ichpunkt das einzige, was alle Empfindungen gemeinsam haben. Dadurch, dass die Wahrnehmungen mit dem Ich verknüpft werden, werden sie zu Empfindungen und können erinnert werden. Diese Stufe der geistigen Entwicklung bezeichnen wir als die Empfindungsseele.*

*Wendet nun das Ich sich von der äußeren Wahrnehmung ab und belebt von innen heraus, was es als Erinnerungsbilder aufgenommen hat, so kommt gewissermaßen der umgekehrte Vorgang zustande. Der Ausgangspunkt des seelischen Vorganges liegt jetzt nicht in der äußeren Welt, sondern im Ich selbst. Das Ich bleibt aber nicht bei seiner Wahrnehmung als Ich stehen, das kann es auf dieser Stufe noch nicht, sondern es projiziert von sich aus die Erinnerung in den Astralleib, die als Vorstellung [unleserlich]. Geschieht dies nun nicht in der Reihenfolge, wie die Erinnerungsbilder aufgenommen sind, sondern in einer vom Ich bestimmten, also zweckmäßigen Reihenfolge, so sagt man, dass die Verstandesseele tätig ist. Eine mangelhafte Ausbildung der Verstandesseele zeigt sich z. B. in der Unfähigkeit, sich gewisser Wahrheiten zu erinnern, wenn man sie gerade braucht, oder in der Unfähigkeit, seine Gedanken lange Zeit auf einen Gegenstand zu konzentrieren. Das mag genügen, um darauf hinzudeuten, wie in der Verstandesseele das Ich sein Licht ausbreitet.*

*Dies ist auch für die Empfindungsseele der Fall. Viele Menschen wissen z. B. aus Erfahrung, dass sie als Kinder gegen irgendwelche bestimmte Nahrungsmittel eine Abneigung hatten, die sich nicht überwinden ließ. Mussten sie dann doch die betreffenden Dinge essen, so war eine krankhafte Reaktion des Körpers die Folge. In späteren Jahren verlieren die meisten Menschen diese Fähigkeit, das für sie Passende auszuwählen, weil unser materielles Zeitalter das individuelle Empfinden übersieht, keine Unterschiede in den Nahrungsmitteln anerkennt und vom Katheder herab erklärt, dass alles für alle tauge. Diese Fähigkeiten müssen wir zurückerobern, wenn das Ich vom Astralleib Besitz ergreifen soll oder, wie R. Steiner sagt: die Empfindungen müssen Organ der Seele werden.*

*Ich möchte nun versuchen, Ihnen an einigen Beispielen zu erörtern, wie diese Theorien sich praktisch verwerten lassen bzw. inwieweit sie schon Verwendung gefunden haben. Fangen wir einmal bei der heutigen Modekrankheit, der Nervosität an.*

*Wie sieht ein nervöser Mensch aus? Manchmal noch ganz gesund. Meist aber wird sich die Nervosität auch auf der physischen Ebene in bleicher Gesichtsfarbe, Blutarmut, Schlaffheit usw. ausdrücken. Und worüber klagt er? Ich habe Kopfschmerzen, kann abends nicht einschlafen, schlafe überhaupt sehr unruhig und wache bei dem leisesten Geräusch auf. Ich fühle mich vom Schlaf nicht erquickt, habe keinen Appetit und so geht es mit meinen Kräften immer mehr herunter. Es ist klar, dass es immer mehr mit ihm heruntergehen muss, aber da hilft nun nicht irgendein nervenberuhigendes Mittel, denn das sind meistens Betäubungsmittel, sondern einzig und allein die Beseitigung der Ursachen. Sie haben beachtet, dass unser Patient erzählte, er habe zunächst schlecht einschlafen können, bis er gar nicht mehr geschlafen habe.*

*Und zwar schlief er deswegen nicht, weil alle möglichen Bilder vor ihm auftauchten. Die Geschäfte des Alltags verfolgten ihn. Ganze Zahlenreihen stürzten auf ihn los. Oder die elende Musik, die er gehört hatte, klang ihm immer noch in den Ohren. Theosophisch würden wir das als eine Erregung des Astralleibes ansehen. Das Ich möchte jetzt wohl in den Zustand des Schlafes übergehen, aber der Astralleib hat ihm gegenüber eine gewisse Selbständigkeit bekommen, und ohnmächtig muss das Ich zusehen, was der Astralleib ihm vortanzt. Ein hässlicher Zustand, wie jeder weiß, der ihn einmal erlebt hat. Die Erklärung desselben ist sehr einfach. Der Mensch hat im Laufe der Zeit oder des Tages so viel Ich-Fremdes in sich aufgenommen, dass das Ich nicht die Möglichkeit hatte, es in irgendeiner Weise sich gleichsam organisch anzugliedern. Durch die Empfindungsseele wird z. B. etwas angegliedert, wenn man es sympathisch findet. Durch die Verstandesseele, wenn man es erkennend versteht. Wenn aber keines von beiden möglich ist, so bleibt es als Fremdstoff mit Eigenleben begabt im Astralleib liegen und zu ganz unpassenden Zeiten, wenn das Ich in seiner Tätigkeit geschwächt ist, beginnt es dann sein Eigenleben zu zeigen. Das nennt man dann Nervosität. Nervosität ist somit ein Selbständig-Werden des Astralleibes gegenüber dem Ich. Mit einem drastischen Vergleich könnte man das einen geistigen Katarrh nennen. Katarrh ist im physischen Körper allerdings das ganz Entsprechende, nämlich eine Reaktion des Körpers auf zu viele unverdauliche Sachen. Wie man einen Katarrh des physischen Körpers am besten dadurch beseitigt, dass man ihn eine Zeitlang in Ruhe lässt, so ist es auch mit dem Astralleib. Man lässt ihm eine Zeitlang keine neuen Empfindungen zukommen, begibt sich in eine ruhige Gegend, reißt sich von der lästigen Berufsarbeit los, dann gewinnt das Ich wieder die Kraft, den Astralleib in Ordnung zu bringen. Wirksamer ist die hier geschilderte und allbekannte Kur natürlich, wenn man nicht nur diese gleichsam negative Kur anwendet, dass man nämlich dem Astralleib nichts Neues von dem Unverdaulichen zukommen lässt, sondern wenn man nun auch positiv vorgeht und das bis dahin Angehäufte mit dem Ich zu durchdringen sucht. Man versucht z. B., sich den Zusammenhang klarzumachen, in dem die von uns getane und uns nervös machende Arbeit zum Staatsganzen, zum Menschendasein überhaupt steht; man findet dann, dass*

*sie einen Zweck hat, dass sie getan werden muss, gewissenhaft ausgeführt werden muss. Das hebt die Selbstachtung (darin kommt das Ich schon wieder zum Durchbruch), das erweitert den Gesichtskreis. Man denkt oft diese Gedanken durch, man liest, was große Männer dazu gesagt haben, man findet vielleicht unter den Berufskollegen selbst solche, so wird die trockene Arbeit mit Empfindung durchdrungen und ist nicht mehr Ich-fremd. Ja man kann sich sogar davon überzeugen, dass man die betreffende Arbeit ja im Grunde genommen freiwillig tut, denn wenn man sie absolut nicht wollte, könnte man ja als einfachster Handarbeiter auch sein Brot verdienen. Dann sieht man, dass die Arbeit ein Opfer ist, das man der Gesamtheit bringt. Dies Gefühl der Freiheit wirkt wohltuend auf die Nerven: es ist das stärkste Ichgefühl.*
*Ein Beispiel mag Ihnen veranschaulichen, wie feinfühlige Menschen, die keine Beziehung zur Geisteswissenschaft haben, von sich aus zu ähnlichen Anschauungen gekommen sind. Ich hörte von einem Missionar, der mit so großen Schwierigkeiten in den Tropen zu kämpfen hatte, dass er der Verzweiflung nahe war. Da gedachte er einer Weisung seiner Mutter: wenn es Dir so schlecht geht, dass Du den Kopf verlieren willst, dann sieh in den Spiegel und sage zu Dir: Du hast es ja selbst so gewollt. Er tat es und bekam wieder neuen Mut.*
*Das ist im Grunde dasselbe, was Dr. Steiner in der «Geheimwissenschaft» sagt: Man soll sich bei jeder Schwierigkeit sagen: Ich habe in einem vergangenen Leben selbst die Kraft geschaffen, die mich vor dieses Ereignis gestellt hat. Dadurch, dass man diesen Gedanken in allem Ernste denkt, wird er im Innern zu einem Licht, das den Kausalzusammenhang zwischen uns und dem Ereignis klar beleuchtet, und wir gehen gestärkt aus der Schwierigkeit hervor.*
*Der zunächst seelenhafte Gedanke entwickelt sich so schließlich zu einem Teil des Geistselbst: das Ich hat den Sieg errungen. Wenn wir die Schwierigkeit aber nicht innerlich überwinden, so wird sie uns zu einem dauernden Schaden, der zunächst seelisch, sich aber auch physisch äußern kann. Wie das möglich ist, lehrt eine einfache Überlegung.*
*Wir wissen, dass alles, was wir zunächst absichtlich tun und wobei wir uns jedes Mal Mühe geben müssen, schließlich zur Gewohnheit, zum Charakter wird. Mit anderen Worten, die absichtliche Tätigkeit des Ich im Astralleib geht ohne unseren Willen in den Ätherleib über, denn die-*

*ser ist ja der Träger unseres Charakters. Der Ätherleib ist es nun, der die Form des Körpers aufrechterhält, dass sie nicht zerfällt, und wir wissen auch, dass sich in der Form des Körpers und besonders des Gesichtes der Charakter eines Menschen zum großen Teil ausdrückt. (Auf dieser Tatsache beruhen ja Phrenologie und Physiognomik, die einseitig betrieben natürlich zu falschen Resultaten führen.)*

*Wenn nun durch den Ätherleib vom Astralleib etwas Ich-Fremdes übernommen wird, so ist durchaus verständlich, dass der Ätherleib auch im physischen Leibe etwas sich ausbilden lässt, was als nicht zum Organismus gehörig betrachtet werden muss, eben etwas Krankhaftes. Es ist selbstverständlich, dass Ich-fremde Bestandteile, wenn sie erst im Ätherleib angekommen sind, ungleich schwerer noch mit dem Ich-Bewusstsein durchdrungen werden können, als wenn sie noch im Astralleib wären. Erscheinen sie aber gar im physischen Leibe, so ist es für den heutigen Menschen eine absolute Unmöglichkeit, sie ichhaft zu durchdringen.*

*Die einzig richtige Haltung einer Krankheit des physischen Körpers gegenüber aber ist, ihren geistigen Grund zu suchen, eben auch auf die Weise, wie vorhin gesprochen wurde, wenn es nicht auf rein erkenntnismäßige Weise, die in diesem Falle natürlich nur die hellseherische ist, geschehen kann. Nur wenn die Krankheit als von uns selbst verschuldet angesehen wird, kann sie wirklich geheilt werden. Das ist eine Weisheit, die die Bibel an vielen Stellen lehrt. So Jeremia 6, 16: Fragt nach euren vorigen Wegen, so werdet ihr Ruhe finden für eure Seelen. Ja, die Bibel kennt den tiefen Zusammenhang zwischen dem, was sie Sünde nennt, und der Krankheit. Darum muss man im Sinne der Bibel seine Sünden erkennen und bekennen.*

*Christus verlangt, dass man sein Kreuz auf sich nehmen soll; d. h. eben, man soll sein Karma annehmen. Und das tut man, indem man zu allem Leid, das einem begegnet, Ja sagt und es überwindet. Nur so gelangt man zur Wahrnehmung seines höheren Ich. Darum musste Christus die Sünden der ganzen Welt, d. h. ihr Karma tragen, weil er ihr Ich werden wollte und sie sein Leib werden sollte.*

*Wird aber ein Leid vom Ich abgewiesen, will es sich zu seinen eigenen Taten nicht bekennen, oder kann es einer gewaltigen Begebenheit nicht standhalten, so hat das die schlimmsten Folgen für die Entwick-*

*lung des Menschen. Jemand bekennt sich z. B. nicht zu seinen Taten, wenn er ihre Folgen durch Lügen abzuwenden sucht. Er redet sich vielleicht selbst ein, dass er sie nicht getan hat, und vergisst sie vollkommen. Darum bittet David um Vergebung der verborgenen Fehler. Da ist es nun äußerst interessant, dass die moderne Psychiatrie auf dem langen Wege der Erfahrung zu genau demselben Resultat kommt wie die Geisteswissenschaft. Solche vergessenen Erlebnisse können auch ohne Absicht des Betreffenden ins Unterbewusstsein gelangen, einfach dadurch, dass das Ich instinktiv, weil es mit den Erlebnissen nicht fertig werden konnte, dieselben gleichsam in eine verborgene Kammer des Geistes einsperrte und abschloss. Wenn nun diese verdrängten Aspekte, wie der Ausdruck dafür heißt, ruhig in ihrem Gefängnis sitzen blieben, dann wäre ja alles gut. Aber das tun sie nicht. Sie rumoren vielmehr und machen allerlei merkwürdige, sogar körperliche Symptome, die sich kein Mensch erklären kann, am wenigsten der Patient selbst, denn er hat die betreffende Ursache ja vergessen.*

*Heilung kann nun nicht anders erfolgen, als dass man den Betreffenden die Erlebnisse wieder ins Gedächtnis, ins Oberbewusstsein zurückruft. Das ist meistens nicht anders möglich als auf dem Wege der Hypnose. Wenn dann die betreffenden Erlebnisse wieder ins Bewusstsein des Patienten eingetreten sind, erlebt derselbe natürlich zunächst die furchtbare seelische Erregung, der er damals durch die Verdrängung des Affektes entgangen ist, und es ist Sache des Arztes, den Patienten auf die Bewältigung dieser Erregung vorzubereiten. Aber das ist nach Ansicht der modernen Psychiater unbedingt notwendig, dass der Patient selbst das Erlebnis innerlich überwindet, d. h. mit seinem Ich-Bewusstsein durchdringt und es nicht wieder als etwas Ich-Fremdes abstößt.*

*Davon redet Psalm 32,3–4. Da ich's wollte verschweigen, verschmachtete mein Gebein durch mein täglich Heulen, denn deine Hand war schwer auf mir, dass mein Saft vertrocknete, wie es im Sommer dürre wird.*

*So zeigt sich uns immer mehr, dass wir, wenn wir unsere geistige, seelische und körperliche Gesundheit behalten wollen, alle unsere Handlungen, überhaupt alles, was uns begegnet, das ganze Leben mit dem Ich-Bewusstsein durchdringen müssten. Dass uns das heute noch nicht in der vollkommenen Art, wie es bei entwickeltem Geistselbst, Lebens-*

*geist und Geistesmenschen möglich sein wird, gelingt, ist uns auch klar geworden. Doch aber müssen wir die Fähigkeiten, die wir auf diesem Gebiete schon haben, nicht ungebraucht lassen, denn aus ihnen entwickelt sich das Höhere.*

*Viele Menschen leiden z. B. an schlechtem Gedächtnis. Ein schlechtes Gedächtnis ist aber keine Erkrankung, sondern nur das Zeichen dafür, dass der Mensch viele Bestandteile in seinen Astralleib aufgenommen hat, die er nicht seinem Ich wirklich angegliedert hat. Da ist es dann das Einfachste, diese Angliederung noch nachträglich vorzunehmen. So kann man die alten Schulbücher wieder vornehmen, diese lesen, mit denen man sich in den ersten Schuljahren intensiv beschäftigt hat, oder seine Erinnerungen an die Kindheit in jeder möglichen Weise wieder auffrischen durch Gespräche mit den Kameraden aus der Zeit, durch Tagebuchaufzeichnungen usw. Dadurch werden die Teile des Ätherleibes, in denen diese Samen verankert liegen, wieder belebt und unter die Herrschaft des Ich gebracht.*

*Ein anderes Gebiet. Wenn wir die Menschen, mit denen wir umgehen, nicht leiden können, so besagt das, dass wir in uns noch nicht die Kraft ausgebildet haben, sie zu verstehen. Also ein Beweis für eine Schwäche des Ich. Wenn wir das so ansehen, können wir schließlich dazu kommen, diese Kraft auszubilden. Wenn wir aber bloß uns der Antipathie hingeben oder dem Ärger, so schneiden wir uns selbst die Entwicklungsmöglichkeit ab.* Ärger ist immer ein ungewolltes Eingeständnis unserer Schwäche. *Demgegenüber bildet die Liebe das Universalverständigungsmittel und auch in diesem Sinne das Universalheilmittel. Man lese den Korintherbrief: Ist das nicht die wichtigste Kraft?*

*Doch bleiben immer noch viele Dinge, die wir scheinbar gar nicht geistig durchdringen können und die darum, weil unsere Gedanken hinter ihnen zurückbleiben, für unseren Astral- und Ätherleib etwas Zerstörendes haben. So geht es den meisten Menschen z. B. mit dem Essen. Sie sehen das Essen als etwas rein Physisches an und können sich gar nicht vorstellen, dass es auch eine geistige Seite hat. Und doch gibt es auch die Möglichkeit, den physischen Vorgang geistig mitzuerleben oder wenigstens einen Weg dazu.*

*Wenn wir z. B. einen Apfel essen, so müssen wir zunächst sein Wesen ganz mit den Sinnesorganen erfassen, seine Farbe, seine Form, vor allem seinen Geruch und Geschmack. Liegt nicht in dem Geschmack schon etwas, was über das Physische hinausgeht? So sollte man alle Speisen sehr langsam und mit Bewusstsein essen und vor allem ihren Geschmack ganz auskosten. Dann sollten wir versuchen, uns darüber klar zu werden, in welchem Zusammenhang das Nahrungsmittel mit dem Weltganzen steht, was die Sonne dabei getan hat, was der Vorgang des Reifens bedeutet. Das sind ja Probleme, die nur mit Hilfe der Geisteswissenschaft gelöst werden können. Aber auch wenn wir sie noch nicht lösen, müssen wir wenigstens ihr Dasein ahnen. Darum haben alle Eingeweihten die Menschen vor dem Essen Beten gelehrt und sie mit Dankbarkeit essen geheißen. Sehr tiefsinnig sagte Professor H. in seinem Buche «Kranke Seelen»: Jeder Genuss, der nicht mit Dankbarkeit angenommen wird, schädigt uns.*

*Schließlich: Hat nicht Christus, indem er das Abendmahl austeilte, eine neue Art des Essens eingeführt? Er lehrt uns die Frucht des Kornfeldes als seinen Leib ansehen und den Saft der Rebe als sein Blut. Könnten wir Ihn in unserem täglichen Brot sehen, dann würde es uns zu einer ganz ungeahnten Stärkung dienen.*

*Um das Ganze zusammenzufassen: Was wir mit der Erkenntnis durchdringen können, das müssen wir auf diese Weise unserem Ich angliedern, und dazu bietet in umfassendem Sinne das geisteswissenschaftliche Studium die Möglichkeit. Alles aber, was uns da vorläufig noch als Rest verbleibt, das müssen wir als solchen anerkennen und wenigstens mit Gefühl durchdringen. Dazu leitet uns die Kunst an und in vollkommenerem Sinne die Religion. Das Vaterunser ist solch ein Mittel, durch das dieses geschehen kann.*

*Wenn man es geisteswissenschaftlich versteht, so umfasst es in den sieben Bitten den Menschen mit seinen sieben Gliedern. Und wenn es wirklich gebetet wird, so wirkt es harmonisierend und gesundend auf den ganzen Menschen ein. Ich glaube, wir ahnen jetzt die ungeheure Tiefe des Wortes Christi: Ich bin der Herr, dein Arzt!*

## An die Freunde des Sanatoriums Riedberg (1929)

*Dieser offene Brief soll ein Gruß sein an alle Freunde und zugleich eine Bitte, in diesem für die Zukunft unseres Hauses besonders wichtigen Augenblick den folgenden Mitteilungen ihr Interesse zu schenken.*

*Über die bisherige Entwicklung unseres Hauses, seine Ziele und Arbeitsmethoden orientiert der frühere Prospekt. Der Grundgedanke war immer, Menschen, die seelenärztlicher Hilfe bedürfen, die Möglichkeit leiblicher und seelischer Genesung zu bieten.*

*Auf Grund unserer Erfahrungen dürfen wir sagen: Die anthroposophische Weltanschauung gibt hier Möglichkeiten der Krankheitserkenntnis wie auch der Heilung, an die sonst nicht zu denken wäre. Die Anthroposophie schafft bis in die Gestaltung des praktischen Lebens, bis in scheinbare Äußerlichkeiten hinein jene Atmosphäre von Ruhe und Vertrauen auf die geistige Welt, die gewissermaßen die Luft eines Heilinstitutes sein muss. Sie ermöglicht, eine Brücke des Vertrauens, des Verständnisses und der Hilfsbereitschaft von Mensch zu Mensch zu bauen, deren Fehlen man heute auf allen Gebieten bemerkt.*

*Es ist für den Arzt unmöglich, eine stets wechselnde Gruppe von Menschen zu behandeln, wenn er nicht von einem verständnisvollen Helferkreis unterstützt wird. In erster Linie meine ich damit diejenigen, die den Pflegeberuf als Lebensaufgabe gefunden haben. Es hat sich aber im Lauf der Jahre immer deutlicher gezeigt, dass eigentlich jeder Heilungssuchende zum Mithelfer werden muss, wenn er ganz gesund werden will.*

*Damit ist nicht gemeint, dass nun jeder sich in die Angelegenheiten der anderen einmischen soll, im Gegenteil; aber wer das Positive des heilenden Milieus empfindet, wird es auch den anderen Kranken gegenüber aufrechterhalten, wenn z. B. schlechte Stimmung oder Nörgelei den Aufbauprozess stören wollen. Sehr oft haben uns Gäste darin wertvollste Dienste geleistet. Oft schon musste ich denken: wenn es keine Krankheit gäbe, wie viel positive Beziehungen zwischen den Menschen wären nicht zustande gekommen! Krankheit hat immer auch eine soziale Aufgabe. Sie erfordert von Arzt und Helfer eine Vertiefung der Erkenntnis, eine Steigerung der Liebefähigkeit, vom Kranken eine Überwindung des Befangenseins in der eigenen Persönlichkeit.*

*So kann in einem Sanatorium immer mehr die Gesinnung entstehen: Krankheiten sind gemeinsame Aufgaben. Gewiss will der Kranke zunächst aus ganz persönlichen Gründen gesund werden; aber er wird es nie ganz werden können, wenn der Wunsch zur Gesundheit ein rein egoistischer bleibt. Der Kranke und der Heiler sollten empfinden: sie wirken an einem objektiven Geschehen, ja in Wirklichkeit am ganzen Weltenprozess mit, wenn sie eine Krankheitserscheinung in Gesundheit umwandeln.*

*Man verkennt aber die soziale Aufgabe der Krankheit, wenn man den Kranken isoliert und nur mit anderen Kranken zusammenkommen lässt. So empfinden wir es dankbar, wenn gesunde Menschen sich einige Zeit in unserem Kreise aufhalten, um das Leben von draußen hereinfluten zu lassen. Künstler, Wissenschafter, Praktiker haben sich hier erholt, haben von ihrem Können gegeben und haben dankbar anerkannt, dass sie ihre Lebensauffassung hier vertiefen konnten.*

*Besonders dankbar empfanden es viele Gäste, dass sie die «Angst vor der Krankheit» hier verloren haben.*

*Diese Angst ist heute weit verbreitet und wirkt geradezu verheerend auf viele Menschen. Sie ist eine Folge der materialistisch gesinnten Medizin, die die Ursachen für die Erkrankung überwiegend in der Außenwelt sieht. Findet der Mensch seinen Schwerpunkt im Geist, dann wird er diese Angst überwinden.*

*So viel sollte wenigstens über die Grundstimmung gesagt werden, von der aus sich das Weitere ergeben wird. Wir können als Anthroposophen z. B. nicht mehr von «Geisteskrankheit» sprechen. Wir wissen, dass der Geist des Menschen immer gesund ist, aber das physische Werkzeug, der Leib oder speziell das Gehirn, können krank sein, oder ungeeignet, den Geist zur Offenbarung zu bringen. Dr. Steiner weist in dem Vortrag «Wie Karma wirkt» darauf hin, dass ein Mensch, der in einer Verkörperung ein Idiot war, gerade durch dieses schmerzliche Erleben in der folgenden Inkarnation ein «wahres Genie der Wohltätigkeit» wurde. Solche Zusammenhänge können uns heute, wenn wir ohne Vorurteil das Leben betrachten, zu Erkenntnissen werden. Sie müssen Lebensstimmung sein bei dem, der für die Heilung das Richtige tun will. Wenn*

*auch nicht jede Krankheit in jedem Stadium geheilt werden kann, so können wir als Anthroposophen doch die Gewissheit haben: und es ist trotzdem wichtig, dass das Richtige getan wird.*
*Wenn es uns gelingt, in jeder Krankheit eine Verpflichtung zu sehen, die Gesundheit selber zu entwickeln, wird eine durchaus positive Lebensstimmung die Seelen durchdringen. Solche Lebensstimmung zu begründen, ist auch die Absicht der Arbeitsstunde, die der Arzt morgens mit den Gästen und Helfern abhält. Im Übrigen wirken Eurythmie, Musik, Kunst überhaupt in diesem Sinne.*
*Der Rahmen des bisherigen Betriebes ließ es aber nicht zu, seelisch Erkrankte in solchen Stadien aufzunehmen, wo sie dauernder Pflege oder Aufsicht bedürfen. Sowohl die Einrichtungen des Hauses wie auch die behördlichen Bestimmungen standen dem entgegen, sodass wir immer wieder gerade die am schwersten Leidenden abweisen mussten.*
*So stellte uns die Arbeit selber immer stärker vor die Notwendigkeit, an eine Erweiterung zu denken. Vonseiten der Angehörigen trat diese Aufforderung immer wieder an uns heran, und sie wurde verstärkt durch bereitwillige Hilfe. Angehörige von Kranken, die hier Hilfe gefunden hatten oder die erst aufgenommen werden sollten, stellten einige Mittel zur Verfügung. So konnten wir mit gutem Vertrauen an eine Erweiterung denken.*
*Zunächst ergab sich nun bei eingehender Beratung aller Möglichkeiten, auch mit Freunden und Sachverständigen, dass das Anwesen in Günterstal nicht groß genug war, um einen Neubau für den gedachten Zweck zu tragen; das jetzige Sanatorium wäre dadurch beengt worden, und für den Neubau wäre nur ein kleiner Rest des Gartens übrig geblieben, der den Kranken nicht genügend Aussicht und Bewegungsfreiheit gewährt hätte.*
*So entschlossen wir uns, nach neuen Möglichkeiten Umschau zu halten. Nach langem Suchen wurde uns ein Anwesen angeboten, das für unseren Zweck wie geschaffen schien und das wir nach reiflicher Überlegung wählten: das Gut Wiesneck bei Buchenbach. Es wurde am 9. November 1928 zu günstigen Bedingungen gekauft.*
*Wiesneck liegt 12 km östlich von Freiburg, kurz vor dem Beginn des Höllentals. Die Entfernung von der Station Himmelreich der Bahn Freiburg-Neustadt-Donaueschingen beträgt 1,5 km. Die Höhe über*

*dem Meere ist 500–550 m. Das Klima ist günstig, da scharfe Winde von den Bergen abgehalten werden. Die vom Rheintal im Winter vordringenden Nebel kommen selten bis hierher. Das Anwesen ist 34 ha groß. Davon sind etwa 12 ha Wald, etwa 12 ha Ackerland, der Rest besteht aus Wiesen und Berghang. Der Wald bedeckt einen kleinen Berg, der nach Osten hin das Gut begrenzt; auf ihm befinden sich die Reste eines alten Römerturms und der späteren mittelalterlichen Feste Wiesneck, die 1635 von den Schweden zerstört wurde.*

*Nach Süden und Westen hin umfließt der Wagensteigbach in großem Bogen das Gut; so ist Wiesneck nach drei Seiten hin natürlich begrenzt. Unbegrenzt dagegen ist der Blick, der vom Abhang, an dem der Neubau liegt, nach allen Seiten schweifen kann. Der Neubau wurde Pfingsten 1929 begonnen.*

*Das Haus ist so orientiert, dass man von fast allen Zimmern den Blick nach Süden frei hat. Über die reiche und mannigfaltig bebaute Ebene sieht man in der Ferne den Hinterwaldkopf, über den der Wanderer zum Feldberg gelangt, und das Rappeneck, hinter dessen wuchtigem Rücken sich der Schauinsland verbirgt. Von der nach Westen gelegenen großen Terrasse aber überschaut man das ganze, wie eine große Schale gebildete Dreisamtal, an dessen Ende die Türme von Freiburg sich als Silhouette vom Horizont abheben, und wie leise Obertöne in dieser Harmonie der Linien und Farben erscheinen in violettem Schimmer die zarten Linien der Vogesen. Hier ladet Breisach zu einem Ausflug, hier das Elsass mit Colmar und Grünewalds unsterblichem Vermächtnis.*

*Der Neubau selber ist mit den Mitteln der heutigen Baukunst praktisch eingerichtet; jedes Zimmer wird fließendes warmes und kaltes Wasser haben. Besonderer Wert wurde darauf gelegt, die Zimmer möglichst schallsicher zu bauen. Anstatt der störenden elektrischen Klingel wird eine lautlose Lichtsignalanlage dem Kranken ermöglichen, das Pflegepersonal herbeizurufen.*

*Die innere Einteilung des Hauses ist so getroffen, dass die eine Hauptetage für Herren, die andere für Damen bestimmt ist. In jeder Etage ist eine vollkommen getrennte kleinere Abteilung für diejenigen Kranken bestimmt, die dauernder Pflege und Aufsicht bedürfen. In jeder Etage ist ein Speisesaal sowie ein geräumiger Musik- und Unterhaltungsraum vorhanden. Im Ganzen wird der Neubau für etwa 35 Gäste Raum bieten. Außerdem ist aber noch ein Altbau vorhanden, den wir umgebaut und mit Zentralheizung versehen haben. Hier befinden sich die Wohnungen der Ärzte und Angestellten sowie die Zentralküche und Verwaltungsräume. Das Haus hat außer Küche, Ess-Saal und Büro noch 18 Wohnräume; durch Ausbau des Dachgeschosses können leicht noch 7–8 Räume gewonnen werden.*

*Schließlich sei erwähnt, dass ein großer Gutshof und Gemüsegarten Gelegenheit zur Arbeit bieten wird. Ein anthroposophischer Landwirt wird die Leitung der Landwirtschaft übernehmen. Wir denken außerdem an die Einrichtung verschiedener Werkstätten, um minderbemittelten Kranken oder Menschen, die nicht allein im Leben stehen können, ohne eigentlich krank zu sein, eine Erwerbsmöglichkeit zu bieten. In dieser Weise soll versucht werden, im kleinen Kreise einen sozialen Ausgleich zu schaffen.*

*Praktische Gebäude und ein ideal schönes Stückchen Erde sind also da und warten der Menschen, die Leben und Liebe hineintragen.*

*Im Laufe der bisherigen Arbeit in Günterstal hat sich ein Kreis von Mitarbeitern zusammengefunden, der in dieser Arbeit seine Lebensaufgabe sieht. Wenn diese Arbeit auch manchmal über unsere Kräfte zu gehen schien, sie erscheint uns doch schön, denn wir dürfen helfen, dass Menschen zu den Quellen des Lebens zurückfinden.*

*Für die neuen, größeren Aufgaben, die uns in Wiesneck erwarten, schauen wir noch nach weiteren Hilfskräften aus, nach Helfern und Spendern. Anfang April 1930 wird der Neubau bezugsfertig sein. Zurzeit wird die Heizung eingebaut und die elektrische Anlage montiert. Inzwischen muss noch manches vorbereitet werden, z. B. Möbel, Wäsche und sonstiges Inventar.*

*Vor allem brauchten wir noch dringend kleinere und erst recht größere Darlehen zu günstigen Bedingungen. Bis jetzt bin ich persönlich Inhaber des Unternehmens und habe eine große Schuldenlast auf mich genommen. Ich habe das, wie ich oben darlegte, getan, weil die Arbeit, die ich als meine Lebensaufgabe betrachte, es von mir verlangte.*

*Ich sehe es aber als selbstverständlich an, dass ich das Unternehmen von meiner Person ablösen muss, sobald dieses möglich ist. Es wäre mir lieb, wenn sich möglichst bald Menschen zusammenfänden, die eine Art Kuratorium bilden und für den Fortgang der Arbeit Sorge tragen, wenn ich eines Tages dazu nicht mehr in der Lage sein sollte. Mir wäre es am liebsten, wenn das ganze Unternehmen auf gemeinnütziger Basis betrieben würde. Über die rechtliche Form, die das ermöglicht, ziehe ich gegenwärtig Erkundigungen ein. Für die wirtschaftliche Leitung usw. suche ich nach Mitarbeitern.*

*Wer in den geschilderten Zielen eigene Lebensimpulse anklingen fühlt, wer bereit ist und sich imstande glaubt, an einem gemeinsamen Werk mitzuarbeiten, sei herzlich gebeten, sich an mich zu wenden.*

*Rudolf Steiner hat uns oft gesagt, dass die Zukunft in mancher Beziehung schwere Zeiten für Mitteleuropa bringen wird. Aber wie ein leuchtender Stern sind die Worte, die er über die Mission Mitteleuropas sprach: dass Mitteleuropa die Aufgabe habe, die heilenden Fähigkeiten auszubilden. Hierbei mitzuhelfen, soviel in unseren Kräften steht, betrachten wir als unser Ziel.*

*Mit solchen Gedanken im Herzen begingen wir am 16. August unser Richtfest. Alter Tradition gemäß waren die Arbeiter, Meister und Gesellen dabei versammelt, auch die Gäste unseres Hauses und Freunde aus Freiburg. Was uns alle bewegte, versuchte ich in folgende Worte zu kleiden:*

*So stehet, Ihr Mauern / auf felsigem Grund*
*Die Erdkraft erhaltet / dem heilenden Bund.*
*So schützet, Ihr Mauern / das heilende Streben,*
*Und Wolken und Winde / beflügeln das Leben.*
*Erscheine, oh Sonne / dem Aug' und dem Herzen,*
*Verwandle in Wonne / die Seelenschmerzen.*
*Erkrafte, oh Geist / das suchende Streben*
*Zum Lichte es weist / aus dunkelem Leben.*
*Erhalte, oh Himmel / die schützenden Mauern*
*Entzünde die Liebe / im heilenden Bund.*

*Günterstal bei Freiburg i. Br., zu Michaeli 1929.*
*Dr. med. F. Husemann*

## Werbebrief an einweisende Kollegen (1933)

Sanatorium Wiesneck E.V. *Im Februar 1933*
Buchenbach bei Freiburg i. Br.
Leitender Arzt: Dr. med. F. Husemann
Ruf Kirchzarten (Breisgau) Nr. 500

*Sehr geehrter Herr Kollege!*
*Hiermit erlaube ich mir, Ihnen einen Prospekt meines Sanatoriums zu überreichen. Wie Sie daraus ersehen werden, nehmen wir sowohl seelisch und körperlich Erschöpfte, wie auch eigentliche Psychosen auf; für Letztere stehen zwei geschlossene «Wachabteilungen» zur Verfügung. Ich habe dabei bewusst von dem Prinzip des Wachsaals abgesehen, sondern nur Einzel- und Doppelzimmer eingerichtet, die auf einen größeren Tagesraum münden und von diesem aus gut überwacht werden können.*
*Die Behandlung von Psychosen geschieht unter der prinzipiellen Voraussetzung, dass alle sogenannten Geisteskrankheiten körperliche Ursachen haben; es bestehen aber oft große Schwierigkeiten, diese im konkreten Fall aufzufinden. Hierbei und bei der Wahl der Heilmittel dienen uns die anthroposophischen Erkenntnisse vom Zusammenhang seelischer Vorgänge mit körperlichen Prozessen und den äußeren Naturprozessen als Richtlinien, die sich uns in jahrelanger Praxis bewährt haben.*
*Unser Ziel ist eine* kausale Therapie der Psychosen. *Wir geben z. B. einer Melancholie weder Brom noch Opium (unser Verbrauch an Narcoticis ist überhaupt minimal), sondern behandeln das versagende Organ, sei es nun Leber, Darm oder Uterus. Melancholie ist keine Krankheit sui generis, sondern ein seelisches Symptom, das oft eine lange körperliche Vorgeschichte hat. Analoges gilt für alle anderen Psychosen auch.*
*Wo sich keine direkten Organbeziehungen ergeben, wenden wir allgemein umstimmende Behandlung an. Um Fieber bzw. Temperatur zu erzeugen, verwenden wir nicht nur das unspezifische Pyrifer, sondern auch Stoffe pflanzlichen und tierischen Ursprungs, die spezifische Beziehungen zum menschlichen Organismus haben.*

*Ferner werden zu diesem Zweck Bäder aller Art, Packungen mit Zusätzen, Schwitzprozeduren, Eigenblutbehandlung, Aderlässe, Darmbäder usw. angewandt.*
*Manche Psychosen sind bekanntlich endokrinen Ursprungs und werden, wenn dieser Zusammenhang sich ergibt, organotherapeutisch behandelt.*
*Morphiumentziehungskuren werden nach kombiniertem System (Pernocton + Detoxin, eventl. Darmbad) erfolgreich durchgeführt.*
*Eine ausgedehnte Anwendung erfährt schließlich die Metalltherapie. Selbstverständlich handelt es sich hier nicht um grobe Dosen, sondern um potenzierte Medikamente. Bekanntlich wird neuerdings die allopathische Eisentherapie in der Weise modifiziert, dass Kupfer in kleinen Mengen gleichzeitig gegeben wird. Die anthroposophische Menschen- und Naturerkenntnis ergibt eine Einsicht, warum Eisen in dieser Zusammensetzung besser wirkt als allein, und in welchen Beziehungen die anderen Metalle zum menschlichen Organismus stehen. Wenn man Patienten mit «labilem» Nervensystem vor sich hat, kann man mit hochpotenzierten Metallen am schnellsten und sichersten helfen!*
*Im Übrigen nehmen auch die Patienten der «Wachabteilung», soweit es ihr Zustand erlaubt, an künstlerischer Betätigung teil, sie plastizieren in Ton, arbeiten kunstgewerblich, treiben Eurythmie (die von R. Steiner angegebene rhythmische Bewegungskunst). Alle Kranken der Wachabteilung kommen, wenn das Wetter es erlaubt, täglich nach draußen, oft machen sie in Begleitung große Spaziergänge, wozu die ländliche Gegend und der nahe Wald Gelegenheit bieten.*
*Vielfach haben Angehörige und Ärzte, die unsere Behandlungsmethode nicht kennen, die Befürchtung, die Kranken würden hier «mit Anthroposophie traktiert», «rein geistig» oder suggestiv behandelt. Ich selber würde das nicht nur für ein unfruchtbares Beginnen, sondern auch für schädlich halten. Anthroposophie als Weltanschauung wird an diese Kranken nicht herangebracht.*
*Etwas anderes ist das bei denjenigen Patienten, die infolge von Lebenskonflikten, Schicksalsschlägen usw. zermürbt und zusammengebrochen sind. Diese brauchen und verlangen auf ihre Fragen Antworten zu bekommen. Da kann Anthroposophie oft ihre beruhigende, ja heilende*

*Wirkung auf die Seele ausüben, insbesondere bei Menschen, denen die Antworten der Religion nichts mehr sagen. Wer in seiner Weltanschauung zufrieden und glücklich ist, den wollen wir selbstverständlich in seiner Ruhe nicht stören, der mag sich an der Natur erfreuen, mag sich künstlerisch betätigen und an dem teilnehmen, was ihm liegt.*
*Um Missverständnisse zu vermeiden, soll noch erwähnt werden, dass selbstverständlich manche Fälle auch durchaus psychotherapeutisch behandelt werden müssen; die Psychosen im Allgemeinen nur selten, dagegen manche scheinbar «organischen» Beschwerden, die bekanntlich oft psychogenen Ursprungs sind. Auf die Wechselbeziehung:*

*Seelische Störung – physische Ursachen*
*Physische Beschwerden – seelische Ursachen*

*wies Rudolf Steiner immer wieder hin; sie wird heute, wo man die Leib-Seele-Einheit betont, noch nicht erkannt, mindestens nicht genügend stark beachtet.*
*Menschen mit Weltkenntnis, die unseren Lebenskreis als Gäste kennenlernten, haben oft ihre Verwunderung ausgesprochen, dass hier Menschen so verschiedener sozialer Schichten, Konfessionen und Anschauungen friedlich und ersprießlich miteinander leben. Wer glaubt, dass wir Fanatiker sind, die jedem ihre Weltanschauung aufdrängen wollen, der tut uns wahrhaftig unrecht. Im Gegenteil: auf Grund eigener Erfahrung glaube ich nicht, dass es irgendwo Institute mit ähnlichem Zweck auf weltanschaulicher Grundlage gibt, in denen die Gesinnung* ehrlicher Toleranz *so selbstverständliche Haltung ist wie in den anthroposophischen; das hängt damit zusammen, dass unsere Weltanschauung uns erkennen lässt: «Eines schickt sich nicht für alle.»*
*Falls Sie für einen besonderen Fall noch weitere Auskünfte wünschen, bin ich gern bereit, sie zu geben. Außerdem könnte ich Ihnen zahlreiche Referenzen aufgeben, entweder ärztliche Kollegen oder Patienten, die hier waren.*
*Was schließlich unsere Preise betrifft, so sind sie im Verhältnis zu den Aufwendungen in Wirklichkeit niedrig; wir haben sehr viel Personal und auch sonst hohe Unkosten. Trotzdem bin ich bereit, bei längerer Dauer der Behandlung weitere Ermäßigungen und Pauschalpreise zu*

*gewähren, denn ich möchte mein Möglichstes tun, damit der Heilerfolg nicht durch finanzielle Schwierigkeiten in Frage gestellt wird.*

*Mit vorzüglicher Hochachtung*
*Dr. Fr. Husemann*

## Weihnachtsbrief 1944

*Weihnachten 1944*

*An die Freunde unserer Arbeit!*
*Zum Totensonntag, am 26. Nov., hatten wir abends eine schlichte Gedenkfeier veranstaltet mit chorischen und künstlerischen Darbietungen. Eine Wiederholung dieser Feierstunde war für Montagabend geplant. Schon hatten die Mitwirkenden sich umgekleidet und waren bereit, mit der Wiederholung zu beginnen, als plötzlich Bomberverbände über uns kreisten und über Freiburg die «Lichterbäume der Todesmächte» im strahlenden Nachthimmel aufleuchteten und drohend sich niedersenkten. In wenigen Minuten darauf sank auch Freiburg unter Bomben und Phosphor in Schutt und Asche. Was dieser Stadt das besondere Gepräge gab, ist nicht mehr. Über die Trümmer hinweg ragt mahnend das beschädigte Münster.*
*Ein ergreifendes, eindringliches Bild stand während des Brandes vor unseren Augen: Aus den Sprengwölkchen der Flak hatte sich eine große Kumuluswolke geballt und gestaltet, silbern erstrahlend im Lichte des Mondes. Darunter, wie eine nach unten sich öffnende Schale, die dunkele, beweglich ruhende Wolke aus Ruß und Qualm und dahinein aufsteigend die vom gewaltigen Feuer rot durchleuchteten Rauchsäulen der brennenden Stadt.*
*Und ein Wort hörte ich in diesem Inferno: »Es sind die Geister der Liebe, welche die Zornesschalen über uns ausgießen.» Die Geister der Liebe. So schwer ist es zu begreifen, aber ein einsichtiges Herz wird es dennoch, wenn auch tief erschüttert, verstehen. Geister der Liebe sind es, die über diesen schweren Schicksalen und Seelenprüfungen wachen und «nichts geschehen lassen, was nicht geschehen muss zum Heil und Fortschritt der Menschen».*

*In tragischer Weise erfüllt sich nun das Schicksal jener Idee, die nur ein Stofflich-Totes wahrhaben will und dieses Tote verherrlicht und gelten lässt und nun die Auswirkungen solcher Ideen in ihrer alles zerstörenden Form am eigenen Leibe erleben muss. Stark sind die Zerstörermächte, aber stärker wird sich erweisen der Mensch, der durch die Abgründe und Schrecknisse der Zeit den Weg zum Neuland im Geiste suchte und fand. Zwar wird der Abgrund der Zeit noch Viele und Vieles verschlingen; denn was bisher in die Freiheit eines jeden Menschen gestellt war: zu ergreifen «das Licht, das in die Finsternis kam eines menschlichen Leibes», heute ist es ein unbarmherziges Müssen, wenn nicht die Menschheit in ein Unmenschliches und den Tod versinken will. Und dieses Müssen wird mehr oder weniger hart zu uns allen sprechen.*

*Und ein anderes Erlebnis dieser Tage steht vor mir: Ein wohlhabender, in jeder Weise gesicherter Freiburger Kaufmann hatte in der Bombennacht seine Wohnung und sein Geschäft verloren. Er lebte den vielgepriesenen Ideen unserer Zeit, aber in solcher Notlage trugen sie ihn nicht. Mit seiner Frau irrte er in der Umgebung umher und versuchte ein Unterkommen zu finden. Nach Tagen vergeblichen Suchens kamen beide bis an die Brücke zu unserem Gelände, von dem alle Gäste einmütig sagen: dass es «wie eine Insel» im Sturm der Zeit sei. Sie aber fanden nicht die Kraft, über diese Brücke zu schreiten, und nahmen in ihrer Haltlosigkeit Gift. Vom Spätabend bis zum Mittag des anderen Tages hatten sie in der winterlichen Kälte im Freien auf der Erde und in unmittelbarer Nähe des Wassers gelegen. Eine Mitarbeiterin fand diese beiden mit dem Tod ringenden Menschen und sie konnten so in letzter Minute gerettet werden. Und so wie diese beiden treibt es viele Menschen über die Straßen des Lebens, die eine Heimat, ein Verlorenes suchen. Wohl treiben die Ereignisse der Zeit sie bis an jene Brücke, die ihnen zum Tor zu einer neuen Geistesheimat werden könnte, aber sie haben nicht den Mut und Glauben und nicht das Vertrauen an jene Kraft, die sie hinüber tragen kann, ja sie reißen gewaltsam diese Brücken ein und zerstören sie. Und das Seltsame ist, später hörte ich den Namen dieser Menschen: Es ist der Anfang eines uralten Gebetes. Da ward es mir zum Symbolum und Zeichen der Zeit.*

*Kurz nach Ausbruch des Krieges wurde vom Staatl. Gesundheitsamt*

*festgesetzt, dass im Fall eines Angriffs auf Freiburg ein Teil des Sanatoriums sofort freigestellt werden müsse. Dieser Fall war nun eingetreten. Sämtliche Univ. Kliniken waren zerstört einschließlich der Institute, allein die psych. Klinik blieb unversehrt. Groß ist die Zahl der Toten in den Kliniken, aber in der psych. Klinik wurde nicht ein Patient verletzt oder getötet. Weise waltet das Schicksal …*
*Nun, wir also nahmen bereitwilligst einen Teil der med. Klinik bei uns auf. Sämtliche Mitarbeiter stellten sich bedingungslos in den Dienst der Notleidenden. Abteilung um Abteilung musste geräumt werden. In kürzester Zeit mussten unsere Kranken entlassen werden und abreisen. Da wir ja außerdem Frontgebiet wurden, waren all diese Abreisen nur unter den größten Schwierigkeiten durchzuführen. Autos oder Krankenwagen standen ja nicht zur Verfügung, und so mussten unsere Kranken oft stundenlang an den Abenden und in den Nächten auf einen Zug warten. Aber alle Züge waren überfüllt von Freiburgern, die ihre zerstörte Stadt verließen. Und es waren erschütternde Bilder, die sich durch die Art solcher Abreisen ergaben. Aber Eines war nicht ohne bittere Ironie: Von amtlicher Seite war uns ein größeres Auto geschickt worden für einen befohlenen Krankentransport nach Geisingen; dort aber nahm man die Schwerkranken nicht auf und am Spätabend, also nach einer Landes-Rundfahrt, kamen alle wieder in Wiesneck an. Auch ein Zeichen?*
*Bisher wurde das Sanatorium vollständig geräumt. Die letzten Patienten sind im Landhaus untergebracht. Viele der Mitarbeiter haben uns verlassen müssen und sind in alle Weiten zerstreut worden. Ein Organismus, lebendig gewachsen im Laufe der Jahre auf dem Boden eines Geistgrundes, der uns erschlossen wurde durch unseren verehrten Lehrer, durchkraftet von der selbstlosen Einsatzbereitschaft der Mitarbeiter, geleitet aus den Einsichten und den Erfahrungen seines Begründers, dieser lebendige Organismus wurde durch solchen gewaltsamen Eingriff gelähmt und stark erschüttert. Aber ist es nicht so:*

> *«Es geht des Weltgeschehens Schicksalsstrom*
> *Durch Wort und Tat des ernsten Opferdienstes»*
> *(… «Was wir … vollbringen,*
> *Bedeutung hat es doch nicht hier allein …»)*

*Und so dürfen wir wissen, es ist nichts verloren,*
*was hier als verloren erscheint.*
*«Und wo die Finsternis groß, strahlt umso heller das Licht.»*

*Denn das Licht, das aufleuchten soll mehr und mehr in den Seelen der Menschen, das unerkannt und nicht verstanden in alle den Wirren unserer Zeit Unruhe und zu den harten Schicksalsschlägen und Seelenprüfungen treibt und weiter treibt, von diesem Licht sollten Menschen nicht nur in allgemeinen, nichts sagenden Abstraktionen, sondern es willens- und erkenntnismäßig in ihre Herzen hineinnehmen und von da hineinströmen lassen in ihr Tatenleben; ja, wenn aus einer wahren, geistgemäßen Welterkenntnis Selbsterkenntnis und aus einer so anzustrebenden Selbsterkenntnis Welterkenntnis sprießt, dann werden die Wunden der Zeit wieder heilen und jenes Licht*

*«Das erstrahlt in Menschenseelen,*
*Das erwärmte die warmen Hirtenherzen,*
*Das erleuchtete die weisen Königshäupter,*
*Das göttliche Licht: Die Christus Sonne»*
*es wird die Finsternis erhellen und es*
*«wird gut werden, was wir aus Herzen gründen,*
*was wir aus Häuptern zielvoll führen wollen.»*

*Und so will ich versuchen, diesen Weihnachtsbrief, der von den Schatten des Totensonntags wie verdunkelt erscheint, mit einem Erlebnisbild einer früheren Patientin von uns zu beschließen, mit einem Erlebnisbild, welches die ganze leuchtende, wärmende Gewissheit des weihnachtlichen Lichtes ausstrahlt:*
*In jener tragischen Novembernacht war diese Freiburgerin in ihren nach menschlicher Berechnung unzerstörbaren Luftschutzkeller geeilt, aber eine innere Stimme trieb sie bald darauf aus dem Keller auf die Straße hinaus. Im gleichen Augenblick stürzte hinter ihr das brennende Haus zusammen, sämtliche Notausgänge unter den brennenden Trümmern ihres Hauses und denen der Nachbarn begrabend. Nichts hatte sie zu retten vermocht als nur das, was sie am Leibe trug, und ein kleines Kind eines Hausbewohners, der mit seiner Frau in der Stadt war.*

*Durch die brennende Stadt dem Schlossberg zustrebend, stolperte sie oftmals über Baumstämme, Trümmer und Bombentrichter, Phosphorkanister prasselten rings um sie nieder. Sprengbomben explodierten in unmittelbarer Nähe. Aber die Frau eilte weiter. Plötzlich versank sie und stürzte in die Tiefe. Es wurde dunkel um sie. Dann versuchte sie aus dem Luftminentrichter emporzuklettern, aber vergeblich. Immer wieder stürzte sie zurück, da sie das Kind auf dem Arm festhielt und es sie beim Heraussteigen behinderte. In ihrem Schmerz und Leid weinte sie und nun hörte sie eine Stimme, laut und fordernd: «Lass doch das fremde Kind liegen und rette dich selbst! Was geht dich das fremde Kind an? Rette dich selbst und lass das fremde Kind liegen!» Da aber gedachte sie in ihrer Verzweifelung des Christophorus und drückte mit letzter Kraft das Kind an ihr Herz und rief laut: «Ich lasse es nicht!» Und da kam ein Lichtschein in ihre Nähe und ein Fremder reichte ihr die Hand und half ihr und dem Kind aus der Tiefe. Der sah die Frau wortlos und fragend an, nötigte sie, ihr Kleid wieder anzuziehen, das sie dem Kinde umgewickelt hatte, und er zog seine Jacke aus und hüllte das Kind darin ein. Dann fragte er sie nach ihrem Wohin. Das Kind auf seinem Arm tragend, die erschöpfte Frau an der anderen Hand haltend, so schritten die drei durch das Trichterfeld, von dem Fremden sicher geleitet, dem Haus zu, welches die Frau suchte. Und dort, still wie er gekommen, entschwand er ihren Blicken in der Nacht.*
*Wie auch die Zerstörermächte toben und wüten: Groß vor dem dunkelen Horizont der Zeit, über Schutt und Asche liebevoll hinausweisend, steht dieses Bild als beispielhaftes mitten unter uns und vor unseren Augen:*
*Das Bild des aus den Flammen und Todesabgründen geretteten Menschenkindes, geborgen in den Armen selbstloser Liebe.*

*Dr. F. Husemann*

*Rudolf Geiger (1908–1999)*

## Begegnung in Colmar im September 1930*

Die gute Botschaft traf in den ersten Septembertagen ein. Da erinnerte sich Dr. Friedrich Husemann in Wiesneck, bei Freiburg, dass ich ihm an Ostern einen Brief geschrieben und um eine Stelle als Sekretär gebeten hatte. Mein Brief war gewiss zu einer ungeschickten Zeit in Wiesneck eingetroffen, denn eben am Palmsonntag 1930 hatte Husemann sein Sanatorium Wiesneck, für Psychiatrie, erst eröffnet und war so mit allen Fasern im neuen Haus beschäftigt, dass ihm zu einer Antwort keine Zeit blieb. Aber nun, in dem Septemberbrief, über Annweiler in unsere Ludwigshafener Absteige nachgesandt, fragte er, ob ich noch ohne Stellung sei, was ich bei vollkommen freier Verpflegung beanspruchen würde, und ob ich Vorträge stenographieren könne. Ich schrieb sofort zurück: Die Fragen eins und drei könne ich mit gutem Gewissen bejahen, die zweite gäbe ich seinem Ermessen anheim. Darauf ließ er mich wiederum umgehend wissen, dann möge ich mich doch am nächsten Mittwoch in Colmar einfinden und ihn dort vormittags zehn Uhr am Eingang zum Unterlindenmuseum erwarten; er werde vor dem Isenheimer Altar einen Vortrag halten, ich solle ihn mitschreiben. – Wuchsen uns da nicht mit einemmal grüngoldene Flügel? Da war nun jemand, der mich haben wollte!

Ich fuhr nach Colmar und stand auch rechtzeitig, mit meiner Reiseschreibmaschine bewaffnet, am Museumstor – aber kein Dr. Husemann war zu sehen. Ich stand und stand und schaute über den Platz, ob nicht doch jemand käme und sagte: Ich bin der, den Sie erwarten. Um zwölf Uhr wurde die Pforte zur Mittagspause geschlossen. Jetzt konnte ich ruhig einen Imbiss einnehmen, um mich um zwei Uhr wieder einzufinden. Und tatsächlich, bald nach der Wiedereröffnung, kam ein Herr, von drei Damen begleitet, über den Platz, ging auf mich zu. Es war Dr. Husemann. Er sagte in der einfachsten Art, es täte

* Aus «Rückblick in mein Leben», Borchen 2003.

ihm leid, aber es sei am Morgen ganz anders gelaufen als vorgesehen; er habe nicht wegkommen können, auch keine Möglichkeit gesehen, mich zu verständigen, ich möge entschuldigen. Es war einleuchtend, daran gab es nichts zu deuteln.

Wenig später saß ich auf den Stufen des Altars und hörte seine tiefe, ruhige Stimme, die ich dann im Laufe dieses Lebens noch hunderte, tausende Male vernommen habe, gewiss auch in weniger sakralen Zusammenhängen. Hier sprach sie von dem, was sich auf den Altartafeln begab, mehr zögernd und andeutend als flüssig; denn das war nie und nimmer ein Vortrag. Es schien eher ein Sich-Rechenschaftgeben im Selbstgespräch von dem, was da wahrgenommen werden konnte; ein befragendes Umkreisen der Gestalten, um jede in ihrem besonderen Charakter zu erfassen: wie ganz anders Antonius zu fassen war als Sebastian, wie auf der linken Seite des Kreuzigungsbildes die Gruppe von Maria und Johannes und der davor knieenden Magdalena sich in eine erschütternde Rune des Schmerzes zusammenzog, gegenüber aber der Täufer Johannes, zum Herzen des Gekreuzigten deutend, aufrecht und sachlich die Wendeworte ausspricht: «Dieser muss wachsen, ich aber muss abnehmen.» Ich schrieb, sah auf und schrieb wieder. Husemann sprach langsam, manchmal im Fragen verstummend, ließ Pausen; ich konnte gut mitschreiben. Er führte uns aus der Erstarrungssphäre des Todes vom Kreuzigungsbild zur Tafel der Auferstehung, wo die Gestalt des Christus in einer Licht- und Farbenaura schwebt. Wir hörten von den Geburtswundern in der Marientafel, von Antonii Versuchung und schließlich dem Ruhe ausströmenden Gespräch der beiden Heilsuchenden auf der Eremitentafel.

Freilich hatte ich in meiner Journalistenzeit schon viele Reden, Ansprachen, Berichte gehört und mitgeschrieben. Das Mitschreiben hier glich einem Augenöffnungsprozess; an und in mir selber geschah etwas. Ich war eingenommen in eine Welt, die aller Welten zentralste ist. So wurde die allererste Begegnung mit Husemann gleich zum wichtigsten Ereignis, schicksalsbestimmend: Ich wurde zuinnerst und unwiderruflich eingeschworen in den Husemannschen Lebenskreis. – Husemann fand im Nachhinein die Übertragung meiner stenographischen Nachschrift brauchbar. Sie wurde als kleine Broschüre «Der

Isenheimer Altar. Ein Versuch, seinen esoterischen Gehalt zu ergründen» im folgenden Jahr auch gedruckt.

Äußerlich gesehen war die Aufnahme in den Wiesnecker Kreis dann nicht ganz so selbstverständlich. Denn als ich Dr. Husemann sagte, zwischen Ostern und jetzt hätte ich mich verheiratet, brächte also eine junge Frau mit, die ein Kind erwarte, wurde er sehr nachdenklich und zurückhaltend. Das war viel verlangt, nach seiner Auffassung für Wiesnecker Verhältnisse zu viel. Seine vorsichtige Natur ließ ihn wägend sagen: Mich wolle er gern einstellen, aber gleich meine Frau dazu, das gehe nicht. Ich solle allein kommen, die Frau könne sich ja bei ihren Eltern aufhalten. Nein, sagte ich, das sei ausgeschlossen, zu ihren Eltern könne sie nicht gehen. – Dann solle sie sich zu meinen Eltern begeben. – Nein, sagte ich, das sei noch viel weniger möglich. Beide Elternhäuser seien uns verschlossen. Es bleibe keine Wahl, sie müsse mit mir kommen. Ich wolle sie auch nicht verlassen. – Es kostete Husemann wirklich tiefe Seufzer, bis er sich durchrang, dann solle sie eben mit mir kommen; er könne mir das aber zunächst nur bis Weihnachten versprechen. Was dann werde, müsse man sehen.

So verließen wir am 19. November 1930 die Dachmansarde in Ludwigshafen und reisten per Bahn nach Wiesneck. Vom Bahnhof Himmelreich zum Sanatorium ging es wie gewohnt zu Fuß, niemand holte uns ab, ich in den Händen die zwei Koffer unserer Habe schleppend, Helma mit Taschen bepackt. Es war ein grautrüber Tag, eben November, fünf Uhr nachmittags und schon dämmerig, als wir zur Brücke einbogen. Um den Wagensteigbach und über der Hausmatte waberte Nebeldunst, der Ort empfing uns fröstelnd und trostlos. Helma sagte: «Je – wohin führst du mich da? Das ist ja das Ende der Welt. Da werde ich niemals bleiben.» Aber wir blieben doch.[196]

# Über den Mitautor Werner Priever
## (9.8.1910 – 22.5.2001)[197]

Werner Priever wurde in Schlesien einige Kilometer nordöstlich von Breslau in einer kleinen Stadt mit dem Namen Oels geboren. Diese Gegend liegt heute in Polen. Mit 18 Jahren begegnete er der Anthroposophie, wobei ihm die Schrift «Das Christentum als mystische Tatsache» von Rudolf Steiner wegweisend war. Während seines Medizinstudiums lernte er in Pilgramshain bei Karl König die Heilpädagogik kennen. Von 1937 bis 1945 war er wissenschaftlicher Assistent an der Neurologischen und Psychiatrischen Universitätsklinik Breslau, wo er unter Professor Lange und Professor Villinger eine vorzügliche klinische Ausbildung bekam. Während des Krieges war er ein Jahr lang in einem Fleckfieberlazarett an der russischen Front tätig.

Am 16. Januar 1946 begegnete er Friedrich Husemann in Wiesneck, im März desselben Jahres fand er nach vielen Umwegen seine Familie wieder. Dann kamen die 14 Jahre Zusammenarbeit mit Friedrich Husemann. Priever schätzte an Husemann vor allem, wie dieser im Einzelgespräch und in den sonntäglichen Vorträgen unmittelbar therapeutisch wirken konnte. Eine künftige, ganz aus dem Geistig-Spirituellen entwickelte Psychotherapie erschien ihm da veranlagt. Prievers Arbeitsleistung in diesen Jahren war unter schlechten äußeren Bedingungen enorm, er stand im 35. bis 49. Lebensjahr. 1959 über-

nahm er zusammen mit Rudolf Treichler die Leitung der Klinik. 1975 übergab er das Krankenhaus in jüngere Hände, machte aber weiter Urlaubsvertretungen. Er war Mitbegründer des «Heilpädagogischen Sozialwerks» in Freiburg (1969) und des «Instituts für anthroposophisch orientierte Psychotherapie» (1979). 1999 erschien seine Schrift «Aspekte des Unterbewussten» (Stuttgart, Verlag Freies Geistesleben). Für die Patienten der Friedrich-Husemann-Klinik hielt Werner Priever etwa 100 Vorträge, deren Themen seine umfassenden literarischen, kunstgeschichtlichen und christologischen Kenntnisse widerspiegeln. In den letzten Jahren arbeitete er an der vorliegenden Biographie Friedrich Husemanns. Durch seine Initiative und umfangreiche Grundlagenarbeit ist er Mitautor dieses Buches.

Wegen seiner Bescheidenheit wurde Priever leicht übersehen oder auch unterschätzt. Umso mehr liebten ihn seine Patienten. Sie fühlten sich von ihm in besonderer Weise verstanden und zugleich herzenswarm aufgenommen. Sie erzählten von ihm wie von einem Heiligen. Bis in sein letztes, 91. Lebensjahr hat Werner Priever in einer kleinen Privatpraxis psychiatrisch erkrankte Menschen behandelt. Er hat damit eine berufliche Vertiefung und Erfüllung erreicht, die selten ist.

Wir bringen im Folgenden die Überschriften der Kapitel, mit denen Priever seine Arbeit über Friedrich Husemann einteilen wollte:

| | |
|---|---|
| I | Kindheit und Jugend |
| II | Wanderjahre, Ziele und Wege |
| III | Jahre der Entscheidung |
| IV | Kontroversen |
| V | Der Aufbruch |
| VI | Das Motiv |
| VII | Das therapeutische Konzept |
| VIII | F.H.'s Credo: «Das Ich als Arzt» |
| IX | Mutiges Bekenntnis |
| X | Erneuter Aufbruch |
| XI | Das Bild des Menschen F.H. |
| XII | Das letzte Kapitel |

# XI Bibliographie der Schriften, Aufsätze und Vorträge*



## 1. Schriften

(ab 1950 im Verlag Freies Geistesleben, Stuttgart, erschienen)

*«Über tödliche Veronalvergiftungen«,*
Dissertation, Marburg 1915

*Methodologisches zur Therapie*
am Klinisch-Therapeutischen Institut «Der Kommende Tag» in Stuttgart, herausgegeben vom Ärzte-Kollegium des Instituts, Stuttgart 1922

*Der Isenheimer Altar*
Erstauflage 1931

*Goethe und die Heilkunst*
Erstauflage 1935, 2. Auflage 1957, 3. Auflage 2002

*Vom Bild und Sinn des Todes*
1. Auflage 1938, 4. Auflage 1979

*Das Bild des Menschen als Grundlage der Heilkunst*
Band I: Zur Anatomie und Physiologie, 1. Auflage 1940, 11. Auflage 2003
Band II: Zur Pathologie und Therapie, 1. Auflage 1957

---

* Zusammengestellt und zum Teil mit inhaltlichen Hinweisen versehen von Rudolf Geiger, ergänzt von Friedwart Husemann.

Band II und Band III: neu herausgegeben und bearbeitet von Otto Wolff (1921–2003)
Band II: Zur allgemeinen Pathologie und Therapie, 6. Auflage 2000
Band III: Zur speziellen Pathologie und Therapie, 4. Auflage 1994
Übersetzungen und Teilübersetzung: Englisch, Portugiesisch, Spanisch, Französisch und Russisch

*Wege und Irrwege in die geistige Welt. Autogenes Training – Yoga*
1. Auflage 1962, 3. Auflage 1977

## 2. Beiträge in Sammelwerken

Psychiatrische Fragen vom Gesichtspunkt der Anthroposophie
In: Aenigmatisches aus Kunst und Wissenschaft. Der Kommende Tag Verlag, Stuttgart 1922
Das Kalewala-Epos und die finnische Zaubermedizin
In: Gäa-Sophia, Band III, «Völkerkunde», Stuttgart 1929, Orient-Occident-Verlag
Goethes Weg durch die Elemente
In: «Goethe in unserer Zeit». Hybenia Verlag, Dornach 1949
Zum Problem des Doppelgängers
In: Der Beitrag der Geisteswissenschaften zur Erweiterung der Heilkunst. Anthr.-Mediz. Jahrbuch, Hybenia Verlag, Dornach 1950
Mensch, Pflanze und Erde in ihrer stofflichen Zusammensetzung
(Verfasser: Friedrich Husemann und Otto Wolff)
In: Beiträge zur Substanzforschung, Band I, Hybenia Verlag, Dornach 1952

## 3. Aufsätze in Zeitschriften

*Das Goetheanum, Wochenschrift für Anthroposophie, Dornach*

| | | Seite |
|---|---|---|
| Franz Marc und seine Tiere | 1921/22 | 417 |
| Das Rätsel der Grippe | 1923/24 | 21 |
| do. Fortsetzung | | 38 |

| | | |
|---|---|---|
| Das Bild des Todes einst und jetzt | 1926 | 206 |
| Der menschliche und der kosmische Gedanke im Zeichen der Waage | 1930 | 327 |
| Das Gesetz der wiederholten Erdenleben | 1948 | 250 |
| Das Goetheanum, Nr. 51/52 | 1922 | |

*Beilage «Was in der Anthroposophischen Gesellschaft vorgeht Nachrichten für die Mitglieder», sogen. «Nachrichtenblatt», Dornach*

| | | |
|---|---|---|
| Irma von Duczynska (Nachruf) | 1932 | 45 |
| Cesare Zuccoli (Nachruf) | 1933 | 46 |
| In memoriam Max Hill | 1939 | 84 |
| Bericht über eine Vortragsreise in Deutschland | 1947 | 118 |
| Einweihung des Heilpädagogischen Seminars «Karl Schubert-Haus» in Eckwälden am 2. Mai 1950 | 1950 | 104 |
| Ärztetagung am Goetheanum | | 133 |
| Ärztetagung am Goetheanum | 1951 | 63 |
| Ärztetagung am Goetheanum | | 134 |
| Zweite medizinische Arbeitswoche | | 194 |
| Dr. med. Josef Kalkhof (Nachruf) | 1952 | 28 |

*Die Drei, Monatsschrift für Anthroposophie, Stuttgart*

| | | |
|---|---|---|
| Beiträge zur Entwicklungsgeschichte des menschlichen Bewusstseins. Das Auge als Organ der Bewusstseinsentwicklung | 1921/22 | 556ff. |
| Aphorismen zur Geschichte der Medizin | 1923/24 | 520ff. |
| Rez. Gustav R. Heyer: «Der Organismus der Seele» | 1932/33 | 177ff. |
| Was hat Anthroposophie zum Todesrätsel zu sagen? | 1950 | 269ff. |
| Die Waage als kosmisches Prinzip und als menschliche Fähigkeit | 1952 | 68ff. |
| Wege und Irrwege in die geistige Welt | 1952 | 247ff. + |
| | 1953 | 5ff. + 52ff. |
| Wiederverkörperung – Erziehung der Menschheit zur Freiheit | 1953 | 160ff. |
| Der Isenheimer Altar | 1955 | 157ff. |
| Grazie | 1956 | 70ff. |
| Wiederverkörperung und Krankheit | 1961 | 352ff. |

*Mitteilungen aus der anthroposophischen Arbeit in Deutschland, Stuttgart*

| | |
|---|---|
| Bericht über die anthroposophische Arbeit in Südbaden (von 1946 bis Ostern 1947) | Heft 1<br>Juli 1947 |
| Abdruck der Schlussansprache von Dr. F. Husemann zu den Anthroposophischen Hochschulwochen, Stuttgart 3.–31.8.1947 | Heft 2<br>Okt. 1947 |
| Rückblick auf die Osterereignisse in Dornach | Nr. 4<br>Mai 1948 |
| Bilder als soziale Bildekräfte | Nr. 13<br>Michaeli 1950 |
| Als Buchbesprechung: Abdruck aus dem Vorwort von Dr. F. H. zur Neuauflage von «Das Bild des Menschen als Grundlage der Heilkunst», Band I | Nr. 18<br>Weihn. 1951 |
| Vom «Wir» zum «Ich» – Vom «Ich» zum «Wir» | Nr. 21<br>Michaeli 1952 |
| «Die letzten Wochen unseres Freundes Erich Schwebsch» | Nr. 24<br>Johanni 1953 |
| Eigenbericht von Dr. F. Husemann über Entstehung, Werden und Absicht von «Das Bild des Menschen ...» Band II (mit Rückblick auf die medizinische Arbeit in Stuttgart mit R. Steiner) | Nr. 38<br>Weihn. 1956 |
| Zum 70. Geburtstag: «Kindheit und Jugend» (Autobiographische Skizze) | Nr. 40<br>Johanni 1957 |
| Zum Tode von Dr. H., 8.6.1959: Gedenkbeiträge. Dabei von Dr. F. Husemann selbst:<br>«Erinnerung an die Brandnacht 1922/23»<br>«Eine Begegnung» (mit Rudolf Steiner in Bremen) | Nr. 49<br>Michaeli 1959 |
| «Der Wein und die Entwicklung des Ichbewusstseins» (nach einem am 7.4.1940 in Wiesneck gehaltenen Vortrag aus dem Nachlass) | Nr. 58<br>Weihn. 1961 |

*Der Merkurstab, bzw. Beiträge zu einer Erweiterung der Heilkunst bzw. Ärzterundbrief, früher Stuttgart, jetzt Berlin*

| | | Heft | Seite |
|---|---|---|---|
| Das geisteswissenschaftliche Bild des Kalkes | 1946 | 2 | 5– 8 |
| Zum Problem der Diphtherie | 1947 | 4 | 5– 10 |
| Zur Frage der «motorischen» Nerven | 1948 | 9/10 | 15– 20 |
| Schockerlebnis eines Kindes | 1949 | 5/6 | 233–238 |
| Otto Palmer zum Gedächtnis, 28. 5. 1867 + 8. 2. 1945 | 1951 | 6 | 268–271 |
| Blei und Silber in ihrer Beziehung zum menschlichen Organismus | 1953 | 6 | 243–255 |
| Was ein Maler-Dichter in der Anatomie erlebte | 1954 | 4 | 156–157 |
| Die mineralischen Heilmittel | 1957 | 1 | 7– 21 |
| Verzeichnis der veröffentlichten Bücher und Aufsätze | 1957 | 3 | 120–121 |
| Zum Tode von Gerhard Suchantke, 31. 7. 1902 – 1958 | 1958 | 6 | 240–244 |
| Eine Verordnung R. Steiners bei einem Kind | 1958 | 6 | 246 |
| Die Behandlung der Poliomyelitis anterior (Spinale Kinderlähmung) | 1967 | 2 | 49– 52 |
| Bericht aus dem Klinisch-Therapeutischen Institut Stuttgart am 17. 1. 1923 | 1967 | 6 | 194–197 |
| Eugen Kolisko, 21. 3. 1893–29. 11. 1939 | 1970 | 4 | 146–148 |
| Krankengeschichten des Klinisch-Therapeutischen Instituts in Stuttgart, Oktober 1922 | 1971 | 2 | 57– 59 |
| Das Ich als Arzt; Vortrag vom 18. 4. 1911 | 1974 | 6 | 218–225 |
| Vom Einfluss der Jahreszeiten | 1981 | 4 | 143–144 |
| Eine Skizze über die Heilung des Blindgeborenen | 1982 | 2 | 79 – 83 |
| Therapeutische Bilder vergangener Zeiten (Asklepios) | 1984 | 3 | 102–109 |
| s. a.: Lahusen, Christian: Das Konzil von Nicaea – eine Studie zur Kulturpathologie; nach einem Vortrag und mit einem Nachwort von Friedrich Husemann | 1952 | 3 | 138–140 |
| s. a.: Palmer, Otto & Friedrich Husemann Krankengeschichte (Asthma bronchiale) | 1971 | 1 | 21– 22 |

*Andere Zeitschriften*

Über die Grippe
Natura, Arlesheim 1927, Heft 6, 2. Jg., S. 199–226
Herz und Psyche
Psychiatrisch-neurologische Wochenschrift, Halle / S., 41. Jg., Nr. 16 vom 22.4.1939
Der Mensch und die Jahreszeiten
Weleda-Nachrichten, Schwäbisch-Gmünd Nr. 20, 1939
Ein Kind geht verloren
Erziehungskunst, Stuttgart (etwa 1952–1954)
«Die heilenden Kräfte in Raffaels Werk»
Nachdruck des im Wiesnecker Weihnachtsbrief erschienenen Vortrages zum 25. Jahrestag von Wiesneck, Palmsonntag 1955, Die Kommenden, Freiburg 1956

*Wiesnecker Weihnachtsbrief*

1932 Geleitwort zum ersten der Briefe
«Beim Läuten der Glocken» (eine legendäre Betrachtung)
1933 «Weihnacht» (eine Betrachtung zur Ichgeburt)
1934 «Die Erkenntnis vom Wesen des menschlichen Ich. Raffael – Novalis»
«Abschied von Dr. Westra», S. 10
1937 Chronik zum Jahr 1937. Dabei: «Das Wesentlichste vollzieht sich in der Stille»
1938 Zunächst Chronik, dann Von «Tempeln und Säulen»
1939 «Das Christophorus-Spiel – ein Einweihungsweg in christlicher Form»
1940 «Was der heilige Christophorus tat, als er alt war» (Legende von Dr. F. H.)
1944 Weihnachtsbrief an die Freunde vom Sanatorium Wiesneck:
Über die Zerstörung von Freiburg (27.11.1944) und die Räumung vom Sanatorium Wiesneck für die Med. Klinik Freiburg
1950 «Weihnachten» – «Weihe-Nächte»: Die drei Jünglinge im Feuerofen (Buch Daniel)
1951 Reisebericht: «Im Wohnwagen durch Italien». Gedenkworte für Pieter Alexander de Vries

1952 «Nachdenkliches zu Weihnachten 1952» (Wunderwelt der Kindheitskräfte. Äußerungen und Träume knochentuberkulöser Kinder)
1953 Reisebericht: «Fahrt nach Griechenland»
1954 «Gemeinschaft im Heilen» (Von der Wiesnecker Aufgabe. Endet mit dem Spruch zum Richtfest Sanatorium Wiesneck 1929)
1955 Vortragsabdruck: «Die heilenden Kräfte in Raffaels Werk» (3.4.1955)
1956 «Das Vaterunser» – Der Keim zu einer neuen Gesellschaft
1957 Rückblick auf das Jahr des 70. Geburtages: mit persönlichen Lebenserinnerungen
1958 Die drei Weisen aus dem Morgenland und das Kind. Gedenken an Dr. Gerhard Suchantke
1959 «Die Erde, ein lebendes Wesen» (der letzte Vortrag von Dr. H., leicht gekürzt)

## 4. Vorträge

Es liegen etwa 350 Vortragsnachschriften vor, die vor allem von Rudolf Geiger (Nachschriften), aber auch von Melanie Stoye, Käthe Haeger und Ruth Wagner (Referate) angefertigt worden sind. Wir bringen nachfolgend zwei Verzeichnisse: erstens die 17 Lieferungen, die Geiger zusammengestellt und veröffentlicht hat, zweitens eine chronologische Liste. Die Letztere weist große Lücken auf. Wenn man die Jahre aber miteinander vergleicht und die jeweiligen Dokumentationsmöglichkeiten bedenkt, die in Wiesneck nach dem Krieg ideal waren, und den zeitgeschichtlichen Hintergrund dazunimmt, dann kann man sich doch eine der Wirklichkeit nahe kommende Vorstellung von Friedrich Husemanns Vortragstätigkeit machen.

*a) 51 Vorträge Friedrich Husemanns, nach Themen geordnet und in 17 Lieferungen herausgegeben von Rudolf Geiger*

Lief. 1 *Der Mensch und sein Genius*
Der Mensch und sein Genius
Die Seelen sind die Träger der Kulturentwicklung
Das Ewige im Menschen

Lief. 2 *Zur Physiologie der Freiheit*
Die Stellung des Menschen in der Natur
Der Organismus – verkörperte Weisheit
Das göttliche Urbild der Freiheit

Lief. 3/4 *Der ewige Name*
Die Welt der Urbilder (Namengebung der Tiere)
Der Name des Menschen
Die Namen Gottes
Der Name Gottes, Gefäß der Gottheit
Das Vaterunser I und II

Lief. 5 *Das Credo*
Die Naturwissenschaft als Weg zu Gott
Die Ehrfurcht und das Problem des Bösen
Ehrfurcht als therapeutischer Weg

Lief. 6 *Zum Problem des Todes*
Die Umwandlung der Lebens- in Bewusstseinskräfte
Vom Leben mit den Toten
Die Wandlung des Todesbewusstseins durch das Christusereignis

Lief. 7 *Vom Mythos zum Gedanken*
Asklepios (Vom Ursprung der Medizin in den Mysterien)
Demeter – Persephoneia (Über die eleusinischen Mysterien)
Die griechische Naturphilosophie (Die Elemente und ihr Zusammenhang mit den menschlichen Temperamenten)

Lief. 8 *In der Zeitenwende*
Die drei Magier als Repräsentanten der Menschheitsentwicklung I und II
Das Christusereignis als Verjüngungsimpuls der Menschheit

Lief. 9 *Die Harmonie der Sphären*
Die sieben freien Künste (Zwischen alter Initiation und moderner Naturwissenschaft)
Der Mensch im Kräftefeld des Tierkreises (Die Vision des Ezechiel und des Apokalyptikers Johannes)
Die Harmonie der Sphären (Ihr Abbild in der Stoffeswelt und im Menschen)

Lief. 10 *Das menschliche und das kosmische Wort*
Vom Wesen des menschlichen Wortes

Das kosmische Wort als Wesen aller Wesen
Vom Geheimnis des Herzens (Die Ätherisation des Blutes)

Lief. 11 *Aus der Welt der Sinne und der Bildekräfte*
Die zwölf Sinne als Organ des Selbst- und Welterlebnisses
Zwischen Licht und Finsternis (Augen und Gleichgewichtssinn)
Vom Baum des Lebens und vom Baum der Erkenntnis (Die ätherischen Bildekräfte)

Lief. 12 *Schöpferische Welt der Sprache*
Naturwissenschaft und Gottesglaube
Die Sprache – Schöpfung des Sohnes
Die Sprache – Offenbarung des Menschen

Lief. 13 *Vom Geheimnis des Schlafes*
Schlaflosigkeit, die Krankheit des modernen Menschen
Schlafmittel und Bildekräfteleib (Der Traum, ein Fenster zur Wirklichkeit des Geistes)
Das Geheimnis des Schlafes

Lief. 14 *Individualität und Schicksal*
Lebenslauf und Schicksalswirken
Helen Keller oder die Überwindung der Schicksalsgrenzen
Das Rätsel einer Individualität

Lief. 15 *Faust an der Schwelle*
Der Mensch im Ratschluss Gottes (Goethes Prolog im Himmel und das Buch Hiob)
Faust an der Schädelstätte
Das Auferstehungserlebnis des modernen Menschen

Lief. 16 *Der Regenbogen*
Goethes Licht- und Farberleben. Ariel-Szene
Der Regenbogen
«Im Innern leuchtet helles Licht»
Sprache, ein Lichtprozess

Lief. 17 *Urbilder in Goethes Märchen*
Gold, Silber, Erz (Vom Buche Daniel zu Goethes Märchen)
Irrlichter und Schlange
Vom goldenen, silbernen und erzenen König

*b) Chronologisches Vortragsverzeichnis*

GA bedeutet «Gesamtausgabe» der Werke R. Steiners, Dornach

**1906**

«Das Problem der Willensfreiheit», Marburg

**1911**

«Das Ich als Arzt», 18.4.1911, Bielefeld

**1914**

«Geselligkeit und Alkohol»

**1916**

«Über* Goethes Farbenlehre», Januar 1916, Bremen

**1919**

«Über den Selbstmord», Mai 1919, Bremen, einmal vor einer Arbeiterversammlung, dann auch an einem wissenschaftlichen Abend vor Ärzten

«Über die soziale Frage», 24.5.1919, Stuttgart

«Die Kernpunkte der sozialen Frage», 21. 10. 1919, Bremen, Internationale Frauenliga für Frieden und Freiheit

«Vom geistigen Wesen des Menschen: Was sich am Menschen naturwissenschaftlich nicht erfassen lässt», 10.11.1919, Volkshochschule Bremen

«Von den Ursachen und von der Bedingtheit des menschlichen Handelns:»

«Von der Willensfreiheit», 12.11.1919, Volkshochschule Bremen

«Von Seelenrätseln», 14.11.1919, Volkshochschule Bremen

**1920**

«Der Tanz als Ausdruck seelischen Erlebens; was er ist und was er sein soll» (zusammen mit Minnie Husemann), 25.1.1920, Volkshochschule Bremen

«Nervosität, Weltanschauung und Anthroposophie», 26. 3. 1920, Dornach, während des 1. Ärztekurses (GA 312), daraufhin Rudolf Steiners Diskus-

---

* Alle Titel, die mit «Über ...» beginnen, sind nicht wortwörtlich überliefert, sondern aus dem Zusammenhang erschlossen – hier z. B. aus einem Brief Minnie Husemanns an die Schwiegereltern.

sionsvotum «Zur Psychiatrie» (GA 314), weitere Einzelheiten siehe auch GA 73 a «Fachwissenschaften und Anthroposophie»
«Schlaf und Traum», 27. 4. 1920, Bremen
«Wie widerlegt man Anthroposophie?», 8. 5. 1920, Bremen
«Gibt es eine Lebenskraft?», 15. 5. 1920, Bremen
«Gehirn und Seele», 22. 5. 1920, Bremen
«Mensch und Tier», 29. 5. 1920, Bremen
«Suggestion und Hypnotismus», 5. 6. 1920, Bremen
«Genie und Irrsinn», 12. 6. 1920, Bremen
«Die äußeren und inneren Sinne des Menschen», 19. und 26. 6. 1920, Bremen
«Psychiatrische Fragen vom Gesichtspunkt der Anthroposophie», 3 Vorträge, 27. und 28. 9. 1920, Dornach, Hochschulkurs zur Eröffnung des 1. Goetheanum

**1921**

«Über die Physiologie des Auges», März 1921, Stuttgart, Anthroposophischer Hochschulkurs
«Über Sinnesphysiologie», 6. 4. 1921, Dornach, Anthroposophischer Hochschulkurs
Vortragsreise mit Vorträgen in Frankfurt a. M., Olten, Zürich, Tübingen, Leipzig und Dresden, Juni 1921
«Pathologie des Urteils», 26. 7. 1921, Darmstadt, Darmstädter Hochschulkurs, weitere Dokumente (z. B. Zeitungsreferat) in GA 77a «Die Aufgabe der Anthroposophie gegenüber Wissenschaft und Leben»
Vortrag über Medizin, 31. 8. 1921, Stuttgart, Stuttgarter Hochschulkurs

**1922**

«Neuorientierung der medizinischen Therapie durch anthroposophische Geisteswissenschaft», 6. 3. 1922, Berlin, Hochschulkurs, weitere Einzelheiten siehe GA 81 «Erneuerungs-Impulse für Kultur und Wissenschaft»
«Neue Wege zu einer rationellen Therapie», 10. 4. 1922, Den Haag, Haager Hochschulkurs, weitere Einzelheiten, insbesondere Rudolf Steiners Charakteristik der Vortragenden in GA 82 «Damit der Mensch ganz Mensch werde»
«Anthroposophie und die Grundlage einer rationellen Therapie», 9. 6. 1922, Wien, West-Ost-Kongress, weitere Einzelheiten siehe GA 83 «Westliche und östliche Weltgegensätzlichkeiten»

«Lebensperioden und Krankheiten»

Versuch einer funktionellen Betrachtung der Anatomie unter Berücksichtigung der Heileurythmie

2 Vorträge während der «Stuttgarter Woche» des Klinisch-Therapeutischen Instituts, Stuttgart, für Ärzte und Medizinstudenten, 26. – 28. Okt. 1922. Während dieser Tagung ereignete sich die in diesem Buch ausführlich dargestellte Affäre um die Milzbroschüre Lili Koliskos

**1923**

«Grundzüge einer Metalltherapie», 2. 1. 1923, Vortrag 2 Tage nach dem Brand des Goetheanum, Näheres siehe GA 259 «Das Schicksalsjahr 1923 ...», S. 850

Vortragsreise nach Helsinki (Universität), Stockholm, Oslo und Kopenhagen, Februar 1923

**1929**

Sechs öffentliche Vorträge an der Universität Freiburg, Dez. 1929, Freiburg

**1930**

| | | |
|---|---|---|
| Die Heilung des Blindgeborenen | Ende 1930 | Wiesneck |
| Wiederverkörperung und Schicksal | Ende 1930 | Wiesneck |
| Fahrt nach Colmar (Der Isenheimer Altar) | Ende 1930 | Colmar |
| Aus dem Johannes-Evangelium | Sept. 1930 | Wiesneck |

**1931**

| | | |
|---|---|---|
| Die Auferstehung des Wortes | Ostern 1931 | Wiesneck |

**1932**

| | | |
|---|---|---|
| Pythagoras (Der pythagoreische Lehrsatz) | | |
| Goethes Geistesweg | 27. 02. 1932 | Freiburg |

**1933**

| | | |
|---|---|---|
| Das Ich und das Wesen des Menschen | 22. 02. 1933 | Freiburg |
| Das Problem des Todes | 01. 03. 1933 | Freiburg |
| Goethe und die Medizin | 30. 06. 1933 | Freiburg |
| Das Bewusstsein der germanischen Frühzeit | 22. 10. 1933 | Freiburg |

**1934**

| | | |
|---|---|---|
| I. Die Dreigliederung des Organismus: Sinnes-Nerven-, rhythmisches, Stoffwechsel-System | 03.02.1934 | Wiesneck |
| II. Zusammenfassung über den Begriff Organismus | 05.02.1934 | Wiesneck |
| III. Seelenleben und Organismus (Schlafen und Wachen) | 06.02.1934 | Wiesneck |
| IV. Seelenleben und Organismus: über das Wachbewusstsein | 07.02.1934 | Wiesneck |
| über Rechts und Links | 10.04.1934 | Wiesneck |

**1935**

| | | |
|---|---|---|
| Das Problem des Doppelgängers | 13.01.1935 | Dornach |
| Über die Ichvorstellung | 18.04.1935 | Wiesneck |
| Über den Tod | 05.05.1935 | Wiesneck |
| Vom menschlichen Leben (Ich) | 12.05.1935 | Wiesneck |
| Leib und Seele | 23.05.1935 | Wiesneck |
| Über den Schlaf (im Anschluss an Ariel-Szene) | 28.05.1935 | Wiesneck |
| Denken, Fühlen, Wollen | 20.06.1935 | Wiesneck |
| Vom menschlichen Ich (handschriftliche Aufzeichnungen einer «Lesestunde»-Hörerin von sieben fortlaufenden Stunden) | 07.07.1935 | Wiesneck |
| | 08.07.1935 | Wiesneck |
| | 09.07.1935 | Wiesneck |
| | 11.07.1935 | Wiesneck |
| | 14.07.1934 | Wiesneck |
| | 17.07.1935 | Wiesneck |
| | 18.07.1935 | Wiesneck |
| Betrachtung zu «Die Geheimnisse» von Goethe | 01.09.1935 | Wiesneck |

**1936**

| | | |
|---|---|---|
| Die Leiblichkeit als Schwellenhüter | 24.09.1936 | Wiesneck |

**1937**

| | | |
|---|---|---|
| Versuch einer Physiologie der Freiheit | 11.08.1937 | Dornach |
| Das Herz als Zentralorgan des Menschen | 11.08.1937 | Dornach |

**1939**

| | | |
|---|---|---|
| Sechs Vorträge zu Goethes «Faust»: | | |
| Goethe und die Elemente I | 19.03.1939 | Wiesneck |
| Goethe und die Elemente II (Das Lichtelement in Faust) | 26.03.1939 | Wiesneck |
| Faustens Heilung (Ariel-Szene) | 02.04.1939 | Wiesneck |
| Ostervortrag (Der Auferstandene, das Gleichgewichtswesen) | 09.04.1939 | Wiesneck |
| Faust und die Erdenzukunft (Die Umwandlung der Erde) | 10.04.1939 | Wiesneck |
| Fausts Seelenweg nach dem Tode (Der Gang durch die geistige Welt) | 16.04.1939 | Wiesneck |

**1940**

| | | |
|---|---|---|
| König Drosselbart (Märchenbetrachtung) | 06.04.1940 | Wiesneck |
| Der Wein und die Entwicklung des Ichbewusstseins | 07.04.1940 | Wiesneck |
| Die Tragödie des Wortes im Faust | 08.04.1940 | Wiesneck |
| Der Abstieg der menschlichen Seele und das Christus-Ereignis | 26.05.1940 | Wiesneck |
| Die zwölf Sinne als Organe des Selbst- und Welt-Erlebens | 23.06.1940 | Wiesneck |
| Vom Baum des Lebens und vom Baum der Erkenntnis (Die ätherischen Bildekräfte) | 28.07.1940 | Wiesneck |
| Zwischen Licht und Finsternis (Auge und Gleichgewichtssinn) | 14.07.1940 | Wiesneck |
| Speise und Weltenwort | 11.08.1940 | Wiesneck |
| Menschheit – Volkheit – Ichheit (Die geistige Führung des Menschen) | 25.08.1940 | Wiesneck |
| Über die Liebe | 20.10.1940 | Wiesneck |
| Die menschliche Gestalt als Grundlage der Freiheit Michaeli-Vortrag, Referat | 29.09.1940 | Wiesneck |
| Die Erweckung des Lazarus | 10.11.1940 | Wiesneck |
| Das Bild des Menschen | 08.12.1940 | Wiesneck |

**1941**

| | | |
|---|---|---|
| Drei Gefahren menschlicher Seelenentwicklung in Aspekten Schillers und Goethes | 26.01.1941 | Wiesneck |
| Die Gänsenhirtin am Brunnen (Das Geheimnis des Mineralischen) Märchenbetrachtung | 15.06.1941 | Wiesneck |
| Die drei Sprachen (Das Märchen vom Pfingstgeheimnis) | 06.07.1941 | Wiesneck |
| Von den Furien zum Gewissen (Schuldbewusstsein bei den Griechen und bei Goethe) | 03.08.1941 | Wiesneck |
| Über den Ursprung der Welt | 24.08.1941 | Wiesneck |
| Die Welt des Buddha als Vorbereitung zum Christus-Ereignis | 07.12.1941 | Wiesneck |

**1942**

| | | |
|---|---|---|
| Die Sonne als Gestalterin des Menschenbildes | 05.04.1942 | Wiesneck |

**1944**

| | | |
|---|---|---|
| Das Selbständigwerden der Technik und die Folgen für das Seelenleben | 03.12.1944 | Wiesneck |
| Das mechanistische Weltbild des modernen Astronomen und das biblische Weltbild | 25.12.1944 | Wiesneck |

**1945**

| | | | |
|---|---|---|---|
| Entwicklungsziel des Menschen durch Weisheit und Liebe | | 04.02.1945 | Wiesneck |
| Was ist der Mensch? Rassenbegriff und geistiger Mensch | | 11.02.1945 | Wiesneck |
| Wirkung der Mysterien, Irland | | 18.02.1945 | Wiesneck |
| Entstehung der Rassen | | 25.02.1945 | Wiesneck |
| Die Zwergvölker | | 04.03.1945 | Wiesneck |
| Neger und Pygmäen | | 11.03.1945 | Wiesneck |
| Mohammed (Islam I) | | 18.03.1945 | Wiesneck |
| Islam II | | 25.03.1945 | Wiesneck |
| Faust (Vererbung) | Karfreitag | 30.03.1945 | Wiesneck |
| Faust | Ostersonntag | 01.04.1945 | Wiesneck |
| Entwicklung des Menschen / Die Geheimnisse | | 15.04.1945 | Wiesneck |

| | | |
|---|---|---|
| «Ich bin der Ich bin» | 22.04.1945 | Wiesneck |
| Das Wesen des Menschen | 29.04.1945 | Wiesneck |
| Solovjeff: «Moral und Politik» | 06.05.1945 | Wiesneck |
| Aus Missionsberichten 1910 | 13.05.1945 | Wiesneck |
| Vom Logos (Ton, Laut, Wort) I | Nov. 1945 | Wiesneck |
| Vom Logos (Wort und Gedanke) II | 11.11.1945 | Wiesneck |
| Zum Totensonntag (Verbindung mit den Toten) | 25.11.1945 | Wiesneck |
| Das Paradiesbeispiel und seine geistigen Hintergründe | 23.12.1945 | Wiesneck |

**1946**

*Anthroposophie als Forderung der Zeit*

Sechs öffentliche Vorträge in der Universität Freiburg:

| | | |
|---|---|---|
| I. Anthroposophie und die geistige Situation der Gegenwart | 22.01.1946 | Freiburg |
| II. Das Problem des Todes | 29.01.1946 | Freiburg |
| III. Das Rätsel der Individualität. Wiederverkörperung und Schicksal | 05.02.1946 | Freiburg |
| IV. Das Bild des Menschen | 12.02.1946 | Freiburg |
| V. Die Idee der Wiederverkörperung im Abendlande | 25.02.1946 | Freiburg |
| VI. Vom Sinn des Lebens | 08.03.1946 | Freiburg |

Weitere öffentliche Vorträge in Freiburg und Wiesneck:

| | | |
|---|---|---|
| Das Problem des Bösen im Anschluss an Goethes Faust | | |
| Die Erziehung des Menschengeschlechtes | 16.05.1946 | Freiburg |
| Faust, der Mensch an der Schwelle | 06.10.1946 | Wiesneck |
| Goethes Geistesweg und die Anthroposophie | 05.11.1946 | Freiburg |

Vorträge in Wiesneck:

Kulturepochen und Bewusstseinsentwicklung:

| | | |
|---|---|---|
| I. Von der altindischen bis zum Beginn der Neuzeit | 01.01.1946 | Wiesneck |

| | | |
|---|---|---|
| II. An der Wende der Neuzeit: Galilei | 06.01.1946 | Wiesneck |
| Über das Problem des Todes | 27.01.1946 | Wiesneck |
| Individualität und Wiederverkörperung | 10.02.1946 | Wiesneck |
| Einführung in den Faust (Karfreitag)<br>(Der Prolog im Himmel als geistiger<br>Hintergrund der Studierzimmerszene) | 19.04.1946 | Wiesneck |
| Faust: Zwei Seelen wohnen, ach, in meiner Brust … | 05.05.1946 | Wiesneck |
| Über das radikale Böse<br>(Das Problem menschlicher Schuld: Kain –<br>christlicher Dogmatismus – Faust) | 11.05.1946 | Wiesneck |
| Die Braut von Messina<br>(Anlässlich einer Aufführung der<br>Goetheanum-Bühne in Freiburg) | 19.05.1946 | Wiesneck |
| Einführung in das Buch «Theosophie» von<br>Rudolf Steiner: | | |
| I. Grundbegriffe von Leib – Seele – Geist | 26.05.1946 | Wiesneck |
| II. Sinnesorgane und Lebensprozess (Rhythmus) | 30.05.1946 | Wiesneck |
| III. Die Seelentätigkeiten von Denken – Fühlen<br>– Wollen | 02.06.1946 | Wiesneck |
| Über das «Märchen von der grünen Schlange und<br>der schönen Lilie» von Goethe | 16.06.1946 | Wiesneck |
| Über das Wesen des Ich und des Egoismus | 23.06.1946 | Wiesneck |
| Über die Angst / Über den Selbstmord<br>(Fragenbeantwortung) | 30.06.1946 | Wiesneck |
| Die Katastrophe des Bürgertums | 07.07.1946 | Wiesneck |
| Die Katastrophe des Bürgertums und Goethes Faust<br>Denken, Fühlen und Wollen in Beziehung zur<br>Dreigliederung des menschlichen Organismus | 14.07.1946 | Wiesneck |
| Vom Wesen der Sprache | 21.07.1946 | Wiesneck |
| Über den Gottesbegriff in der Anthroposophie | 11.08.1946 | Wiesneck |
| Die Mysterieneinweihung im alten Ägypten. Das<br>Wesen der jüdischen Religion | 25.08.1946 | Wiesneck |
| Die Wandlung des Gottesbegriffes von der<br>altpersischen über die ägyptische zur christlichen<br>Religion | 01.09.1946 | Wiesneck |

| | | |
|---|---|---|
| Der Begriff «Glaube» in der Anthroposophie | 08.09.1946 | Wiesneck |
| Die Schuldfrage im geistigen Leben. Dogmatisches und anthroposophisches Christentum | 15.09.1946 | Wiesneck |
| Lessings Erlebnis von der Unsterblichkeit der Seele. Die Biographie Gideon Spickers | 13.10.1946 | Wiesneck |
| Die Idee der Wiederverkörperung (als Metamorphose der Eigen-Art des Menschen) | 27.10.1946 | Wiesneck |
| Begegnung mit Faust (Zur Faustdeutung Reinhold Schneiders) | 03.11.1946 | Wiesneck |
| Zu Goethes Natur- und Weltanschauung – Die Urpflanze | 10.11.1946 | Wiesneck |
| Faust, der Mensch an der Schwelle zweier Zeitalter | 17.11.1946 | Wiesneck |
| Der Entwicklungsgedanke in der Natur (Urpflanze) und im geistig-seelischen Leben (Urweisheit). Jahreszeitenrhythmen im alten Bilderbewusstsein (Märchen Schneeweißchen und Rosenrot) | 01.12.1946 | Wiesneck |
| Vom Bilder-Erleben der Menschen früherer Zeiten (Nachklang) in den Märchen Schneeweißchen und Rosenrot und König Drosselbart und in der Kalewala | 08.12.1946 | Wiesneck |
| Vom geistigen Ursprung der menschlichen Seele. Die Erkenntnis des Geisteswesens im Menschen | 22.12.1946 | Wiesneck |
| Vom traumhaften Hellsehen der vorchristlichen Zeit (Stern von Bethlehem und Erlebnis der Hirten) zum Ich-bewussten Erleben der geistigen Welt (Rudolf Steiner) | 25.12.1946 | Wiesneck |
| Vom geistigen Licht als Zeichen der Verbindung der Seele mit dem Göttlichen (Zeugnisse aus dem Mittelalter) | 26.12.1946 | Wiesneck |
| Die Seelenstimmung der drei vorchristlichen Kulturen (in den Opfergaben der drei Weisen aus dem Morgenlande) Myrrhen, Weihrauch, Gold in der alten Medizin. Ihre Beziehung zum menschlichen Organismus: | | |

| | | |
|---|---|---|
| Salprozess = Verdichtungsprozess<br>Schwefelprozess = Auflösungsprozess<br>Quecksilberprozess =<br>Ausgleich im rhythmischen Prozess | 29.12.1946 | Wiesneck |

**1947**

Öffentliche Vorträge:

| | | |
|---|---|---|
| Anthroposophie und Philosophie | 11.03.1947 | Freiburg |
| Anthroposophie und Religion I | 18.03.1947 | Freiburg |
| Anthroposophie und Religion II | 25.03.1947 | Freiburg |
| Für und wider die Anthroposophie | 07.11.1947 | Freiburg |
| Das Gesetz der wiederholten Erdenleben | 14.11.1947 | Freiburg |
| Tod und Wiederverkörperung | 09.12.1947 | Freiburg |
| Vortragsreise nach Heidelberg, Mannheim, Marburg, Göttingen und Frankfurt a. M., Mai und Juni 1947 | | |
| Jugendtagung, Stadthalle Fellbach bei Stuttgart, 3 Vorträge: | | |
| I. Der Mensch als Leib, Seele, Geist | 09.06.1947 | Stuttgart |
| II. Der Mensch an der Schwelle | 10.06.1947 | Stuttgart |
| III. Der Weg des modernen Menschen zum Geist | Pfingsten 1947 | Stuttgart |

*Vorträge in Wiesneck*

| | | |
|---|---|---|
| Neujahrsbetrachtung. Vom Autoritätsglauben zur Selbstverantwortlichkeit | 01.01.1947 | Wiesneck |
| Die drei Weisen aus dem Morgenlande als Repräsentanten der drei vorchristlichen Kulturepochen I (indisch und persisch) | 05.01.1947 | Wiesneck |
| Dreikönigstag: Die drei Weisen … II (Altpersisch in Zend-Avesta / Goethe Vermächtnis / altpers. Glaubens, Gilgamesch) | 06.01.1947 | Wiesneck |
| Die Gaben der vorchristlichen Kulturepochen an das Christentum (Die drei Weisen … III) Freiheit, Gleichheit, Brüderlichkeit (Goethes Märchen) | 26.01.1947 | Wiesneck |

| | | |
|---|---|---|
| Die Frage nach der Unsterblichkeit der Seele (Empfindungs-, Verstandes-, Bewusstseinsseele) | 02.02.1947 | Wiesneck |
| Sonnenwirksamkeit in Mineral, Pflanze, Tier und Mensch | 09.02.1947 | Wiesneck |
| Vom Wesen des Menschen: Erleben der Welt durch die Sinne: Sehen und Hören. Wesen und Geheimnis der Sprache | 23.02.1947 | Wiesneck |
| Vom Wesen der Menschen: Der Todesprozess als Basis der Bewusstseinsentwicklung (Baum des Lebens und Baum der Erkenntnis – Das lebendige Wesen der Sprache. Die Geburt der Seele «des Menschensohnes» im Menschen) | 02.03.1947 | Wiesneck |
| Wort – Gedanke – Bild | 09.03.1947 | Wiesneck |
| Die Mithras-Mysterien | 23.03.1947 | Wiesneck |
| Zum Todestag Rudolf Steiners: Vom Wesen des Ich. Die Mission der Anthroposophie. Lesung von Steffen: «Letzte Stunden bei Rudolf Steiner» | 30.03.1947 | Wiesneck |
| Karfreitag: Die Entwicklung der Menschheit vom Volksbewusstsein zum Ichbewusstsein | 04.04.1947 | Wiesneck |
| Ostersonntag: Zur Faust-Aufführung (Studierzimmer) | 06.04.1947 | Wiesneck |
| Ostermontag: Faust – Prolog im Himmel | 07.04.1947 | Wiesneck |
| Die Krise der Menschen: Zum gleichnamigen Aufsatz von Camus in der «Amerikanischen Rundschau» | 20.04.1947 | Wiesneck |
| Die Krise des Menschen als Krise des menschlichen Bewusstseins | 27.04.1947 | Wiesneck |
| Die Überwindung der Grenzen von Geburt und Tod durch die Erkenntnis von den wiederholten Erdenleben | 08.06.1947 | Wiesneck |
| Der Mensch ein Abbild des Göttlichen: Goethes anschauendes Erkennen des Lebensprozesses im inneren Formprozess (Urpflanze) – Stoffwechsel = Leben = ein *Ton*geschehen. Tönende Kräfte verwandelt der Mensch in *Musik* | 15.06.1947 | Wiesneck |

| | | |
|---|---|---|
| Vom Wesen des Menschen: Die beiden Pole: Objektivität der Erkenntnisorgane, Subjektivität der Lebensorgane. Das Geheimnis des rhythmischen Systems: Sprechen – eine Verkörperung geistiger Ursprungskräfte | 22.06.1947 | Wiesneck |
| Vom Wesen des Menschen: Stoffkräfte und Formkräfte im Organismus. Die Bedeutung des mittl. Systems. Entwicklung und Wesen der Sprache. Ablösung des Denkens vom Sprechen | 29.06.1947 | Wiesneck |
| Vom Wesen des Menschen: Über die Dreigliederung. Vom Sprechen. Die Sprache, ein lebender Organismus. Vom Sprach-Geist | 06.07.1947 | Wiesneck |
| Die ätherische Atmung der Erde im Tagesablauf. Ihr Einfluss auf Pflanze, Tier und Mensch | 27.07.1947 | Wiesneck |
| «Fausts Rettung». Zu einer Stellungnahme in einem Zeitungsbericht von Reinhold Schneiders «Fausts Rettung» und von J.H. «Wir Katholiken und die Anthroposophie» | 17.08.1947 | Wiesneck |
| Das Eisen. Seine Bedeutung in der Kultur und im menschlichen Organismus | 21.09.1947 | Wiesneck |
| Was ist Anthroposophie und was will sie? I. Wie verhält sie sich zur Anthropologie? | 17.10.1947 | Wiesneck |
| Einführung in Anthroposophie: II. Das Problem des Todes | 26.10.1947 | Wiesneck |
| Anthroposophie: III. Die Bewusstseinsentwicklung beim Menschen | 02.11.1947 | Wiesneck |
| Für und wider die Anthroposophie (siehe öffentlicher Vortrag vom 7.11.) | 09.11.1947 | Wiesneck |
| Das Gesetz der wiederholten Erdenleben (dazu öffentlicher Vortrag vom 14.11.) | 16.11.1947 | Wiesneck |
| Totensonntag | 23.11.1947 | Wiesneck |
| Erster Advent: Eine Betrachtung des äußeren Menschen als Voraussetzung zum Verständnis des Christus-Ereignisses: Das Prinzip der Aufrechtheit – Das Prinzip der Verzögerung – Die Erringung des Gleichgewichtes | 30.11.1947 | Wiesneck |

| | | |
|---|---|---|
| Zweiter Advent: Fortsetzung: Das Sprechen | 07.12.1947 | Wiesneck |
| Dritter Advent: Gehen, Sprechen und Denken sind Wirkungen des Christus-Impulses | 14.12.1947 | Wiesneck |
| Erster Weihnachtstag: Vom Sündenfall zum Christus-Ereignis. Vom Baum der Erkenntnis zum Baum des Lebens | 25.12.1947 | Wiesneck |
| Tierkreis und Mensch. Elias und Johannes der Täufer | 28.12.1947 | Wiesneck |

**1948**

| | | |
|---|---|---|
| Neujahrsbetrachtung: Die Gestalt des Novalis | 01.01.1948 | Wiesneck |
| Raffael und seine Beziehung zu Novalis. Die Gesamtreihe: Elias – Johannes der Täufer – Raffael – Novalis | 04.01.1948 | Wiesneck |
| Drei-Königstag. Die Opfergaben der drei vorchristlichen Kulturepochen | 06.01.1948 | Wiesneck |
| Das Weihnachtserlebnis der Hirten (Olav Asteson) | 11.01.1948 | Wiesneck |
| Die Sprache (Fortsetzung zu den Adventvorträgen 1947) | 01.02.1948 | Wiesneck |
| Das Bild des Menschen I. Die wichtigsten Wesensmerkmale von Mensch und Tier | 08.02.1948 | Wiesneck |
| Das Bild des Menschen II. «Ecce homo» | 15.02.1948 | Wiesneck |
| «Menschenkunde», III: Denken – Fühlen – Wollen Das Bild des Menschen III. Denken – Fühlen – Wollen | 22.02.1948 | Wiesneck |
| «Menschenkunde», V. Vortrag: Der Mensch als Raumeswesen | 01.03.1948 | Wiesneck |
| «Menschenkunde», IV. Vortrag: Von den Sinnen | 08.03.1948 | Wiesneck |
| Das Wesen der Individualität im Zusammenhang mit dem Problem der Vererbung und der Idee der Wiederverkörperung (Hinweis: Elias – Johannes der Täufer) | 07.03.1948 | Wiesneck |
| Faust: Studierzimmer und Osternacht (Über den Selbstmord) | 14.03.1948 | Wiesneck |
| Das Problem der Erkrankung I | 25.04.1948 | Wiesneck |
| Das Problem der Erkrankung II | 02.05.1948 | Wiesneck |

| | | |
|---|---|---|
| Die viergliedrige Wesenheit der Menschen (Grundbegriffe der Anthroposophie) | 06.06.1948 | Wiesneck |
| Im Urbeginne war das Wort … (Sprache / Logos) | 18.07.1948 | Wiesneck |
| Die Anschauung der wiederholten Erdenleben im Laufe der Menschheitsentwicklung | 08.08.1948 | Wiesneck |
| Vom Wandel der Einsicht in das Verhältnis von Seele und Leib und des Geistigen in der Natur. «Schneeweißchen und Rosenrot» | 15.08.1948 | Wiesneck |
| Über das Wahre in der Religion und die Wahrheit. Goethe «Die Geheimnisse» | 19.09.1948 | Wiesneck |
| Moses und die jüdische Religion in der menschlichen Entwicklung | 19.09.1948 | Wiesneck |
| Anthroposophie und Christentum (Stellungnahme zu einer katholischen Stellungnahme) | 26.09.1948 | Wiesneck |
| Die drei Ehrfurchten in Goethes «Pädagogischer Provinz» | 10.10.1948 | Wiesneck |
| Der Existentialismus (Zum Internat. Philosophen-Kongress Amsterdam 11.–18.8.1948) | 17.10.1948 | Wiesneck |
| Vom Schlaf (Wachen – Schlummer – Schlaf) | 31.10.1948 | Wiesneck |
| Über die Angst in einer Welt rein mechanischer Vorstellungen (Philosophenkongress Amsterdam / Fortsetzung) I | 07.11.1948 | Wiesneck |
| Über die Angst II (Im Zusammenhang mit dem Schulwesen) | 14.11.1948 | Wiesneck |
| «Totensonntag» 1948 | 21.11.1948 | Wiesneck |
| Der «faustische» Weg der Menschen | 28.11.1948 | Wiesneck |
| Mensch und Mineral | 05.12.1948 | Wiesneck |
| Anthroposophie und Christentum: Öffentlicher Vortrag in Freiburg | 18.12.1948 | Freiburg |
| Anthroposophie und Christentum (Paraphrase in Wiesneck) | 12.12.1948 | Wiesneck |
| Der Sinn des Weihnachtsfestes | 25.12.1948 | Wiesneck |

**1949**

| | | |
|---|---|---|
| Über das Lebenswerk Rudolf Steiners (zu dessen Geburtstag) | 27.02.1949 | Wiesneck |

| | | |
|---|---|---|
| «Ich bin das Brot des Lebens» | 06.03.1949 | Wiesneck |
| «Am farbigen Abglanz ...» (Faust-Ariel-Szene): | 25.05.1949 | Wiesneck |
| Goethes Erleben der Elohim im Regenbogen | 25.05.1949 | Wiesneck |
| Karl Jaspers Urteil über die Vision des Hesekiel | 25.05.1949 | Wiesneck |
| I. Faust Mephisto | 04.09.1949 | Wiesneck |
| II. Fortsetzung über Faust (Das Böse) | 11.09.1949 | Wiesneck |
| III. Gestalt des Mephisto | 18.09.1949 | Wiesneck |
| IV. Lesestunde über Faust | 25.09.1949 | Wiesneck |
| V. Faust II | 02.10.1949 | Wiesneck |

**1950**

| | | |
|---|---|---|
| «Das Wesen des Menschen (Genius)» | 19.03.1950 | Wiesneck |
| Zu Prof. Kretschmer lebensperiodische Schwankungen der geistigen Produktivität | 15.05.1950 | Wiesneck |
| «Erde und Kosmos» | 19.06.1950 | Wiesneck |
| «Das Ich und das Wesen des Lichtes, das Wesen der Sprache» | 27.08.1950 | Wiesneck |
| Zum Wesen des Todes | 10.11.1950 | Wiesneck |
| (Das Auge – ein Lichtorgan) Pflanze und Licht | 18.11.1950 | Wiesneck |
| Zum Bild des Todes, das Bild von der Auferstehung und vom Leben | 21.11.1950 | Wiesneck |
| 2. Adventssonntag = Vorbetrachtung zu Weihnachten | 03.12.1950 | Wiesneck |
| Öffentlicher Vortrag: | | |
| Ursprung und Aufgabe der Medizin (Asklepios) | 13.12.1950 | Freiburg |

**1951**

| | | |
|---|---|---|
| «Könige und Hirten», zum Neujahrstag (Franziskus) | 01.01.1951 | Wiesneck |
| Das menschliche und das kosmische Wort I und II. | 24.08.1951 | Frankeneck |
| Zwei Vorträge auf der Anthroposophischen Mitgliedertagung in Frankeneck/Pfalz | 25.08.1951 | Frankeneck |
| Licht und Ton als Organ Schaffendes | 02.09.1951 | Wiesneck |
| Das Geistige der Sprache | 16.09.1951 | Wiesneck |
| Ich und Welt | 04.11.1951 | Wiesneck |

**1952**

| | | |
|---|---|---|
| Das Vaterunser | 13.01.1952 | Wiesneck |
| Angst und Asthma (Durchbruch des Ich im Kindesalter) | 02.03.1952 | Wiesneck |
| Das Konzil von Nicäa | 31.03.1952 | Lörrach |
| Das Geheimnis der menschlichen Individualität (Eckermann / Chrstian Wagner) | 27.04.1952 | Wiesneck |
| «Die Sonne tönt …» (Faust-Prolog. Licht und Ton), Pfingsten | 01.06.1952 | Wiesneck |
| Pythagoras, Leben und Lehre. I/II/III | 08.06.1952 | Wiesneck |
| (Die Umwandlung des Orphisch-Musikalischen | 22.06.1952 | Wiesneck |
| in das gedankliche Bewusstsein) | 29.06.1952 | Wiesneck |
| Das Wesen der Krankheit I und II | 27.07.1952 | Wiesneck |
| | 03.08.1952 | Wiesneck |
| I. Faust und das Rätsel des Bösen I (Hiob) | 24.08.1952 | Wiesneck |
| II. Faust und das Rätsel des Bösen II (Hiob) | 31.08.1952 | Wiesneck |
| III. Die babylonische Sprachverwirrung (Bibelübersetzung Faustens) | 07.09.1952 | Wiesneck |
| IV. Drei Stufen des Ich-Erlebens (Makrokosmos – Erdgeist – Osternacht) | 21.09.1952 | Wiesneck |
| V. Faust zwischen Selbstüberhebung und Selbstvernichtung (Ariel-Szene) | 28.09.1952 | Wiesneck |
| VI. Der Regenbogen I | 09.11.1952 | Wiesneck |
| VII. Der Regenbogen II | 16.11.1952 | Wiesneck |
| VIII. «Im Innern leuchtet helles Licht» (Faust und Sorge. Sprache, ein Lichtprozess) | 19.11.1952 | Wiesneck |
| Der Mensch – ein Findelkind? (Schaffende Weisheit im Kindesalter) | 23.11.1952 | Wiesneck |
| Das Weihnachts-Ereignis in der Menschheitsentwicklung | 25.12.1952 | Wiesneck |
| Olaf Asteson | 28.12.1952 | Wiesneck |

**1953**

| | | |
|---|---|---|
| Schneeweißchen und Rosenrot (Märchenbetrachtung) | 01.01.1953 | Wiesneck |
| Gold – Weihrauch – Myrrhe I | 04.01.1953 | Wiesneck |

| | | |
|---|---|---|
| Gold – Weihrauch – Myrrhe II | 06.01.1953 | Wiesneck |
| Die sieben freien Künste | 11.01.1953 | Wiesneck |
| Das dichterische Genie und die Vererbung (am Beispiel Goethes) | 25.01.1953 | Wiesneck |
| Der Mensch und sein Genius | 08.02.1953 | Wiesneck |
| Über das Geniale im Kind (Früheste Kindheitserinnerungen) | 15.02.1953 | Wiesneck |
| Sündenfall und Freiheit | 01.03.1953 | Wiesneck |
| Das Knochensystem in seiner Bedeutung für das Ich und die Menschheitsentwicklung (Zweigvortrag) | 03.03.1953 | Freiburg |
| Sündenfall, Krankheit und Heilung | 08.03.1953 | Wiesneck |
| «Ein entfernter Vetter des Michael Kohlhaas» (Eine Rentenpsychose) | 15.03.1953 | Wiesneck |
| Faust auf alten Geisteswegen (Das indische Atma-Brahma. Makrokosmos – Erdgeist. Die Umkehr) | 29.03.1953 | Wiesneck |
| Das Rätsel des Todes im Verständnis der Kulturepochen (Faust an der Todesschwelle. Ein altindisches Erkenntnis-Gespräch) | 03,04.1953 | Wiesneck |
| «In Brudersphären Wettgesang», Faust Prolog Ostern | 05.04.1953 | Wiesneck |
| Die Osterkraft im Wort. Fausts Bibelübersetzung | 06.04.1953 | Wiesneck |
| Das Vaterunser | 12.04.1953 | Wiesneck |
| «Kleiner Elfen Geistergröße». Faust-Ariel-Szene | 19.04.1953 | Wiesneck |
| Das Ewige im Menschen | 31.05.1953 | Wiesneck |
| Wiederverkörperung, Erziehung des Menschen zur | 07.06.1953 | Wiesneck |
| Freiheit I / II | 21.06.1953 | Wiesneck |
| Gideon Spicker (Biographische Betrachtung) | 26.07.1953 | Wiesneck |
| Die Entfaltung des Genies (Goethe und seine Vorfahren. Gideon Spicker) | 02.08.1953 | Wiesneck |
| Wilhelm Filchner (Ein Forscherleben) | 09.08.1953 | Wiesneck |
| Friedrich von Bodelschwingh I | 30.08.1953 | Wiesneck |
| Friedrich von Bodelschwingh II («Ein Genie der Wohltätigkeit») Zweigvortrag | 04.09.1953 | Wiesneck |
| Vom Sinn des Lebens (Die Idee der Wiederverkörperung in der Menschheitsentwicklung. Die Mission des Weines) | 20.09.1953 | Wiesneck |

| | | |
|---|---|---|
| Asklepios | 25.10.1953 | Wiesneck |
| Demeter – Persephoneia | 15.11.1953 | Wiesneck |
| Das Geheimnis des Todes (Die Umwandlung der Lebens- in Bewusstseinskräfte) | 18.11.1953 | Wiesneck |
| Die Beziehung der Lebenden zur Welt der Toten | 22.11.1953 | Wiesneck |
| «Der Stern des Zarathustra» (Alte Sternenweisheit und moderne Biologie) | 28.11.1953 | Wiesneck |
| Winterschlaf und ewige Jugend (Ahasver) | 06.12.1953 | Wiesneck |
| Die Welt der Hirten (Weihnachtsvortrag). Der kosmische Hintergrund im «Sterngesang». Margarita Woloschin: «Mysterium des Schweigens» | 25.12.1953 | Wiesneck |

**1954**

| | | |
|---|---|---|
| Die Entmythologisierung der Bibel (Bultmann) | 01.01.1954 | Wiesneck |
| Das Christentum als mythische Tatsache und der Geistesweg des modernen Menschen | 03.01.1954 | Wiesneck |
| Weise und Hirten (Olaf Asteson – Dreikönigsmetamorphosen) | 06.01.1954 | Wiesneck |
| Schneeweißchen und Rosenrot II (Märchenbetrachtung. Winter- und Sommermysterien) | 10.01.1954 | Wiesneck |
| Heutige und atavistische Geist-Erkenntnis: Die Unambal I (ein Stamm der Aborigines) | 24.01.1954 | Wiesneck |
| Aus der Urweisheit der Menschheit: Die Unambal II | 31.01.1954 | Wiesneck |
| Das Menschenwesen und die Naturreihe: | | |
| I. Die Stufen von Mineral – Pflanze – Tier | 21.02.1954 | Wiesneck |
| II. Das Ich als Träger von Vergangenheit und Zukunft | 28.02.1954 | Wiesneck |
| Das Ich und die Tat des Prometheus | 14.03.1954 | Wiesneck |
| Schlaflosigkeit, die Krankheit des modernen Menschen | 21.03.1954 | Wiesneck |
| Mithras-Mysterien I | 04.04.1954 | Wiesneck |
| Mithras-Mysterien II | 11.04.1954 | Wiesneck |

| | | | |
|---|---|---|---|
| «Wiedergeburt aus Wasser und Geist» | Karfreitag | 16.04.1954 | Wiesneck |
| Fausts Geistesweg, | Ostern | 18.04.1954 | Wiesneck |
| «Das Tor des Mondes und das Tor der Sonne» | Ostersonntag | 19.04.1954 | Wiesneck |
| Pfingsten (Sprache – Sprachverwirrung – Turmbau zu Babel). Das Geheimnis des Seins im Wort | | 06.04.1954 | Wiesneck |
| Gedanken zur Wiederverkörperung. Jugend und Alter | | 13.04.1954 | Wiesneck |
| | Johanni | 27.06.1954 | Wiesneck |
| Das Lazaruswunder | | 15.08.1954 | Wiesneck |
| Der Mensch im Kräftefeld des Tierkreises | | 19.09.1954 | Wiesneck |
| Die Seelen sind die Träger der Kulturentwicklung | | 24.10.1954 | Wiesneck |
| Totensonntag 1954 (Vom Leben mit den Toten) | | 21.11.1954 | Wiesneck |

**1955**

| | | |
|---|---|---|
| Lebenslauf und Schicksalswirken (Biographie Schweitzer/Garibaldi) | 16.01.1955 | Wiesneck |
| Die Neurasthenie (Vortrag bei Ärztetagung) | 23.01.1955 | Wiesneck |
| Schicksal als Beziehung zwischen Seele und Welt | 13.02.1955 | Wiesneck |
| Das Ich als ewiges Wesen über Geburt und Tod | 06.03.1955 | Wiesneck |
| Die heilenden Kräfte in Raffaels Werk («Schule von Athen» / «Disputa») Zum 25. Jahrestag von Wiesneck | 03.04.1955 | Wiesneck |
| Nietzsche (Vortrag bei Ärztetagung) | 12.06.1955 | Wiesneck |
| Das Wesen des Menschen | 07.08.1955 | Wiesneck |
| Der ewige Name | | |
| 1. Die Welt der Urbilder | 28.08.1955 | Wiesneck |
| 2. Der Name des Menschen | 04.09.1955 | Wiesneck |
| 3. Die Namen Gottes | 11.09.1955 | Wiesneck |
| 4. Gefäß der Gottheit | | |
| Das Vaterunser | 25.09.1955 | Wiesneck |
| Die Dreigliederung des menschlichen Organismus im Zusammenhang mit den Seelenleben | 16.10.1955 | Wiesneck |
| Vom Vatergott und vom Sohnesgott (Die Welt der Natur und die Welt der Sprache) | 23.10.1955 | Wiesneck |

**1956**

| | | | |
|---|---|---|---|
| Die Entwicklung der Sinne in der Kindheit und ihre Bedeutung für das geistige Leben | | 15.01.1956 | Wiesneck |
| Das Schicksal Helen Kellers unter dem Gesichtspunkt der Reinkarnation | | 29.01.1956 | Wiesneck |
| Mensch, Welt und Gott | | 26.02.1956 | Wiesneck |
| Die Entwicklung der Menschheit als Bewusstseinsgeschehen (Das ägyptische und das gegenwärtige Bewusstsein in Echnaton und Johannes Kepler) | | 04.03.1956 | Wiesneck |
| Zur Physiologie der Freiheit: | | | |
| 1. Die Stellung des Menschen in der Natur | | 11.03.1956 | Wiesneck |
| 2. Der Organismus – verkörperte Weisheit | | 18.03.1956 | Wiesneck |
| 3. Das göttliche Urbild der Freiheit (Christus als Inaugurator der Physiologie der Freiheit) | | 30.03.1956 | Wiesneck |
| Reinkarnation, das Hypnose-Experiment Morey Bernstein mit Bridey Murphy I | | 15.04.1956 | Wiesneck |
| Weg und Irrweg zum Verständnis der Reinkarnation II | | 22.04.1956 | Wiesneck |
| Der Zwiespalt von Glaube und Wissen (Der Glaube an «Fliegende Untertassen» als Kulturphänomen) | | 13.05.1956 | Wiesneck |
| Das Wort und die Wörter | Pfingsten | 20.05.1956 | Wiesneck |
| Das Geheimnis des Schlafes (Faust-Ariel-Szene) | | 27.05.1956 | Wiesneck |
| Erde – Pflanze – Mensch (Die Fußwaschung) | | 10.06.1956 | Wiesneck |
| Der Jahreslauf (Das Rätsel des Bösen) im Anschluss an Goethes Faust I | Johanni | 24.06.1956 | Wiesneck |
| Licht und Finsternis als Naturerscheinung und Seelenkraft (Das Rätsel des Bösen) II | | 08.07.1956 | Wiesneck |
| Der Mensch als Erdenbürger | | 29.07.1956 | Wiesneck |
| Kindheitserinnerungen als Hinweise auf wiederholte Erdenleben («Frau Holle») | | 10.09.1956 | Wiesneck |
| Physischer und geistiger Blick zur Sonne | | 16.09.1956 | Wiesneck |
| Michaeli-Vortrag | | 07.10.1956 | Wiesneck |
| Die Harmonie der Sphären und ihr Abbild in Stoffeswelt und Mensch | | 28.10.1956 | Wiesneck |

| | | |
|---|---|---|
| Irdische und kosmische Ernährung | 11.11.1956 | Wiesneck |
| *Das Vaterunser I und II* | 21.11.1956 | Wiesneck |
| (Das Verhältnis des Menschen zum Göttlichen) | 25.11.1956 | Wiesneck |

**1957**

| | | |
|---|---|---|
| Die drei Magier als Repräsentanten der | 30.12.1957 | Wiesneck |
| Menschheitsentwicklung | 01.01.1957 | Wiesneck |
| Goethe und das Dreikönigsmotiv | 06.01.1957 | Wiesneck |
| Die griechische Naturphilosophie (Die Elemente und die menschlichen Temperamente) | 03.02.1957 | Wiesneck |
| Das Motiv von Gold, Silber, Erz im Buche Daniel und seine Wandlung zu den Königen in Goethes «Märchen» | 10.02.1957 | Wiesneck |
| Goethes Märchen I (Gold, Irrlichter und Schlange) | 10.03.1957 | Wiesneck |
| Goethes Märchen II (Vom goldenen, silbernen und erzenen König) | 16.03.1957 | Wiesneck |
| Vom Beruf des Arztes in alter und neuer Zeit | 07.04.1957 | Wiesneck |
| Die Geschichte der Medizin als Spiegel der Bewusstseinsentwicklung | 14.04.1957 | Wiesneck |
| Fausts Geistesringen in der Osternacht Karfreitag | 19.04.1957 | Wiesneck |
| Ostern | 24.04.1957 | Wiesneck |
| Das Herz als Geistorgan (Im Anschluss an | 28.04.1957 | Wiesneck |
| Goethes Faust) Himmelfahrt | 30.05.1957 | Wiesneck |
| Der babylonische Turm und das Pfingstereignis | 02.06.1957 | Wiesneck |
| Vom Geheimnis des Herzens (Ätherisation des Blutes) | 16.06.1957 | Wiesneck |
| Widerstand des Leibes – Leiden der Seele – Überwindung durch den Geist | 30.06.1957 | Wiesneck |
| Vererbung und das Wirken der Entelechie bei Goethe | 14.07.1957 | Wiesneck |
| Das Credo I–III: | | |
| I. Naturwissenschaft als Weg zu Gott | 21.07.1957 | Wiesneck |
| II. Ehrfurcht und Problem des Bösen | 28.07.1957 | Wiesneck |
| III. Ehrfurcht als therapeutischer Weg | 11.08.1957 | Wiesneck |

| | | | |
|---|---|---|---|
| Rembrandt («Jakob segnet seine Enkel») | | 04.08.1957 | Wiesneck |
| «Gibt es im Weltall noch Platz für Gott?» Die durch den Sputnik angeregten Fragen | | 20.10.1957 | Wiesneck |
| Gott im Weltenall Die Ordnungen der Engel und ihre Wirkungen im Bereich der Menschen. Keplers Erkenntnisweg | | 27.10.1957 | Wiesneck |
| Die Kunst im Leben der Menschheit und in der Therapie (Zur Einweihung des Ateliers in Wiesneck) | Advent | 01.12.1957 | Wiesneck |
| Naturwissenschaft und Gottesglaube | | 15.12.1957 | Wiesneck |
| Die Sprache als Schöpfung des Sohnes | | 22.12.1957 | Wiesneck |
| Die Sprache – Offenbarung des Menschen | | 25.12.1957 | Wiesneck |

**1958**

| | | | |
|---|---|---|---|
| Dreikönigs-Vortrag «Wir haben seinen Stern gesehen» | | 05.01.1958 | Wiesneck |
| Das Christusereignis als Verjüngungs-Impuls der Menschheit | | 12.01.1958 | Wiesneck |
| «Wir leben von Licht, wir streben zum Licht» (Jahrestag Wiesneck) | Palmsonntag | 30.03.1958 | Wiesneck |
| Faust an der Schädelstätte | Karfreitag | 04.04.1958 | Wiesneck |
| Das Auferstehungserlebnis des modernen Menschen | Ostersonntag | 06.04.1958 | Wiesneck |
| Die Präexistenz des Ich auf dem Hintergrund der Naturreiche | | 13.07.1958 | Wiesneck |
| Ersterbende Erde und neue Schöpfung durch den Menschen | | 27.07.1958 | Wiesneck |
| Das Geheimnis des Schlafes | | 03.08.1958 | Wiesneck |
| Das Erwachen des Ich-Bewusstseins an den Elementen. Zeugnisse der Kinder für die Präexistenz | | 07.09.1958 | Wiesneck |
| Ansprache zu Michaeli 1958 (vor einer eurythmischen Aufführung) | | 28.09.1958 | Wiesneck |
| «Der treue Johannes». Märchenbetrachtung I | | 12.10.1958 | Wiesneck |
| «Der treue Johannes». Märchenbetrachtung II | | 19.10.1958 | Wiesneck |
| Die Kulturentwicklung als Inkarnationsprozess der Menschheit | | 02.11.1958 | Wiesneck |

| | | |
|---|---|---|
| Gedanken zum Totensonntag | | |
| Wandlung des Todesbewusstseins durch das Christus-Ereignis | 23.11.1958 | Wiesneck |
| Die Erde, ein lebendes Wesen (Letzter Vortrag) | 07.12.1958 | Wiesneck |

# XII Anmerkungen

1 Brief Werner Prievers vom 12.4.2000 an Armin Husemann.
2 Ebenda.
3 Gisbert Husemann «Nachruf für Friedrich Husemann», Der Merkurstab, Beitr. Erw. Heilkunst, 1959, Heft 6, S. 245–252.
– Ders. «Friedrich Husemann», zum 100. Geburtstag», Der Merkurstab, Beitr. Erw. Heilk., 1947, Heft 4, S. 203–214.
– Ders. «Minnie Husemann» Mitteilungen aus der Anthr. Arbeit in Deutschland», 1966, 20. Jg., Nr. 78, S. 277–279.
4 Peter Selg «Anfänge Anthroposophischer Heilkunst», Dornach 2000, hierin über Friedrich Husemann S. 77–122.
5 Peter Selg «Geistiger Widerstand und Überwindung – Ita Wegman 1933 –1935», Dornach 2005, hierin über Friedrich Husemann S. 224, 241.
– Ders. «Ich bin für Fortschreiten – Ita Wegman und die Medizinische Sektion», Dornach 2002, S. 47–48.
6 Bodo von Plato (Hg.) «Anthroposophie im 20. Jahrhundert – ein Kulturimpuls in biographischen Porträts», Verlag am Goetheanum, Dornach 2003, 1166 Seiten.
7 Friedrich Husemann «Autobiographische Skizze», Mitteilungen aus der anthroposophischen Arbeit in Deutschland, Heft 40, Johanni 1957, und Wiesnecker Weihnachtsbrief 1957.
8 Richard Husemann (1903–1991) in Gesprächen mit Rudolf Geiger am 27.3.1975 und 30.3.1980.
9 Familie Husemann:
Husemann, Heinrich Friedrich, Pfarrer, geb. 1856, gest. 1946
1883/1884 Verheiratung mit Marie Strecker (1860–1897)
1887 Geburt des Sohnes Friedrich Husemann, gest. 1959
1889 Geburt der Tochter Marie Husemann, Landwirtschaftslehrerin, gest. 1979
1892 Geburt der Tochter Hedwig Husemann, Diakonissin, gest. 1980

1895 Geburt des Sohnes Erich Husemann, gefallen in Russland 1915

1896 Geburt des Sohnes Kurt Husemann, gest. bald n. d. Geburt 1897

1897 Tod der Ehefrau Marie Husemann, geb. Strecker

1898/1899 Verheiratung mit Elisabeth Strecker (1869–1960), jüngere Schwester der ersten Frau

1900 Geburt des Sohnes Gottfried Husemann, studierte Theologie in Bethel, dann Chemie. Mitbegründer und Pfarrer in der Christengemeinschaft, gest. 1972

1901 Geburt des Sohnes Dietrich Husemann, Diplom-Volkswirt, 1 Tochter, gest. 1945

1903 Geburt des Sohnes Richard Husemann, studierte Medizin, 2 Kinder, Arzt in Spenge, gest. 1991

1905 Geburt des Sohnes Bruno Husemann, studierte Theologie, evangelischer Pfarrer, 1 Sohn, gest. 1998

1907 Geburt des Sohnes Gisbert Husemann, studierte Medizin, Arzt in Stuttgart, 5 Kinder, gest. 1997.

10 Friedrich Husemann «Erinnerung an die Brandnacht 1922/1923», Mitteilungen aus der anthroposophischen Arbeit in Deutschland, Nr. 49, Michaeli 1959, der Text stammt von 1952.

11 Friedrich Husemann «Autobiographische Skizze», Mitteilungen aus der anthroposophischen Arbeit in Deutschland, Heft 40, Johanni 1957.

12 Rudolf Geiger «Aus der Geschichte von Wiesneck», Buchenbach 1944, Kap. «Vom Sanatorium Wiesneck zur Friedrich-Husemann-Klinik».

13 Friedrich Husemann «Autobiographische Skizze», Mitteilungen aus der Anthroposophischen Arbeit in Deutschland, Heft 40, Johanni 1957.

14 Ebenda.

15 Ebenda.

16 Gisbert Husemann «Friedrich Husemann zum 100. Geburtstag». Der Merkurstab, Beitr. Erw. Heilk., 1987, S. 203–214.

17 Erstveröffentlichung in «Beiträge zu einer Erweiterung der Heilkunst», 40. Jg., 1987, S. 145, in der Gesamtausgabe (GA) noch nicht enthalten.

18 Friedrich Rittelmeyer «Meine Lebensbegegnung mit Rudolf Steiner», Stuttgart 1980.

19 Rudolf Steiner «Kleinodienkunst als Goetheanistische Formensprache», GA K 51, Dornach 1984, S. 32.

20 Friedrich Husemann am 4. 4. 1920 an Rudolf Steiner, gemäß einem Brief von Peter Selg am 31. 5. 2003 an den Verfasser.

21 R. Steiner «An das deutsche Volk und an die Kulturwelt», Anhang in GA 23 «Die Kernpunkte der sozialen Frage», 6. Auflage, Dornach 1976.

22 R. Steiner «Die Kernpunkte der sozialen Frage» (GA 23), 1. Auflage 1919, im Jahre 1920 bereits 40.–80. Tausend der 2. Auflage, Dornach 1976.

23 R. Steiner «Vom Einheitsstaat zum dreigliedrigen sozialen Organismus» (GA 334), 2. Vortrag vom 6. 1. 1920, Dornach 1983.

24 M.P. van Deventer «Die anthroposophisch-medizinische Bewegung in den verschiedenen Etappen ihrer Entwicklung», Arlesheim 1982.
Peter Selg «Helene von Grunelius und Rudolf Steiners Kurse für junge Mediziner», Dornach 2003.

25 Ernst Lehrs «Gelebte Erwartung», Stuttgart 1979.
Rudolf Steiner «Aus den Inhalten der esoterischen Stunden» III, GA 266/3, Dritter Teil «Entstehungsgeschichte des esoterischen Jugendkreises», S. 389 ff., Dornach 1998.

26 Rudolf F. Gädeke «Die Gründer der Christengemeinschaft», Dornach 1992.
Hans-Werner Schroeder «Die Christengemeinschaft – Entstehung, Entwicklung, Zielsetzung», Stuttgart 1990.

27 Rudolf Steiner «Geisteswissenschaftliche Gesichtspunkte zur Therapie» (GA 313), 5. Auflage, Dornach 2001.

28 Rudolf Steiner «Geisteswissenschaft und Medizin» (GA 312), 7. Auflage, Dornach 1999.

29 Ebenda.

30 E. Zeylmans van Emmichoven «Wer war Ita Wegman», Edition Georgenberg 1990, Band I, S. 146, Notizbuch Nr. 57 von Ita Wegman: «Ich möchte eine Medizin haben, wie es während der Zeit der Mysterien war.»
Peter Selg «Ich bin für Fortschreiten», Dornach 2002.

31 Mündliche Mitteilung M.P. van Deventers an den Verfasser, 1979. Siehe auch entspr. Notiz Ita Wegmans in Peter Selg «Ich bin für Fortschreiten», Dornach 2002, S. 33.

32 M.P. van Deventer «Die anthroposophisch-medizinische Bewegung in den verschiedenen Etappen ihrer Entwicklung», Dornach 1982.

33 Friedrich Husemann «Eugen Kolisko», Beitr. Erw. Heilk., 1970, S. 146 – 148. Erstveröffentlichung in «Therapeutische Rundbriefe», Nr. 5, Oktober 1940.

34 Otto Palmer «Ein Dank an Dr. Rudolf Steiner», Natura, 1. Jg., 1926/1927, S. 271 – 275, Photomechanischer Nachdruck, Dornach 1981.

35 Friedrich Rittelmeyer «Meine Lebensbegegnung mit Rudolf Steiner», Stuttgart 1980.

36 Rudolf Steiner «Damit der Mensch ganz Mensch werde» (GA 82), Anthroposophischer Hochschulkurs in Den Haag, April 1922, Dornach 1994. Bericht Rudolf Steiners darüber in «Das Goetheanum», 1. Jg., Nr. 39, 7. Mai 1922, und in dem Band GA 82 auf den Seiten 243 bis 250, die Passage über E. Vreede steht auf S. 246.

37 Elisabeth Vreede «Ein Lebensbild», Hg. M.P. van Deventer und Eli-

sabeth Knottenbelt, Arlesheim 1976, Kapitel: «Erste Begegnung mit Rudolf Steiner» von Elisabeth Vreede, S. 14 bis 18.

38 Dr. Friedrich Husemann «Psychiatrische Fragen vom Gesichtspunkt der Anthroposophie». Drei Vorträge gehalten am Goetheanum in Dornach vom 27. – 29. 9. 1920 in «Aenigmatisches aus Kunst und Wissenschaft», Stuttgart 1922, S. 233 – 330.

39 Emil Leinhas «Aus der Arbeit mit Rudolf Steiner», Basel 1950, S. 94 – 95.

40 Christoph Lindenberg «Rudolf Steiner – Eine Chronik 1861–1925», Stuttgart 1988, siehe 25. 9. 1920, S. 442.

41 Rudolf Steiner «Grenzen der Naturerkenntnis» (GA 322), Dornach 1981, siehe in diesem Band die «Hinweise» auf S. 129 ff., wo diese Passage aus Rudolf Steiners Eröffnungsansprache wiedergegeben ist.

42 Rudolf Steiner «Der Goetheanumgedanke – Gesammelte Aufsätze» 1921 – 1925 (GA 36), Dornach 1961, darin der Aufsatz «Das Goetheanum in seinen zehn Jahren», S. 305 bis 333.

43 Ebenda.

44 Rudolf Steiner «Unsere Toten» (GA 261), Dornach 1963, Ansprache für Sophie Stinde vom 22. 11. 1915.

45 Rudolf Steiner «Erneuerungs-Impulse für Kultur und Wissenschaft» (GA 81), Dornach 1994, darin S. 159–180 «Bericht über den anthroposophischen Hochschulkurs in Berlin», Mitgliedervortrag 18. 3. 1922 in Dornach.

46 Ebenda.

47 Ebenda.

48 Rudolf Steiner «Damit der Mensch ganz Mensch werde» (GA 82), Dornach 1994, hierin S. 243 – 250 «Meine holländische und englische Reise» aus «Das Goetheanum» 1. Jg., Nr. 39, 7. 5. 1922.

49 Ebenda.

50 Christoph Lindenberg «Rudolf Steiner – eine Biographie», Stuttgart 1997, Band II, S. 903.

51 Friedrich Husemann «Eugen Kolisko», Beitr. Erw. Heilk., 1970, S. 146 – 148. Erstveröffentlichung in «Therapeutische Rundbriefe», Nr. 5, Oktober 1940.

52 E. Zeylmans van Emmichoven «Wer war Ita Wegman», Edition Georgenberg 1990, Band I, S. 368.

53 «Krankheitsfälle und andere medizinische Fragen besprochen mit Dr. Rudolf Steiner», gesammelt von A. G. Degenaar, Vorwort von Friedrich Husemann, 1939.

54 Emil Leinhas «Aus der Arbeit mit Rudolf Steiner», Basel 1950, Kap. 17 «Aus dem Dreißiger-Kreis in Stuttgart».

55 Oskar Schmiedel «Aufzeichnungen» (1943/1957): «Seiner Bedeutung als Arzt nach war Dr. Noll eigentlich der Leiter des Instituts, was er aber de

facto nicht war» (S. 427), in: E. Zeylmans v. Emmichoven «Wer war Ita Wegman», Band 3, Edition Georgenberg 1992.

56 Wortmann, Michael «Wir erlebten ihn noch: Rudolf Steiner», Schloss Hamborn, Ch. Möllmann Verlag, 2002, S. 100.

57 Rudolf Steiner «Das Schicksalsjahr 1923» (GA 259), Dornach 1991. Steiner am 31.1.1923 im Dreißiger-Kreis zum Vademecum: S. 232, 234, 236, 237. Nach den Forschungen Peter Heussers (Brief vom 16.4.2004 an den Verfasser) kommt von Schlegels vielen Schriften am ehesten in Frage: Emil Schlegel «Reform der Heilkunde durch die Homöopathie Hahnemanns», Verlag Effingerhof AG, Brugg (Schweiz) 1903.

58 Ebenda, S. 237.

59 «Krankheitsfälle und andere medizinische Fragen besprochen mit Dr. Rudolf Steiner», gesammelt von A.G. Degenaar, [1939], S. 83, Besprechung vom 11.8.1922.

60 Emil Leinhas «Aus der Arbeit mit Rudolf Steiner», Basel 1950, S. 123, Kap. 17 «Aus dem Dreißiger-Kreis in Stuttgart».

61 Rudolf Steiner «Geisteswissenschaftliche Gesichtspunkte zur Therapie» (GA 313), 5. Auflage, Dornach 2001, 8. Vortrag vom 18.4.1921.

62 Rudolf Steiner «Physiologisch-Therapeutisches auf Grundlage der Geisteswissenschaft» (GA 314), 3. Auflage, Dornach 1989, Vortrag vom 28.10. 1922, letzter Absatz.

63 Friedrich Husemann «Weihnachtsbrief 1957», S. 1.

64 Lili Kolisko «Eugen Kolisko – ein Lebensbild», Selbstverlag der Verfasserin, 1961, S. 55.

65 Lili Kolisko «Erinnerungen an Rudolf Steiner» Natura, 1. Jg., 1926/27, S. 276–282, Photomechanischer Nachdruck, Arlesheim 1981.

66 Lili Kolisko «Milzfunktion und Plättchenfrage», Stuttgart 1922.

67 Rudolf Steiner «Geistige Zusammenhänge in der Gestaltung des menschlichen Organismus» (GA 218), 3. Auflage 1992, Vortrag vom 22.10.1922: «Daher wirkt die Milz auch in der Weise ausgleichend, wie das dargestellt ist in der Broschüre, die von unserem Stuttgarter physiologischen Institut ausgearbeitet worden ist, namentlich von Frau Kolisko, wo die Milztätigkeit im Zusammenhange mit der Plättchenentstehung und der ganzen Verdauungstätigkeit dargestellt wird. Da ist nun wirklich einmal eine wissenschaftlich-systematische Darstellung der Milztätigkeit im ersten Anhub unternommen. Würde irgendwo in einem anderen Forschungsinstitut eine solche Arbeit gemacht werden, so würde man das sehr bald als etwas außerordentlich Epochemachendes ansehen. Aber nun ist es eben so, dass, wenn in unserem Kreise, in dem Schoße unserer Gesellschaft etwas entsteht, es nicht in die Welt hinausdringt. Man redet nicht davon. Es ist ja nicht notwendig, dass man, um es zu rühmen, redet, sondern

weil es wohltätig wirken könnte im Zusammenhange der ganzen Zeitführung. Aber der Anfang dazu, dass man über die Sache nicht redet, wird ja schon in unserer Anthroposophischen Gesellschaft gemacht. Ich möchte abstimmen darüber, wie viele unserer Mitglieder Gelegenheit gehabt haben, dass die ganze Bedeutung der Sache wirklich zu ihnen gedrungen ist! Es ist dann nicht weiter zu verwundern, dass, wenn die Anthroposophische Gesellschaft schon anfängt, sich um dasjenige, was bei uns geschieht, nicht zu kümmern, das natürlich auch nach außen hin wirkt. Wir arbeiten ja in der Tat nicht bloß mit Ausschluss der Öffentlichkeit, sondern in den wichtigsten Dingen auch mit Ausschluss des Interesses der Anthroposophischen Gesellschaft! Aber das ist dasjenige, was ich – heute wenigstens – nur in Parenthese sagen will. Wichtig aber ist, dass wir tatsächlich nur den menschlichen Organismus verstehen können, wenn wir seine höhere Gliederung verstehen.»

68 Rudolf Steiner «Esoterische Betrachtungen karmischer Zusammenhänge», Band V (GA 239), 3. Auflage, Dornach 1985, Vortrag vom 29. März 1924 in Prag:
«Das ist etwas [über das Samenchaos bei der Befruchtung], was gegenüber den heutigen Anschauungen ein Unsinn ist, aber dieser Unsinn ist die Wahrheit. Das ist in unserer heutigen Zeit das Schreckliche, dass man gegenüber den landläufigen Ansichten Unsinn sagen muss, wenn man die Wahrheit spricht. Nun kann man sagen: Das ergibt sich aus dem okkulten Anschauen, was du da behauptest; aber kann man das auch nachprüfen? Man kann es auch nachprüfen; das können schon mehr Leute, als man gewöhnlich glaubt. Aber es gibt auch einen äußerlichen Beweis für diese Tatsache. Uns hat sich an unserem biologischen Forschungsinstitut in Stuttgart ein merkwürdiger äußerer Beweis ergeben. Es sind da Forschungen gemacht worden über die Funktion der Milz [...]
Nun habe ich eine gewisse Methode angegeben aus der Geisteswissenschaft heraus, nach der von Frau Kolisko die Funktion der Milz untersucht worden ist. Sie wird zwar noch angefochten, aber es wird sich schon durchsetzen, da sie wirklich exakt ist.»

69 Lili Kolisko «Eugen Kolisko – ein Lebensbild», Selbstverlag der Verfasserin, 1961, S. 55.

70 «Nun habe ich eine gewisse Methode angegeben aus der Geisteswissenschaft heraus, nach der von Frau Kolisko die Funktion der Milz untersucht worden ist. Sie wird zwar noch angefochten, aber es wird sich schon durchsetzen, da sie wirklich exakt ist.» Rudolf Steiner in «Esoterische Betrachtungen karmischer Zusammenhänge», Band V (GA 239), 29. März 1924 in Prag.

71 Lili Kolisko «Erinnerungen an Rudolf Steiner», Natura, 1. Jg, 1926/27, S. 276–282, Photomechanischer Nachdruck, Arlesheim 1981.
72 Lili Kolisko «Eugen Kolisko – ein Lebensbild», Selbstverlag der Verfasserin, 1961, S. 65.
73 Alice Kinkel war später Patientin von Gisbert Husemann und hat ihm die Szene erzählt.
74 Rudolf Steiner, Marie Steiner «Briefwechsel» (GA 262), 2. Auflage, Dornach 2002, Brief Nr. 156 Seite 331. In der ersten Auflage von 1967 stand hier noch «X» statt «Husemann».
75 Lili Kolisko «Eugen Kolisko – ein Lebensbild», Selbstverlag der Verfasserin, 1961, S. 67. Lili Kolisko vermeidet es, Husemann beim Namen zu nennen, sie spricht von «einem der Ärzte» bzw. von «dem Arzte, einem prominenten Mitglied der Ärzteschaft ...» So kam es, dass Friedrich Husemanns Verhalten erst 1987 durch Gisbert Husemanns Aufsatz «Friedrich Husemann zum 100. Geburtstag»[3] bekannt wurde. Die Protokolle des Dreißiger-Kreises erschienen erst 1991 (GA 259) und die 2. Auflage des Briefwechsels Rudolf Steiner / Marie Steiner (GA 262) erschien 2002, siehe auch die vorangehende Anmerkung.
76 Gisbert Husemann hat die hier wiedergegebenen Vorgänge mehrmals dem Verfasser erzählt.
77 Friedrich Husemann «Erinnerung an die Brandnacht 1922/1923», Mitteilungen aus der anthroposophischen Arbeit in Deutschland, Nr. 49, Michaeli 1959, der Text stammt von 1952.
78 Rudolf Steiner, «Das Schicksalsjahr 1923» (GA 259), Dornach 1991.
79 Ebenda, S. 250–251.
80 Rudolf Steiner «Geschichtliche Symptomatologie» (GA 185), Vortrag 25. 10. 1918, Dornach 1982.
81 Ebenda.
82 Peter Selg «Ich bin für Fortschreiten», Dornach 2002.
E. Zeylmans van Emmichoven «Wer war Ita Wegman», 1. Band, Edition Georgenberg 1990, S. 131. Ita Wegman: «Einige Monate nach dem Brand wurden mir geoffenbart die karmischen Zusammenhänge, die zwischen Dr. [Steiner] und mir lagen» (Notizbuch Nr. 1).
83 Rudolf Steiner «Der Hüter der Schwelle», 2. Bild, in «Vier Mysteriendramen» (GA 14), 5. Auflage, Dornach 1998.
84 Rudolf Steiner «Wie erlangt man Erkenntnisse der höheren Welten?» (GA 10), 24. Auflage, Dornach 1993.
85 Friedrich Husemann «Weihnachtsbrief» 1937 und 1957 jeweils genau in derselben Formulierung.
86 Friedrich Rittelmeyer «Meine Lebensbegegnung mit Rudolf Steiner», Stuttgart 1980.

87 Joachim Kahl in «Mitteilungen aus der anthroposophischen Arbeit in Deutschland», Nr. 130, Weihnachten 1979, ursprüngliche Berichterstatterin Imme von Eckardtstein.

88 Emil Leinhas «Aus der Arbeit mit Rudolf Steiner», Basel 1950, Kap. 17. Friedrich Rittelmeyer «Meine Lebensbegegnung mit Rudolf Steiner», Stuttgart 1980, S. 154–156.

89 Rudolf Steiner «Damit der Mensch ganz Mensch werde» (GA 82), Dornach 1994, S. 243–250 «Meine holländische und englische Reise».

90 Friedrich Husemann «Goethe und die Heilkunst», 3. Aufl., Stuttgart 2002.

91 Telefongespräch des Verfassers am 27. 5. 2004 mit Harald Hüttich.

92 Persönliche Mitteilung Wolfgang Knippings an den Verfasser Ende der 60er Jahre in München, wo wir gemeinsam studierten.

93 Goethe «Die Wahlverwandtschaften» aus Ottiliens Tagebuch.

94 Rudolf Steiner «Goethe und die Medizin», Wiener klinische Rundschau, 1901, XV. Jg., Nr. 2, wiederabgedruckt in «Methodische Grundlagen …» (GA 30), Dornach 1961, S. 580–588.

95 Gisbert Husemann hat festgestellt, dass im Erstdruck von 1901 als weitere Gestalt «Ophelia» genannt wird, was man im Nachdruck von 1961 einfach weggelassen hat, weil Ophelia aus Shakespeares «Hamlet» ganz sicher keine von Goethe geschaffene Person darstellt. Gisbert Husemann vermutete berechtigterweise, dass es statt Ophelia hier Ottilie heißen muss, wodurch sich dann die 6 Gestalten zur harmonischen 7 abschließen. Dass Ottilie in den Wahlverwandtschaften eine psychopathologische Meisterdarstellung ist, leuchtet ein, darüber hinaus ist es auch eine sehr moderne, weil Ottilie an dem erkrankte, was man heute Anorexia nervosa (Magersucht) nennen würde.

96 Zitiert nach der Hamburger Goethe-Ausgabe, herausgegeben und kommentiert von Erich Trunz, «Goethes Werke», 9. Auflage, Hamburg 1969, Band I, S. 479.

97 Friedrich Husemann (1887–1959) siehe vorliegende Biographie, Gottfried Husemann (1900–1972) und Gisbert Husemann (1907–1997) siehe «Anthroposophie im 20. Jahrhundert – ein Kulturimpuls in biographischen Porträts», Dornach 2003, Hg. Bodo von Plato.

98 Mitteilung von Maria Husemann an den Verfasser.

99 Rudolf Steiner «Das Christentum als mystische Tatsache und die Mysterien des Altertums» (GA 8), 9. Auflage, Dornach 1989, Kapitel «Mysterien und Mysterienweisheit».

100 Handschriftliche Notiz Gisbert Husemanns zu dem entsprechenden Entwurf Friedrich Husemanns und entsprechende mündliche Berichte.

101 Rudolf Steiner «Die Konstitution der Allgemeinen Anthroposophi-

schen Gesellschaft und der Freien Hochschule für Geisteswissenschaft» (GA 260a), 2. Auflage, Dornach 1987, 4. ordentl. Generalversammlung «Der kommende Tag ...» vom 15. Juli 1924, S. 525 in der 1. Auflage von 1966.

102 Johan Westra «Ein 25-jähriges Jubiläum», Beitr. Erw. Heilkunst, Heft 5/6, 1950, S. 143–144.

103 Irmgard Marbach «Margarethe Hauschka – ein Lebensbild», Margarethe-Hauschka-Schule, 73087 Bad Boll, 1995.

104 Julia Bort (1896–1955), Ärztin und Heilpädagogin am Sonnenhof in Arlesheim, siehe «Anthroposophie im 20. Jahrhundert», Hg. Bodo von Plato, Dornach 2003, S. 107.

105 Rudolf Steiner «Entsprechungen zwischen Mikrokosmos und Makrokosmos» (G 201), 2. Auflage, Dornach 1987, vierter Vortrag vom 16.4.1920.

106 Florian Roder «Die Mondknoten im Lebenslauf», Stuttgart 2005.

107 Peter Selg «Ich bin für Fortschreiten. Ita Wegman und die Medizinische Sektion», Dornach 2002, S. 86.

108 Peter Selg «Geistiger Widerstand und Überwindung. Ita Wegman 1933 –1935», Dornach 2005, S. 241.

109 Peter Selg «Ich bin für Fortschreiten. Ita Wegman und die Medizinische Sektion», Dornach 2002, S. 47/48.

109a Husemann, Gisbert «Nachruf über Minnie Husemann», Mitteilungen aus der Anthroposophischen Arbeit in Deutschland, Nr. 78, 1966.

110 Friedrich Doldinger «Sanatorium Wiesneck bei Freiburg i.Br.», Das Goetheanum, Beilage «Was in der Anthroposophischen Gesellschaft vorgeht», 7. Jg., 1930, Nr. 18, 4.5.1930.

111 Hans Beidek am 12.6.1987 an die Leitung der Friedrich-Husemann-Klinik.

112 Rudolf Steiner «Geisteswissenschaft und Medizin» (GA 312), 7. Auflage, Dornach 1999.

113 Christoph Lindenberg «Rudolf Steiner – eine Chronik», Stuttgart 1988, S. 431.

114 Rudolf Steiner «Physiologisch-Therapeutisches auf Grundlage der Geisteswissenschaft» (GA 314), 3. Auflage, Dornach 1989, «Zur Psychiatrie», Votum vom 26.3.1920.

115 Rudolf Steiner «Idiotie» in «Luzifer-Gnosis – Gesammelte Aufsätze 1903–1908» (GA 34), 2. Auflage, Dornach 1987, in der ersten Auflage von 1960, S. 376–377.

116 Rudolf Steiner «Skizzenhafte Erweiterungen des Inhaltes dieser Schrift», in «Von Seelenrätseln» (GA 21), 5. Auflage, Dornach 1983.

117 Gisbert Husemann «Friedrich Husemann», Beitr. Erw. Heilk., Heft 6, 1959.

118 Rudolf Geiger «Vom Sanatorium Wiesneck zur Friedrich-Husemann-Klinik», in «Aus der Geschichte von Wiesneck», Buchenbach 1995, S. 22/23.
119 Maria Husemann (1908–2001) an den Verfasser.
120 Bericht Maria Wolman.
121 Schickler, Eberhard «Die Ostertagung der Ärzte in Stuttgart«, Ärzte-Rundbrief (später: Beiträge zu einer Erweiterung der Heilkunst bzw. Der Merkurstab), Mai/Juni 1949, S. 242–245.
122 Gisbert Husemann (1907–1997) an den Verfasser.
123 Rudolf Geiger «Rückblick in mein Leben», 2. Auflage, Borchen 2003, Kapitel «Heitere Abende und Puppenspiel».
124 Ebenda.
125 Harald Hüttich am 27. 5. 2004 an den Verfasser.
126 Weihnachtsbrief 1934, S. 12, und Gisbert Husemann «Friedrich Husemann zum 100. Geburtstag», Beitr. Erw. Heilk., 40. Jg, 1987, S. 212–213.
127 Rudolf Gädeke «Die Gründer der Christengemeinschaft», Dornach 1992, S. 124.
128 Rudolf Geigers Urnenliste, 1993, Nr. 7.
129 Rudolf Geigers Urnenliste, 1993, Nr. 37.
130 Rudolf Geigers Urnenliste, 1993, Nr. 19.
131 Rudolf Geigers Urnenliste, 1993, Nr. 3.
132 Rudolf Geiger «Gedenken an Charlotte Richter», Weihnachtsbrief 1958.
Rudolf Geigers Urnenliste, 1993, Nr. 2.
133 Rudolf Geigers Urnenliste, 1993, Nr. 10.
134 Rudolf Geigers Urnenliste, 1993, Nr. 45.
Lisa Noske «Gartenbrief an Mina Hering», Weihnachtsbrief 1971.
Rudolf Geiger «Worte für Lisa Noske», Weihnachtsbrief 1979.
135 Rudolf Geigers Urnenliste, 1993, Nr. 5.
Werner Priever «Zum Gedenken an Anna Goudschaal», Weihnachtsbrief 1965.
136 Weihnachtsbrief 1977, zitiert nach Rudolf Geiger «Worte für Lisa Noske», Weihnachtsbrief 1979.
137 Rudolf Geigers Urnenliste, 1993, Nr. 6.
138 Rudolf Geigers Urnenliste, 1993, Nr. 27.
Maria Uhlenhoff «Zum Erdenabschied von Schwester Hedwig Vetter», Weihnachtsbrief 1980.
139 Rudolf Geigers Urnenliste, 1993, Nr. 47.
Rudolf Treichler «Gedenken an Dr. med. Maria Uhlenhoff», Beiträge Erw. Heilkunst, 1985, Heft 6, S. 230–233.
140 Rudolf Geigers Urnenliste, 1993, Nr. 22.

Maria Uhlenhoff «Aus der Ansprache bei der Kremation von Schwester Margarete Günther», Weihnachtsbrief 1976.
141 Werner Priever «Zum Gedenken an Schwester Hedwig Schulz», Weihnachtsbrief 1961.
142 Rudolf Geigers Urnenliste, 1993, Nr. 36.
143 Rudolf Geiger «Schicksale – mit Wiesneck verbunden», Weihnachtsbrief 1995.
Ders. «Hilda Husmann», Mitteilungen aus der anthroposophischen Arbeit in Deutschland, IV, 1996, Nr. 198.
144 Anni Schlegel «Wo bleibt die Jugend?», Weihnachtsbrief 1954.
Dieselbe «Aufzeichnungen aus der Nachtwachzeit bei Herrn Dr. Friedrich Husemann, etwa ab 5. Jan. 1959 bis Mitte Mai 1959», Hektogramm im Archiv.
145 Maria Uhlenhoff «Hildegard Schäfer», Weihnachtsbrief 1980.
Rudolf Geigers Urnenliste, 1993, Nr. 29.
146 Bericht Sonja Beidek, geb. Döll, an den Verfasser.
147 Rudolf Geiger «Gedenkblatt für Adolf Dittes», Weihnachtsbrief 1974.
Rudolf Geigers Urnenliste, 1993, Nr. 17.
148 Bericht Maria Wolman, Archiv Friedrich Husemann.
149 Bericht Sonja Beidek, geb. Döll, an den Verfasser.
150 Bericht Maria Wolman, Archiv Friedrich Husemann.
151 Hedwig Husemann (1892–1980) bei der Trauerfeier 1959 an den Verfasser.
152 Rudolf Geiger «Rückblick in mein Leben», 2. Auflage, Borchen 2003, Kap. «Dank an den Mann, zu dem ich aufsah», S. 133ff.
153 Dieter Beck (1936–2003) bei seinem Nachruf über Werner Priever (1910–2001) auf der Ostertagung der Gesellschaft Anthr. Ärzte in Kassel 2002.
154 Werner Priever, Manuskript zu dieser Biographie über Friedrich Husemann, siehe Vorwort.
155 Rudolf Geiger «Rückblick in mein Leben», Borchen 2003, S. 132.
156 Andreas Geiger an den Verfasser.
157 Peter Selg «Geistiger Widerstand und Überwindung – Ita Wegman 1933 –1935», Dornach 2005, Anmerkung Nr. 118, S. 224–226.
Peter Selg «Ich bin für Fortschreiten – Ita Wegman und die Medizin. Sektion», Dornach 2002, Anmerkung Nr. 36, S. 159.
158 Friedrich Husemann im Vorwort zur 2. Auflage von 1951 über die 1. Auflage von «Das Bild des Menschen als Grundlage der Heilkunst» von 1941.
Friedrich Husemann im Vorwort zur 2. Auflage von 1957 zur 1. Auflage von «Goethe und die Heilkunst» von 1935.

159 Dr. med. Adolf Warnke (1915–2007), der 1940/41 Assistenzarzt bei Friedrich Husemann war, am 16. 8. 2002 an den Verfasser.
160 Rudolf Geiger «Vom Sanatorium Wiesneck zur Friedrich-Husemann-Klinik», in «Aus der Geschichte von Wiesneck», Buchenbach 1995, S. 25.
161 Brief von Dr. Sigrid Liedemann an den Doktoranden Thomas Ginger vom 17. 3. 1992. Die Inhalte dieses Briefes beruhen auf Gesprächen, die Dr. Liedemann mit damals noch lebenden Zeitzeugen führte. Brief Dr. Sigrid Liedemann vom 2. 8. 2002 an den Verfasser.
162 Rudolf Geiger «Schicksale – mit Wiesneck verbunden», Weihnachtsbrief 1995.
163 Werner Leibbrand (1896–1974) «... ich weiß, dass ich mehr tun muss, als nur ein Arzt zu sein ...», Hg. Prof. U. Unschuld et al., Germering 2005.
164 Leibbrand leistete 1933 offenen Protest gegen den Ausschluss jüdischer Ärzte aus dem ärztlichen Standesverein, daraufhin verlor er die Kassenzulassung. 1946/47 war er der einzige deutsche Sachverständige für Fragen der ärztlichen Ethik bei den Nürnberger Ärzteprozessen. Quelle: W. G. Locker in «Münchener ärztliche Anzeigen», 91. Jg., Nr. 13, 29.3.2003.
165 Godhard Husemann «Der Heilpädagoge Karl König», Stuttgart 1971.
166 Sonja Beidek, die Tochter Arno Dölls, am 27. 5. 2004 an den Verfasser.
167 Armin Husemann «Rudolf Steiners Zweigraum-Gestaltung und ihr bisheriges Schicksal», Mitteilungen aus der anthroposophischen Arbeit in Deutschland, Johanni 1987, S. 105–116.
168 R. Steiner «Bilder okkulter Siegel und Säulen: Der Münchener Kongress 1907 und seine Auswirkungen», Dornach 1977, GA 284/285.
169 Das Vaterunser in dieser Form erscheint in dem Vortrag «Der Abstieg der menschlichen Seele und das Christusereignis» am 26. 5.1940 und wurde dann im Weihnachtsbrief 1956 veröffentlicht.
170 Johann Peter Eckermann «Gespräche mit Goethe», Zürich 1948, Gespräch am 27. 1. 1824.
171 Brief Friedrich Husemanns an seinen Bruder Gisbert vom 1. 6. 1945.
172 Friedrich Husemann «Bericht über eine Vortragsreise durch Deutschland», Nachrichtenblatt der Wochenschrift «Das Goetheanum», 24. Jg., Nr. 30, 27. 7. 1947.
173 Götte, Fritz «Pfingsten in Stuttgart», in «Mitteilungen aus der anthroposophischen Arbeit in Deutschland», Nr. 1, Juli 1947, S. 2–3.
Verschiedene Autoren «Anthroposophische Hochschulwochen», in «Mitteilungen aus der anthroposophischen Arbeit in Deutschland», Nr. 2, Oktober 1947, S. 17–21. Schlussworte Friedrich Husemanns, S. 21–23.
174 Goethe «Campagne in Frankreich», 19. September 1792, nachts, Hamburger Ausgabe, Hamburg 1972, Band 10, S. 235.

175 Siehe «Anthroposophie im 20. Jahrhundert», Hg. Bodo von Plato, unter dem Stichwort Husemann, Friedrich 47 Seitenhinweise, im Einzelnen siehe «Glossar – Stichworte zur Geschichte des anthroposophischen Kulturimpulses» von Robin Schmidt, S. 965–1054.

176 Archiv Friedrich Husemann. Der Brief ist nicht datiert, stammt aber – aus dem Zusammenhang zu schließen – aus dem Ende der 40er Jahre.

177 Zum Beispiel auf der Generalversammlung in Dornach 1953, was dann von Wilhelm Lewerenz sofort zurückgewiesen wurde. Siehe auch die sogenannten «Konstanzer Gespräche», 1950, in «Anthroposophie im 20. Jahrhundert», Hg. Bodo von Plato, Dornach 2003, S. 1019.

178 Mitteilungen aus der anthroposophischen Arbeit in Deutschland, Nr. 40, Johanni 1957.

179 Brief Friedrich Husemanns an Guenther Wachsmuth vom 19. 4. 1955, Archiv am Goetheanum.

180 Wolfgang Gruson «Bericht von der Oster-Ärztetagung auf der Comburg, 16.–24. 4. 1955», Beitr. Erw. Heilk., 1955, Heft 4, S. 154–159.

181 Pflegebericht Schwester Anni Schlegel und Pflegebericht Schwester Dorothea Kobes, die die Krankenpflege von Friedrich Husemann besorgten.

182 Gudrune Wolff-Hoffmann u.a. «Im Gedenken an Otto Wolff», Der Merkurstab, 56, 2003, Heft 6, S. 382–384.

183 Rudolf Steiner «Physiologisch-Therapeutisches auf Grundlage der Geisteswissenschaft» (GA 314), 3. Auflage, Dornach 1989, Vortrag vom 28. 10. 1922, letzter Absatz.

184 Goethe «Das Märchen», in «Unterhaltungen deutscher Ausgewanderten», Hamburger Ausgabe, Hamburg 1968, Band 6, S. 209 ff.

185 Beck, Dieter «Rudolf Treichler», Rundbrief der Medizinischen Sektion, Nr. 8, 1994, S. 314–316.
Treichler, R. «Friedrich Husemann und seine Bedeutung für eine anthroposophisch orientierte Psychiatrie», Das Goetheanum, 66, Nr. 25, 14. Juni 1987.

186 Goethe in seinem Gedicht «Vermächtnis» (1829), Hamburger Ausgabe, Hamburg 1969, S. 369.

187 Rudolf Geiger «Von den Wiesnecker Sonntagsvorträgen», Mitteilungen aus der anthroposophischen Arbeit in Deutschland, Nr. 49, 1959.

188 Rudolf Treichler «Begegnungen mit Friedrich Husemann», Weihnachtsbrief 1959.

189 Schwester Anni Schlegel «Aufzeichnungen», Archiv Friedrich Husemann.

190 Brief Schwester Toni Hammer-Fabricius vom 15. 1. 1998 an Werner Priever.

191 Brief Schwester Dorothee Kobes vom 4. 2. 1998 an Werner Priever.
192 Der Brief Doldingers befindet sich im Nachlass Friedrich Husemanns.
193 Rudolf Steiner «Wie erlangt man Erkenntnisse der höheren Welten?» (GA 10), 24. Auflage, Dornach 1993, erstes Kapitel, zweiter Abschnitt «Innere Ruhe».
194 «Das Schicksalsjahr 1923» (GA 259), Rudolf Steiner spricht in der Nachtsitzung am 31. 1. 1923 im Zusammenhang mit dem Boykott der Milzbroschüre von «innerer Opposition», Dornach 1991, S. 250.
195 Friedrich Husemann, gleichlautend im Weihnachtsbrief 1937 und 1957.
196 Rudolf Geiger «Rückblick in mein Leben», Borchen 2003.
197 Nach Wolfgang Rissmann «Werner Priever, ein Pionier der anthroposophischen Psychiatrie», Mitteilungen aus der anthroposophischen Arbeit in Deutschland, Nr. 220, Johanni 2002, S. 144–147, mit Ergänzungen von Karin Avril.